The Art of Speaking for Leaders

领导的说话艺术

翟文明　著

光明日报出版社

图书在版编目（CIP）数据

领导的说话艺术 / 翟文明著 . -- 北京：光明日报出版社，2012.1（2025.4 重印）

ISBN 978-7-5112-1886-5

Ⅰ . ①领… Ⅱ . ①翟… Ⅲ . ①领导人员—语言艺术—基本知识 Ⅳ . ① C933.2

中国国家版本馆 CIP 数据核字 (2011) 第 225281 号

领导的说话艺术

LINGDAO DE SHUOHUA YISHU

著　　者：翟文明

责任编辑：李　娟　　　　　　　　　责任校对：米　菲

封面设计：玥婷设计　　　　　　　　责任印制：曹　净

出版发行：光明日报出版社

地　　址：北京市西城区永安路 106 号，100050

电　　话：010-63169890（咨询），010-63131930（邮购）

传　　真：010-63131930

网　　址：http://book.gmw.cn

E－mail：gmrbcbs@gmw.cn

法律顾问：北京市兰台律师事务所龚柳方律师

印　　刷：三河市嵩川印刷有限公司

装　　订：三河市嵩川印刷有限公司

本书如有破损、缺页、装订错误，请与本社联系调换，电话：010-63131930

开　　本：170mm×240mm

字　　数：210 千字　　　　　　　　印　张：14

版　　次：2012 年 1 月第 1 版　　　　印　次：2025 年 4 月第 4 次印刷

书　　号：ISBN 978-7-5112-1886-5-02

定　　价：45.00 元

版权所有　翻印必究

PREFACE | 前 言

当你翻阅本书的时候，说明此时的你或者正充满豪情地准备向领导的岗位迈进，或者已经是领导中的一员了。而你之所以翻开本书，是不是因为遇到了语言方面的困难或者挫折，正急切地寻找切实可行的解决方案？

的确，要成为一名成功的领导，说话可能是你要克服的最大的难关。作为领导，必须具备领导的才能，特别是说话的艺术才能。著名的领导力大师沃伦·本尼斯曾经说过："领导者与常人的区别就在于，领导者能够把握说话的技巧，清楚明白地表达人类共同的梦想。"你从准备成为领导的那一刻起，就决定了你必须建立自己的威信，必须写作，必须演讲，必须说服别人，必须与客户谈判，必须激励员工，必须与各类人打交道，而这一切都离不开说话的艺术。无论你的教育背景、实际的工作能力如何，只要你的目标是成为一名成功的领导，那么就一定要加强说话艺术方面的训练。

为什么如此强调说话艺术的重要性呢？根据哈佛大学对各大公司的首席执行官工作状况的分析，一个成功的领导每天的时间安排是：20%的时间阅读，20%的时间写作，30%的时间做报告，30%的时间开正式会议。这其中哪一部分时间与说话没有关系呢？虽然这些成功的领导来自五湖四海，他们的教育背景、社会阅历也各不相同，但是他们都具有一个共同的特点：他们所有人都非常重视语言在领导技巧中的核心作用。卡耐基也曾经说过："一个人的成功，约有15%取决于技术知识，85%取决于口才艺术。"在现代的交际型社会里，说话艺术对于一个普通人的成功尚且如此重要，更何况是领导。如果你的语言使用不当、空洞乏味、拖沓烦琐，就会让人感觉你本人的性格也是如此。尽管你很有气质，恐怕还是没有人会服从你的领导。

领导的说话艺术有一定天赋的因素，但其影响可以说是微乎其微的。因为说话的艺术是一个动态的、不断发展进步的过程，而不是静态的。只要掌握了一定的技巧，加上勤奋努力与持之以恒，毫不松懈地坚持自己的目标，你就可以熟练地掌握语言的技巧，成长为一名成功的领导。

那么究竟如何使用语言的技巧呢？本书将领导才能的发展大体分为新手、学徒、熟练或精通三个阶段，这样你就可以根据自己所处的不同阶段，来决定自己需要从什么地方学起。不同的阶段有不同的技巧，从来没有什么万能的技巧。

作为一名成功的领导，不仅要学习口头语言，而且还要注意自己的肢体语言。"无声的领导"具体而详细地讲述了肢体语言的方方面面，让你闪亮登场。"模仿造就成功"，这句话在领导的说话艺术方面也同样适用。你虽然没有领导的经历，但是历史上以及现实中却有大批的成功领导能够给你做榜样。模仿他们的成功经验，像领导一样倾听、像领导一样写作、像领导一样沟通，你终将成就自己的辉煌。

同时，作为领导你就必须要站在听众面前演讲，无论人数多少，你都必须沉着应对。"发表演说"对演讲前的准备、开始演讲以及演讲中应该避免的种种问题都做了充分的说明，将助你成功。

本书以理论结合实际，并且配备了操作性很强的练习，一册在手，即可以帮你掌握领导的说话艺术。无论你处在领导的哪一个阶段，都可以在本书里找到适用于自己的方法。任何技巧都是需要经过不断的训练才能熟练掌握的，正所谓熟能生巧。离开了日常的活学活用，再好的技巧也只是摆设。

C O N T E N T S ｜ # 目　录

第7章 与小组和个人交流……………… 186

第1章

有巨大影响力的理论

第1节　领导才能发展阶段

一切从新手开始

任何理论都来源于实践。也就是说，在解决问题的过程中，人们会有一些创造性的做法，能够创造性地解决实际问题，其中一部分有心人还对其反复地使用。既然这些做法能够一次又一次地解决同类问题，那么其中必然有一般的规律性的理论存在，只是人们没有意识到而已。作为领导艺术的理论也是如此。

世界上不同国家、不同领域的不同领导身上都有一些共同素质，这些共同素质中最典型的就是非凡的语言交际能力。语言交际能力的重要性并不是一开始就表现出来的。在成为领导之前，你可能是通过自己的摸索攻克了实际工作中的许多技术难关，解决了一个又一个难题，并且仔细地总结了相当多的经验。成为领导以后，当员工遇到解决不了的问题时，就会向你求助，这时你自然而然地便会想到自己当初解决类似问题的方法。但现在你不需要亲自动手去做，你需要做的是把解决问题的方法告诉员工，晓畅易懂地使员工领会你的意思，语言交际的重要性在这个时候也就体现出来了。在反复地传授经验的过程中，你会发现最好的方法就是讲故事。将自己处理问题的经验以讲故事的方法告诉员工，给员工强烈的现场感与亲切感，从而更有效地帮助员工处理所遇到的问题。在新问题的不断出现与解决的过程中，你的领导才能也就不断地成熟，经历也越来越丰富，这样也就不断地有新故事发生。如此循环往复，领导的能力也就自然会不断地提高。

没有人天生就是领导者，领导都是被后天形势逼迫而训练培养出来的。

在原来的工作岗位上，你往往忽略了他人的存在，把主要精力都放在了钻研工作上，关注的都是工作本身。同时也正是因为这种专注，让你取得了出色的成绩，从而为上司所赏识，被提拔为部门的领导。在走上领导岗位以后，随着需要沟通交流的场合的增多，语言上的不足与尴尬往往也就显露出来了。你可能是一名刚被任命为科研室主任的科学家，虽然曾经攻克了一个又一个科学难关，可是此时，你必须对其他科学人员讲解大量的试验原理；你可能是刚被提拔为车间主任的熟练技术工人，虽然能够熟练地解决工作中遇到的各种困难和问题，但是作为车间主任，你必须将自己的经验通俗易懂地传授给其他工人……

这种种情况都是初为领导者的新手可能遇到的。因为当你走上领导岗位的时候，就会发现自己虽然以前做得是那么出色，可是作为一名领导，你需要做得更多的是与下属沟通，去帮助解决其他人在工作中遇到的困难。这时对你语言表达上的能力要求就更高了。由于在过去的工作中不需要太多的语言交际，这时你就有可能因为语言表达问题而使自己陷入窘态，即使是名人。

沈从文虽然只有小学文化，可是他硬是靠着自己的努力，写出了一篇篇展示湘西水土风情的、具有自己独特风格的作品，成为著名的京派作家。成名以后，他在胡适的邀请下到上海公立大学去任教。上第一堂课时，教室里爆满，连门口外、走廊里都有人。原来，听说大作家沈从文要来上课，大家奔走相告，都慕名而来，想领略一下沈从文的风采。面对这么多人，沈从文感到前所未有的紧张，他呆呆地站着，几乎沉默了十几分钟。好在大家都读过他的作品，都是他的崇拜者，所以没有人起哄，教室里很是安静。大家静静地等着他，用期待的、鼓励的眼光看着他。等他稳定下来，就开始滔滔不绝地讲课，可大家还没听出意思来，他就戛然而止了。这份讲义他准备了好几天，查阅了大量的资料。原本是两个小时的课程，他十几分钟就讲完了。他在讲台上走来走去，觉得实在没有什么说的了，也不知道该说什么好，就拿起粉笔，在黑板上写了这样一行字："我第一次上课，见你们人多，怕了。"

沈从文虽然不是什么作家协会的领导，但是他在教室里给众多学生讲课的情形，却与领导给员工讲话类似，都要把自己所要讲的内容说清楚，让人容易领会把握。像沈从文这样的例子不仅中国有，在外国也不少。

莱斯是世界上最大的保险公司之一——联邦保险公司的副总裁。他刚进入保险行业不到3年的时间就取得了很大的成功。当时，公司在加州举行了一次盛大的聚会，被邀请的都是保险事业的成功人士，莱斯也在被邀请之列，并且被邀请作30分钟的讲演。

莱斯兴奋至极，因为他知道自己提升的机会来了。离聚会还有一周时间，他就认真地把演讲稿写好，还专门请人仔细地修改润色过。然后每天早晨上班之前、晚上下班之后，他都对着镜子练习。他把每一句话、每一个手势甚至每一个表情都演练得非常熟练。他完全自信，这次演讲一定会很成功，他甚至好像听到了听众雷鸣般的掌声。

到了聚会那天，他又在房间里准备了一下，效果很好。聚会时，该到他讲演了。当他站起来，看到台下黑压压的一片时，内心突然一阵恐惧。他说："大家好，我……"一句没说完，他就两耳嗡嗡直响，大脑一片空白，站在那里不知所措了。恐惧开始支配他，他想逃走，开始后退，后退……突然一个趔趄，他掉下了讲演台。现实中听众的哄然大笑代替了想象中的热烈掌声。可能没有什么比这更丢脸面了，所以他感到实在不能在这个公司再待下去了，便递交了辞职报告。他的上司说服他收回了辞职报告，并帮助他恢复了自信，从而也成就了现在的副总裁。

紧张与恐惧让莱斯在几千名成功人士面前表现得如此尴尬，几乎在以后的工作中丧失了信心与勇气。

虽然他们在一开始都表现得如此糟糕，但并不能说明领导人的素质原本如此。现实对领导者有着很高的期待与要求：饱含朝气与激情，对一切充满好奇；足智多谋，敢于冒险，不畏惧权威；外界的压力越大，竞争力也就越强；富有同情心，关心慈善事业。而这一切最终都可以通过语言表现出来。

书籍通常是人类经验的总结。为自己列一个成为出色领导人的指导书目，根据这个书目进行阅读，从别人做领导的经验中吸取经验。同时，阅读不能仅仅局限于自己所身处的领域，对于相关领域也要熟悉，因此还要大量阅读相关领域的书籍。这样才能以更开阔的视野去处理今后工作中遇到的困难。此外，还可以通过私下谈话获得经验。在私下交谈时，多听其他领导的讲话，注意观察他们是如何和别人沟通交流的，领略他们的说话技巧。

作为新手的语言思维训练

1.语言表达准确，塑造自己的风格

语言表达准确与否，是自己的意思能否被下属理解的关键，稍有偏差便可能导致截然不同的后果。说话的技巧可以学，风格则最好结合自身特点：如果说话语速快，那就让它抑扬顿挫、饱含激情；如果性子慢，那就放慢语速，让它充满力量、有条理。

2.采取主动，寻找合适时机自我提高

当被提拔以后，你可以向你的上司请教："蒙您提拔，我才坐在这个位子上。您觉得我以前有哪些地方做得不到位？我以后应从哪几方面努力，才能让工作开展得更好？"此外,还可以参加演讲培训,迅速有效地提高自己。

3.通过组织小型会议，锻炼表达自己

在实践中学到的一些经验，要学会运用。你可以通过平时多组织小型的正式或非正式会议多练胆量、锻炼自己。

处于学习阶段的领导

此时的你可能正是经理助理、车间主任，很快就有可能被任命为经理、厂长；也可能是某个城市的环境保护者，正着手创建一个环境保护协会……虽然前景已经确定，但也不要沉溺于描绘前景的美好之中，因为要想成为一名出色的领导，你还必须踏踏实实地去做一些事情——你必须去学习如何做一个领导者。

作为一个领导者，从他下定决心成为领导者的那一刻起，就决定了他必须随时准备去面对失败的打击，去迎接成功的喜悦。这些对所有的领导来说都是不可避免的，对此必须有心理准备。

英国首相丘吉尔的演讲语言可以说是无与伦比的，但即使如此，他也经历过演讲的失败与尴尬。有一次，丘吉尔和以往一样，写完讲稿并熟练地背诵了下来。可是这次一到国会上，他在背诵讲稿的时候，不知什么原因，思路突然中断，大脑一片空白。他只好一遍又一遍地重复上一句，但是大脑仍然是一片空白。他十分尴尬，脸涨得通红，惭愧地坐了下来。后来，丘吉尔总结了这次演讲失败的教训，意识到自己在演讲的时候并没有真正地用心去理解体会所要演讲的内容，所以一旦演讲词忘了，就会使自己陷入被动羞辱的境地。

丘吉尔最终的确是成功了，但是他这次演讲也的确是失败了。不过这次失败并没有将他打倒，而是让他及时地总结教训，走出了失败。

彭钢是某公司的一位资深财务主管，在金融管理方面积累了大量的经验，在金融领域也很有名气。有一次他到上海旅游度假，他下榻的酒店正在举办一个金融管理行业酒会，主持人正好认识他，就邀请他参加。就在酒会进行的过程中，大家热情地邀请他到台上作即席演讲。由于事前没有做任何准备，他想推辞，但是面对大家的热情，他又实在开不了口。不得以，他只好走上讲台，绞尽脑汁地想从头脑中寻找值得一提的素材，结果却一无所获。无奈之下，他只好将自己的奋斗经历作为素材，讲自己贫困艰辛的童年，讲自己如何考入大学，毕业后又如何拼搏……讲完之后，他心想这次脸可是丢大了。然而出乎意料的是，瞬间的沉默之后，掌声雷鸣般地响起。当他走下讲台时，所有人都走上前去真诚地与他握手，向他敬酒，向他表示祝贺。在此之前，他的任何一次演讲、任何一次报告都没有如此成功过。这次演讲以后，他不再刻意寻找素材，而总是讲自己的亲身经历与体验，这使得他越来越增强了信心，事业上也取得了越来越大的成绩。

彭钢比丘吉尔幸运，他事先虽然没有准备，但是在紧张中他挖掘到了自身的素材，不仅解除了窘态，而且及时将这一经验进行总结，为自己以后的事业铺平了道路。

作为领导，不要认为自己只要做好本职工作就可以了。因为，你可能随时会遇到意想不到的场合。那么在没有任何准备的情况下，你应当如何处理呢？

处于学习阶段的领导，除了要加强新手阶段的能力以外，还要学习更高级的语言及领导能力。首先，在写作时要思路清晰、简洁明了。写作与说话是相互促进的关系。写作思路清晰、简明扼要，就能够促进语言表达的准确性、形象性。其次，在开会的时候要主动发言，克服恐惧心理。不放过任何锻炼自己的机会，特别是一些正式场合，因为这时候正是你实践平时所积累经验的最佳时机。再次，在人多的时候大胆表达自己的观点，因为正式开会的机会毕竟不多，而私下大家交谈的机会却不少，因此不要放过这样的机会。在这样的情景下，气氛一般都比较轻松活跃，有助于你的演说发挥。最后，要让别人听从你的观点，就要掌握说话的技巧，学会如何劝说别人、打动别人。

处于学习阶段的领导的语言训练

1. 严谨言行，争取早日进入角色

在学习领导阶段，大家并不会真正把你当作领导，这时候你就要注意规范言行，为自己赢得尊重，从而得到员工及上司的真正承认。

2. 多向上司请教

姜还是老的辣。上司是过来人，你正遇到的或将要遇到的困难，往往也正是他曾经遇到过的。多向上司或者经验比你多的人请教，可以避免走弯路。

3. 培养领导的思维习惯

成为领导的关键是要转变思维，而思维的外在表现就是行动，通过改变行动去刺激思维，改变行动的同时，思维也就得到改变。

处于熟练或精通阶段的领导

经过新手阶段和发展阶段的锻炼和努力，你可能已经是一名优秀的经理、厂长或者院长了。此时此刻，你的阅读范围已经不再仅仅局限于专业领域，而是扩展到了多个相关领域，包括提升领导力方面；写作语言的通俗平实代替了从前的僵硬枯燥；在与员工沟通上，你可以通俗易懂地将自己的经验传授给他们，不断激励他们，给他们信心与力量，并且积极培养年轻的新领导。你各方面的经验都已经非常的丰富，员工开始信任服从你，同行开始尊重你，大家开始真正把你当领导。这时的你也拥有了真正的成功。

越是处于成功的时候越是要保持冷静的头脑。毕竟"马有失蹄，人有失足"，"智者千虑，必有一失"，在人际交往中难免会出现某些意想不到的失误。一旦出现失误，就要想办法化解。

当有人问到美国总统里根健康的奥秘时，里根谈着谈着，一时兴起，不觉信口开河道："如果要身体健康，最好不吃盐或者少吃盐。"谁知这一"脱口秀"马上引起了全国食盐行业的强烈抗议。一句话引发了一场食盐风波。这时，幸亏盐业研究所所长做出解释，才平息了这场风波："吃盐对身体是有好处的。但是每个人的身体情况都不同，食盐多少也就不同。里根总统只是针对自己的情况而发表看法。"

所长的解释既没有否定里根的话，又肯定了食盐对人体的好处，还巧妙挽救了里根的失误。但有时候，勇于承认错误则不失为最好的方法。

作为具有熟练或精通才能的领导，除了要不断加强自身语言能力来提升自己以外，更需要的是用自己的语言激发员工的信心，使其保持信心与活力。

随着公司的发展壮大，松下电器公司又要在外设立一个营业所。让谁去领导这个营业所呢？虽然能胜任的高级主管不少，但是老资格的管理人员如果离开总部，总会造成一些不利影响，最后松下幸之助决定让一位20多岁的业务员去做这件事。于是松下幸之助找到这个业务员，把自己的想法告诉了他。业务员一听，急忙说："这么重要的职位，担子太重，我来公司没多长时间，没有多少经验，不太合适吧……"对此松下幸之助并不着急，他激励这位年轻人说："事在人为，你怎么会做不到呢？战国时代的加藤正清，十几岁开始闯荡天下，拥有自己的城堡和部队。你都已经20多岁了，难道还领导不好一个营业所？相信自己，你一定能做到……"业务员听到这里，已经是激动异常、信心十足："我一定好好干！"

　　一个部门要有好的精神风貌，关键在于领导要知道如何去激励员工，让他们得到信心与勇气。不仅如此，一个熟练的领导还要能够把自身的交际技能运用到成功地召开会议、管理员工、与客户谈判，以及调节生活中的尴尬局面等各个方面。

　　在公司的管理上，开会往往是一件让领导头疼的事，不是偏离中心、离题万里，就是大家都不吭声、没人发言。那么如何才能开一个高效率的会议呢？某集团公司以前也存在这种情况。有一次经理开会，让大家发表意见时，又是徐庶进曹营——一言不发，出现了冷场局面。这时经理说话了："开会就要开出个结果。刚才好像大家都没什么意见了。既然这样，你们的决策出来之前，我的决策就是最合理的，大家必须坚决地去执行。"此话一出，销售科长马上就发表了自己的意见，其他人也都畅所欲言，这样大家集思广益，最佳决策就产生了。

　　在这次会议中，经理利用各部门主管的自尊心，采用激将法，让大家积极发言，改变了议而不决的结果，提高了开会效率。

　　一次，卡内基一个人到炼钢公司视察，发现有几个工人正在车间外面吸烟，而他们后面的墙上却挂着一块"禁止吸烟"的大牌子。这时，那几个工人也看到了他们的老板，他们面面相觑，不知该如何是好，只能做好挨批的准备。然而卡内基走到他们跟前，递给他们每人一支雪茄，和颜悦色地说："小伙子们，如果你们能够到外面去吸烟，我将非常感谢。"心惊胆战的工人见老板不但没有训斥自己，反而送给每人一根雪茄，不仅从内心认错，以后再也不在公司里吸烟，而且更加尊重自己的老板了。

　　试想，如果卡内基当面斥责或者开除那几个工人，结果又会如何呢？

　　一家乡镇企业的经理正在与一家外资公司的总裁为合同的实施问题进行谈判。乡镇企业经理对外资公司的总裁说："论魄力，我们这些乡下人和贵公司这样的大富翁相比，自愧不如。对贵公司的魄力，我们的确很佩服，可是我们也要养家糊口啊。所以我们实在不敢奉陪，只能收回土地，停止这次合作。"总裁一听这话，稍作思考，说道："好吧，我们再让利一成。"经理紧追不放："不行，按照合同规定和我方的投资比例，应当再让利两成。"这时外资公司总裁沉默不语，但是最后还是不得不答应："行，本公司原则上同意。"

在这次谈判中，乡镇企业的经理充分地运用了自己的语言技巧，他不说外企"财大气粗、太贪"，而说他们"魄力大"；又通过对比，有意无意地流露出自己的处境，采用"不敢奉陪"的不卑不亢战术，以退为攻，引君入瓮，迫使对方就范。

无论从哪方面来说，处于熟练或精通阶段的领导，都应具备非凡的个人魅力和随机应变的适应性，面对各种挫折和困难都要能够保持个人的信念，不断挑战自我、超越自我。

处于熟练或精通阶段的领导的语言思维训练

1. 加强语言的说服力

随着交际领域的拓展，要为以后的发展铺平道路，就必须进一步加强语言的煽动性与说服力，让更多的人接受你的看法。

2. 站在全局的高度

这时你的一言一行将直接影响到部门甚至公司的整体利益，因此考虑问题、说话都不能局限于个人利益，要超越之。

四个重要问题

虽然很多事物都存在两面性的问题——因为任何问题都有其具体的实际情况，所以处理的手段和方法也就不一样——但是它们在某种程度上也还是有一定的原则可以遵循的。一般情况下，作为领导，在说话的时候，首先应该解决4个重要问题。然后再在此基础上，选择不同的语言，解决不同的实际问题。

一、场合对象问题

作为领导，经常会出席各种不同的场合，有活跃喜庆的，有严肃庄重的……在讲话的时候一定要注意气氛的把握，避免尴尬或者冷场。

马寅初先生任北京大学校长时，听说中文系教师郭良夫（当代著名语言学家）要结婚了，尽管自己很忙，但还是忙里偷闲，参加了郭老师的婚礼。当大家发现校长前来贺喜时，情绪顿时高涨，一致欢迎他即席致辞。马寅初原本并没有打算讲话，但是现在退却又显得太无礼。如此喜庆的婚礼说点什么呢？只听马寅初风趣地说了一句："我想请新娘子放心，因为根据新郎的大名，他一定是一位好丈夫。"马寅初刚一说完，大家感到莫名其妙。但是当大家联系到新郎的大名一想，马上恍然大悟，纷纷叫起好来，婚礼的喜庆气氛达到了顶点。

许多领导不分什么场合，总喜欢讲些套话。想象一下，如果马寅初在这喜庆的婚礼上讲一番习惯性的套话，或者称赞新郎的学问，将会多么煞风景。

二、切入角度问题

人似乎是自私的，总是喜欢谈论自己，但是作为领导，你就必须超越自私，超越自我利益。你喜欢谈论自己，别人同样也喜欢谈论自己啊！如果彼此之间都在以自我为中心，你又如何说服别人，让别人听从你呢？

约翰公司在华盛顿接到了一批机床加工业务，必须按合同规定如期完成。开始时一切进展得都非常顺利，但是就在快完成任务、将要组装的时候，麻烦出现了——机床关键零件的供应商声称自己无法按期供货。这个消息几乎使整个公司都陷入混乱之中，因为这势必影响到整个任务的完成。时间紧迫，另外找其他供应商合作已经不可能。如果不能如约交货，公司将面临巨额赔款。

打电话、争吵、埋怨，什么办法都用过了，但都无济于事。迫不得已，公司经理约翰决定亲自去解决这一棘手问题。约翰来到供应商的办公室，没有谈论零件供货问题，而是说："你的姓名真独特，在本区可是独一无二的。"供应商很诧异地问："是吗，你怎么知道？"约翰说："我是在电话簿上查阅你的地址时发现的。""我还真没注意到，"供应商一边翻着电话簿，一边兴致高昂地谈论着自己的家族史，"我们家族有两百多年的历史了……"

供应商自豪地谈完家族史之后，约翰又开始夸奖他的工厂："我可真羡慕你，拥有这么个工厂，这可是我见到的最大、最好的工厂，你们生产的零件质量也都是一流的。"

"这个工厂是我大半生的心血啊！"供应商动情地说，"你愿意参观一下我的工厂吗？"于是，约翰在供应商的带领下饶有兴趣地参观了工厂。

参观过程中，约翰一直保持兴趣，赞不绝口，但他自始至终都没有提他来的目的。最后供应商坚持与约翰共进午餐，他说："现在谈谈我们的事吧，我非常清楚你来的目的，但没想到我们的交谈如此愉快。你们需要的零件我会按时送到；如果条件不允许，我将推延其他生意。"

约翰没有提任何请求，就轻而易举地谈判成功了。如果约翰一见供应商就提出自己的要求，谈那批零件对自己公司如何重要，那还会有这种效果吗？

谁都喜欢谈论自己，同时也喜欢被谈论。

三、语言原则问题

尽量少用或不用判断性动词。作为领导，无论是工作，还是在日常生活中，找你帮忙或办事的人肯定不少。轻易地说"是"，而又兑现不了，可能会丢失很多原则性的东西，给以后的工作造成障碍；如果说"不"，又会使双方处于一种对立状态，处理不当，很容易伤害感情，影响彼此的关系。可以尽量多用类似于"你认为（觉得）"、"如果你在这个位置上会怎么做"这样的话，使用一种商量的语气，给对方思考的权利。

所以，当有员工对公司的某项决策有什么不满，或工作有什么过错时，不要斥责他，也不要说他"简直就是笨蛋"之类的话。判断性动词很容易给人定性，而人一旦被定性，就很难从其中走出，那么你和对方的关系也就会陷入僵局。记住：任何事情都有其两面性，总会有办法避免尴尬局面的。

一个销售科的经理找到厂长说："厂长，今天临时来了一个订单，你安排一下吧。"厂长说："这个找我那个找我，不都乱套了，早干什么了，等下一批吧。"销售经理不满地说："厂长你不想安排，我也没办法。你都不在乎，我在乎什么。反正订单在这儿了，你看着办。"厂长心想："和我来这一套，我不安排怎么了？"这时另外一个销售经理也来找厂长："厂长，这是我费了好大的劲才拉来的单子，虽然小，可是我刚坐上这个位子，它对我来说也是很重要的。厂长，我知道你的工作已经安排得很满，可我这个单子也就只需3个钟头的时间。"但是厂长还在犹豫，不作回答。那个销售经理又接着说："我会叫我的人过来帮忙，你看哪些地方有用得着的，尽管说。另外，我这有一点儿额外预算，我想拨 6000 给你们，喝点儿酒，怎么样？"厂长忍不住笑了："行了，你的人就不用过来了。单子放那儿吧。"

为什么同一个厂长、同一件事，第一个经理没有达到目的，第二个经理却顺利地说服厂长了呢？关键就在于第二个经理的语言原则。虽然他和厂长所主管的并不是一个领域——一个销售，一个生产，但是仍然热情地与之交往，体谅厂长的难处，从而达到了自己的目的，解决了问题。当一个人在否定的时候，就已经形成了一道心理防线。为了维护自己的尊严，即使他意识到自己错了，也会固执地坚持下去，结果可能会搞成僵局。

四、表达方式的问题

作为领导，解决一个问题的方法有很多种，说话的表达方式也就不同。选择恰当的表达方式，往往会达到意想不到的效果。

麦克经过自己的奋斗，终于开办了一家属于自己的建筑公司。有一次，公司接到一座大厦的建筑任务，酬金非常可观。但是麦克也十分清楚自己公司的实力，而且现在手中的施工任务还没有完成，再接这样一项大工程，要顺利地完成，并非一件容易的事。他心里没有多大把握，但是到手的肥肉又不想白白扔掉。虽然加班加点也可以完成任务，但是他还是把整个公司的员工召集到一起，向大家说明了现在的形势，同时又将新的工程情况及完成以后对每个员工的意义说了一下。

说完这些，他就询问大家："这个工程咱们接不接？如果接了，能不能按时完成？"员工一听经理对大家如此推心置腹，纷纷献计献策，有的甚至愿意昼夜加班来保证工程按时完工。大家一致认为一定要接下这项工程。后来麦克接下了这项工程，并且按时保质保量地完工了。

仔细分析，在接不接新工程这个问题上，麦克完全可以自己做主。但是他没有，而是坦诚地向员工说明情况，让员工有一种被尊重的感觉。这就极大地发挥了员工的潜能，保证了工程任务的顺利完成。

作为领导，面对四个重要问题的语言思维训练

1. 讲话时看清场合对象

"到什么山头，唱什么歌。""见人说人话，见鬼说鬼话。"

2. 尽量少用或不用以"我"开头的句子

过多地用"我"开头，很容易让人感觉你是一个个人主义者，从而在内心深处对你产生自然的防范，尽管你并不是。

3. 尽量少用或不用判断性的动词

世上没有绝对的事情，轻易下结论，一方面容易被认为是一个武断的人，另一方面也容易伤害感情，从而招惹不必要的麻烦。

4. 与人交谈时，选好切入点，最好是对方感兴趣的话题

如果你要说服别人，首先就要让别人高兴，而让他高兴的最好方法就是让他感到受尊重。

第2节 先领导你自己

了解自己，形成自己的语言风格

要领导他人，首先就要学会领导自己，而要领导自己，就必须了解自己。因为所处环境、所受教育情况的不同，每个人都有属于自己的性格特征，从而也就决定了每个人都有自己的说话风格。随着所处环境、所受教育的改变，个人的性格也会随之改变，语言风格也会随之改变。因此一个领导者要获得真正的成功，就必须根据自己的地位不断地认识自己、完善自己，形成自己的语言风格，而这一切的前提都是你了解自己。

作为领导，或者说你已经决定成为一名出色的领导，那么你就要了解自己。只有了解自己，才能够知道自己的优势与劣势，在工作中不断地去改进自己、完善自我。如何了解自己？一方面是在实际工作中不断地总结经验，进行自我反省，从而认识自我；另一方面是从不同角度寻求建议，因为人对自身的认识毕竟有一定的盲点，有一些不足可能自己并不会意识到。

富兰克林曾经征求朋友对他的意见及看法，一个朋友毫不客气地指出他太骄傲，说他在说话的时候太盛气凌人、不谦虚。富兰克林经过仔细反思后，认为朋友说得有道理，就在以后的说话中时刻注意，这为他赢得了更多的朋友和尊重。

另外，在了解自己的过程中，一定不要认为自己"无事不知"，否则这只能遮蔽你的视野，阻碍你的成功。认为自己无所不知、无所不晓，永远也不是成功的领导的品质。究竟哪一种语言风格好呢？

1936年的"西安事变"，张、杨发动兵谏，扣留了蒋介石。许多人强烈要求杀掉蒋介石，特别是杨虎城部队中的部分军官。为了整个民族的大局，为了逼蒋抗日，形成抗日民族统一战线，周恩来就前去说服他们："杀蒋介石还不容易，一句话就行了。可是杀了他，接下来怎么办呢？局势会怎么样呢？日本人会怎么样呢？国家和民族的前途会怎么样呢？各位想过吗？这次捉了蒋介石，不同于十月革命捉住克伦斯基，也不同于滑铁卢擒拿了拿破仑——前者是革命胜利的结果，后者是拿破仑军事失败的悲剧。现在虽然捉住了蒋介石，可并没有消灭他的实力。在全国人民抗日高潮的推动下，加上英美也主张和平解决事变，所以逼蒋抗日是可能的。我们要爱国，就要从国家民族的利益考虑，不计较个人的私仇。"

这段话很可以说明周恩来的说话风格：循循诱导，由浅入深。他一上来就用一句话问住了军官，控制了当时的场面；接着一连五个反问，引导军官们层层深入地思考，最后提出"逼蒋抗日"的目的和意义。一环紧扣一环，动之以情，晓之以理，使军官们心悦诚服。这可以说是典型的周恩来的语言风格。

和周恩来不同，邓小平的语言却干脆利落，表现了他的钢铁性格。1982年英国首相撒切尔夫人来中国访问，邓小平会见了她。撒切尔夫人一见面就说："我作为现任首相访华，见到你很高兴。"邓小平却说："是呀，英国的首相我认识好几个，但我认识的现在都下台了。欢迎你来呀。"寒暄一番过后，双方开始就香港问题进行交谈。撒切尔夫人在香港问题上始终抱定"有关香港的3个条约仍然有效"的主张，邓小平则毫不含糊地指出："中国在这个问题上没有回旋余地。坦率地讲，主权不是一个可以讨论的问题。现在时机已经成熟,应该明确肯定:1997年中国将收回香港。就是说,中国要收回的不仅是新界，而且包括香港岛、九龙。"铿锵有力，强硬得很，给了当时挟英阿马尔维纳斯群岛之战胜利之余威的撒切尔夫人以沉重的一击。

周恩来与邓小平的语言风格不同，但是他们的谈话都取得了最佳的效果，赢得了谈判的成功。也就是说，语言风格没有优劣之分，关键在于是否适合自己的性格特征、思维能力、知识结构以及兴趣爱好等。

在现实中，语言的风格是多种多样的。轻声慢语、彬彬有礼是一种风格，慷慨陈词、豪情奔放也是一种风格；慢条斯理、三思而言是一种风格，不假思索、对答如流也是一种风格；洋洋洒洒、侃侃而谈是一种风格，只言片语、适时而谈也是一种风格；神采飞扬、谈笑风生是一种风格，温文尔雅、委婉含蓄也是一种风格。作为领导者，在塑造自己的语言风格的时候，应根据自己的性格特征、思维能力、知识结构以及兴趣爱好，选择适合自己的语言风格。

没有谁是生活在真空中的，正如作家、画家在寻求自己的艺术风格时，总是要去模仿其他大师级的前辈。领导者在了解自己、清楚了自身的优点与缺点之后，在塑造自身的语言风格时，虽然要挖掘自身的优势，但也不能无视自身不足，不要让不足影响你塑造自己的完美语言风格。这时候，你完全可以模仿你所崇拜的人或从优秀的文学作品中去汲取养料。找到你所崇拜的人，从他们身上获取经验，不仅仅是概括性的经验，更主要的是具体的经验；不仅要注意他们的口头语言，还要注意那些无声的语言，包括肢体以及眼神交流。而且，你还可以找到重要演讲的录音，找出你可以模仿的内容。

林肯的语言风格是大家所熟悉的。在白宫的官方记录中是用这样一个词描绘他所接受的教育的——"不完全"，他一生中接受的学校教育不超过 12 个月。年轻的时候他在农场里剥玉米和杀猪，来赚取每天 3 角 1 分钱的工资。无论是从所受教育还是所处环境来看，他似乎都不可能是在盖茨堡发表了美国有史以来最精彩的演讲的林肯。但，这确实是事实。那么他的语言风格是如何形成的呢？他就是通过阅读文学作品来形成自己的语言风格的。他可以把拜伦、勃朗宁的诗集整本整本地背诵下来。他在办公室放了一本拜伦的诗集，另外又准备了一本放在家里。办公室的那一本，由于经常翻阅，只要一拿起来，就会自动摊开在《唐璜》那一页。当他进入白宫之后，内战的沉重负担消磨了他的精力，在他的脸上刻下了深深的皱纹，但他仍然经常抽空拿本英国诗人胡德的诗集躺在床上翻阅。有时候他在深夜醒来，随手翻开这本诗集，会凑巧看到对他有特别启示或令他感到高兴的一些诗，这时他会立刻起床，穿着睡衣，脚上穿着拖鞋，悄悄找到他的秘书，然后把一首又一首的诗念给秘书听。他在白宫时，也会抽空复习他早已看熟的莎士比亚名著，也会批评一些演员对莎剧的念法，提出他自己独特的见解。林肯在了解自己的基础上，通过朗读、背诵文学作品，塑造了自己无与伦比的语言风格。

同时，作为要经常面对不同场合、不同对象的领导，在保持自己的语言风格的同时，也要注意他人的反应。毕竟你说出的话，不是对自己，而是对他人，为了使其接受你的观点而说的。所以在某些情况下，如果你的语言风格太直露，就试着含蓄些；如果你的语言风格太松散，就要学会用更强大有力的表达方式。这样经过长期的努力与磨炼，你就会形成自己的语言风格。

作为领导，了解自己，形成自己的风格的语言思维训练

1. 了解自己，找出优点与不足

不了解自己，不清楚自己的不足，就不能够提高；不清楚自己的优点，就不会形成自己的风格。

2. 找出自己崇拜或喜欢的人（电影中的也未尝不可）的谈话风格

站在巨人的肩膀上，将会使你看得更高、走得更远、进步更快。

3. 训练准确、优雅的语言风格

纠正你语言中的方言，用准确、优雅的普通话来表达自己的思想。

4. 朗读、背诵诗歌等文学作品

通过文学作品的朗读及背诵来丰富语言，避免词汇贫乏而导致语言枯燥无味。

从成功中获得自信，从错误中吸取教训

从成功中获得自信，从错误中吸取教训。正如没有人能够永远成功一样，也没有人永远错误。它们是交替出现在人生之中，紧密联系在一起而不可分的，关键是看你如何去面对。

要成为一名出色的领导，你必须有一次成功，因为成功是一种习惯。有了一次，就会有以后无数次的重复，从而为你荡除前进道路上的一切障碍。

　　美国参议员汤姆斯在十几岁的时候，个子长得很高，但是身体很虚弱，瘦得像根竹竿。同学们经常开他的玩笑，给他起了"瘦竹竿"的绰号。这使他常常陷入忧愁和自卑之中，许多时候甚至不敢见人。他每天都在为自己瘦高而虚弱的身体发愁，大脑里充满了各种奇怪的想法，以至于无法容纳任何其他的事情。汤姆斯当时的家庭境况不是很好，他上师范学校期间穿的一套西装是父亲的，很不合身；鞋子也是父亲的，同样不合脚，甚至会一不小心从脚上掉下来。这让他感到很难为情，以至于不敢和同学交往。但是不久以后的一次演讲，改变了他的生活。

　　这次演讲对他来说简直是不可想象的，因为他连面对一个人的勇气都没有，更何况面对一大群观众。在母亲的鼓励下，他还是参加了这一年一度的博览会演讲比赛。在准备演讲的时候，他努力将那绚丽无比的演讲词全部都背诵下来，对着牛和树木练习了不下 100 遍。演说时他情感充沛而动人，在观众的一片欢呼声中赢得了第 1 名。那些曾经嘲笑地称他"瘦竹竿"的同学，此时称赞他说："汤姆斯，我早知道你了不起。"当地报纸在头版对他进行了报道，使他在当地名声大振，成为当地家喻户晓的人物。

　　但是对汤姆斯本人来说，这一次演讲成功的重大意义在于给了他自信，挖掘了他自己也不敢想象的潜力，让他的命运有了彻底的改变。他曾经说过，没有那次演讲比赛的成功，他恐怕永远也进入不了美国参议院。

　　真实的成功可以给你自信，甚至改变你的一生。同样，在成功到来之前所想象的成功也可以给你带来自信。正如著名的心理学教授威廉·詹姆斯所说："如果你对结果足够关注，你一定会得到它；只要你想做好，你就能做好；假如你期盼财富，你便会拥有财富；若是你想博学，你就会学富五车。"所以在说话之前，想象成功时的情景。

　　从成功中获得自信，不仅是指自己的成功，也包括其他人的成功。一切模式都是可以复制的，成功的模式也可以复制。其他领导身上的一些成功的方式方法甚至模式，在许多时候也同样适合你。

　　当第 1 次开口说话获得成功，你将会从中获得自信，以此来迎接生命中的难题和困扰，进而改变生活。成功并不难，关键就看你能否从中找到自信。

如果世界是完美的，那么所有的一切都将会如愿以偿，我们将会永远成功而不会失败，但是我们知道这是不可能的。作为领导，虽然自己并不想犯错误，却也是不可避免的。

克林顿在阿肯色州担任州长期间，曾经遭遇过很难堪的一次失败；布什在"9·11"事件时将"恐怖分子"说成"亲属"……同时，他们也把错误看成是学习新东西的机会。不管你是处于新手阶段的领导还是精通阶段的领导，都一定会犯错误。对此你应该怎么办呢？是否想另觅一条路径并且幻想错误会自动走开？如果有这种想法的话，那就不要坐在领导这个位子上了。

"人非圣贤，孰能无过？过而能改，善莫大焉。"也就是说人是生活在现实中的，难免会犯这样那样的错误，关键看能否改正。最重要的就是，你不能犯同样的错误。防止犯同样错误的方法就是把错误都记录下来，很多领导都是用这种方式，客观地分析、反省自己所犯的错误，并且采取措施以确保同样的错误不再发生。

富兰克林年轻的时候，说话非常冒失。有一天，他的一位老朋友实在忍不住了，就严厉地斥责他说："你太不像话了。你已经伤害了每一个和你意见不一样的人。你太在意自己的观点了，特别是你的态度简直让人无法接受。每一次聚会，如果你不在场，大家都会感觉到很自在。你太过分了，没人想和你说什么，也不打算和你说什么，因为那不仅是浪费时间，还惹得大家都不高兴。如果你再这样下去，可能再也学不到新东西了。"

经过沉痛的思索，富兰克林深深地意识到了自己在说话时所犯的这些错误，他感觉到自己的人际关系正面临着失败。于是他马上改掉这种冒失、粗野的说话方式，不再生硬反驳、武断立论，而是效法苏格拉底，用一个谦逊的、对事物抱有怀疑的口吻。在刚开始采用这种方式的时候，富兰克林总觉得别扭、不舒服。但是不久，他的方式、态度的改变收到了意想不到的效果，与朋友之间的谈话气氛逐渐融洽起来，大家接受了他，争执也少了。他不再因为偶尔的出错而难堪，在对的时候也能顺利得到大家的认同。富兰克林没有再犯类似的错误，而新的说话态度也使他在大陆会议里更具影响力了。

富兰克林从自己的错误中吸取了教训，并改正了错误，从而对自己以后的发展产生了深远的影响。要少犯错误，从自己的错误中吸取教训，不再重犯同样的错误是其中的一方面。但是我们每个人，即使是领导也没有时间、没有可能把所有的错误都犯一遍，这就要求领导善于从别人所犯的错误中吸取教训。例如上面所提到的关于富兰克林改正他冒失、粗野的说话方式的例子，作为领导就可以借鉴。

不要面对面地直接反对别人的意见，不要太武断；不用"毫无疑问"、"当然"这些太肯定的词汇，而改用"我认为"、"我想"等表达自己的观点；当别人正在说一件你不赞同的事情时，不要立即反对。这样也就避免了犯富兰克林同样的错误，有利于少走弯路、迅速地提升自己。

萨特医师被邀请参加朋友组织的聚会。聚会上，一个小伙子询问他有关保健方面的问题，他正兴致勃勃地讲解着。当时参加聚会的人很多，朋友一看萨特如此高兴，就想把萨特介绍给大家，于是就对大家说："今天我的朋友萨特医师也来了，我们请他给大家谈谈保健方面的知识如何？"大家一听大名鼎鼎的萨特医师在场，都热烈地鼓掌欢迎。私下里萨特可以侃侃而谈，但是面对如此多的人，他就心跳加速，不知所措了。他试图让自己平静下来，但是根本就没用。他从没作过公共演讲，特别是面对这么多的人。

大家都在看着他。他摇摇手，表示拒绝，但是没想到却引来了更热烈的掌声。在极其紧张的情绪的支配下，他感觉自己就要崩溃了。在大家的注视下，他转过身，一个人默默地走了出去，陷入了深深的难堪和耻辱之中。

回家以后，他找来大量的演讲资料，仔细钻研，模仿磁带中的演讲，对着镜子练习。他刻苦地练习，毫不懈怠，努力带来的结果超出了他的期望值——再在大众面前讲话时，他不再紧张。

如果发现自己因错误而失败，要马上从中吸取教训，不要犹豫，并且越早发现越好。正如加拿大的一句箴言所说："普通人从自己的错误中吸取教训，智者从别人的错误中吸取教训，傻瓜不从任何错误中吸取教训。"作为一名领导，更要学会从错误中吸取教训。

作为领导，从成功中获得自信，从错误中吸取教训的语言思维训练

1. 多听从朋友及他人的意见

毕竟是当局者迷，旁观者清，旁观者更容易指出我们的错误或不足。

2.暗示成功

闭上眼睛，想象你面对听众、昂首阔步地走上讲台，整个会场鸦雀无声，听众都在全神贯注地听你演讲；当你演讲结束时，掌声四起，大家对你赞叹不已。

3.阅读传记

无论是成功的领导还是失败的领导，他们的传记对我们来说都有很强的指导借鉴意义，"前事不忘，后事之师"。

自我意识与自我调节

在同等智力和技巧的前提下，成功的领导者具有不同于他人的优秀品质，那就是自我意识与自我调节。

作为一个领导者，要随时与各种各样的人群打交道，同时要面对各种各样的人群的各种各样的评价，这其中有赞美也有批评。有的领导听到对自己的赞美之词，往往自以为是，"也不看看我是谁"，"凭我的能力早就……"开始飘飘然了。有的领导一旦听到对自己的贬斥之词，便消沉低落，"我不会再在会议上发言了"，"我的讲话实在太糟糕了"……从而自暴自弃。这两种类型的领导之所以会有如此表现，实际上是由于缺乏自我意识、情绪被外界所左右而造成的。

如果你是一名具有强烈自我意识的领导，则会熟知自己的情绪状况，能够意识到情感如何影响自己、他人以及工作中的表现，能够主宰自己的生活，不会随便否定自己，不会对外界吹毛求疵，更不会盲目自大，提出不切实际的期望。正如古希腊德尔斐神庙的门楣上铭刻着的一句千古箴言："认识你自己。"准确地评价自己的优点与不足，不仅能够充分发挥自身的优势，最大限度地挖掘自身潜能，而且能对自身的不足有充分的理解，对外界的各种评价也能有充分的心理准备。

坎普是美国早期的政界名人，当他首次在众议院发表演说时，因为刚从伊利诺伊州赶来，衣冠打扮未免有些土里土气，以致现场听众中有一个言辞犀利、善于幽默讥讽的议员在他演说中途插口说道："这位从伊利诺伊来的新客人，衣袋里一定还藏着满满的雀麦哩！"

在场的听众听到这句话，全都大笑起来。假使换了别人，一定会感到万分难堪，甚至恼羞成怒。但坎普先生深知那位议员对他讥笑并未过分，因为自己确实很土，所以他很坦白地回答说："没错，我不但衣袋里装满了雀麦，而且头发里还藏着许多种子呢！我们住在西部乡间的人，多半是土头土脑的，不过我们所藏的雀麦和种子，却常常能够长出很好的幼苗来。"这短短的几句机智的反驳，立即使坎普的大名轰动了全国，大家给他起了一个外号——"伊利诺伊州的种子议员"。

坎普因为对自己的不足有着充分的理解，所以面对那位议员的嘲讽，敢于毫不掩饰地予以反击。有强烈自我意识的人，知道自己绝不是十全十美的，即使自己的缺陷被人道破，也会毫不躲避、坦然接受。

那么如何才能达到自我意识呢？有很多的方法可以帮助你，比如说瑜伽，运用呼吸来专注思想、引导动作，通过这种身体上的锻炼能够促使更深层次的自我认识，从而唤醒你的自我意识；调解，你的领导角色是相对于员工而言的，你可以通过对其他领导的言行的判断和理解，从而达到自我意识；其他的还有接受心理评估以及建议、阅读相关的书籍、参加支持小组和接受训练指导等等。另外还有一个简单的方法就是自我反省，把自己当作一个旁观者，以一个旁观者的眼光去打量自己，多花一些时间了解自己，同时也可以征求其他人的意见。

作为领导，需要的是足够控制他人的能力，但是如果你不了解自身能力，自我感觉麻木，一旦面对挑战，往往也就意识不到自己的身份与所处的环境，进而就会情绪暴躁，对问题失去基本的判断能力。

有一个公司的经理，能力和地位都很高，但是他的领导能力却不被上司甚至员工认可，即使是他本人也对自己的工作和生活充满失望和不满。为什么会出现这种情况呢？在一次和朋友的谈话中，他逐渐意识到，原来因为公司员工大都是研究生，而自己却只是一个三流大学的本科毕业生，这让他感到自卑、耻辱，于是便用怒吼和假装权威的方式来掩饰弥补自己的弱势，但是他忘记了学历不等于能力，忘记了自己能力上的优势。这次谈话使他恍然大悟，他理解并接受了现实中的自己，同时也接受了别人眼中的优势与缺陷，而缺陷引起的自卑也不再影响他的行为。

他不仅获得了自信，同时也获得了他人的信任与尊重。

那么作为领导，你如何知道自己有没有强烈的自我意识呢？如果没有强烈的自我意识，工作或生活中的一些悬而未决的事情往往会占据你的大脑、控制你的思想和行动，这时你的反应往往会不合时宜：你可能由于别人对你的一点儿冒犯就暴怒，控制不住自己的脾气；你可能以一种恐吓或胁迫的语言去控制他人；你可能不分场合地焦虑；你可能不敢在公共场合讲话；你可能不能正确地处理争端；你可能表现得冷酷而无丝毫的同情心；你可能有意无意地重复一些幼稚的语言，而不像领导一样去领导他人……仔细考虑一下自己有没有上述表现，观察他人对你的言行都有什么反应。

当然，你不可能完全消除恐惧或者对某些人的厌恶情绪，但是你可以而且必须调节并控制自己的表达方式。肆无忌惮地发脾气的领导，只会让人恐惧，而不会得到尊重。自我调节在危急时刻的重要性表现得最为明显，不仅能够增强语言的说服力、稳定人心，而且能够赢得他人的尊重。

自我调节不仅表现在口头语言上，而且也包括身体语言。有一个公司的高级主管，在工作上的突出表现使他获得了事业上的巨大成功。但就是这样一位成功的领导，却患有严重的忧郁症，甚至试图自杀过。这种情绪与性格也影响了他和员工及客户的交往。有一天，她应邀到朋友家里做客。一进门，她的内心突然感觉到一阵轻松与愉快，没有了忧愁和郁闷。原来朋友家的布置的明亮色调给了她强烈的视觉冲击，她明白了，匆忙告别朋友，赶回家去。一天的时间，她的屋子充满了明亮与欢欣，时尚的裙装、飘逸的秀发、饱满的精神代替了以往那暗色的西装、古板的发型、慵懒的状态。她通过改变自己的身体语言成功地克服了心理的障碍，开始积极主动地与员工和客户交流。

自我调节也包括某种程度上的讲真话。但这并不意味着你要去评价自己、谈论自己，而是要你公开对自身情感的关注与表达，以积极主动的心态去展示自我的领导风范。

进行自我调节还有一个重要方面就是积极学习。通过学习所引起的无论是绝对的还是有条件的变化，都会改变你思考或说话的方式。这样你就能够摆脱单一的、旧的语言习惯，从而不断地更新、完善自己的语言习惯。加强对信息的接触，多角度多层面地考虑问题，对语言的控制与把握也就会更加灵活自如。

作为领导，在自我意识与自我调节方面的语言思维训练

1. 记录你在工作交流中的语言

对这些语言进行分析，看哪些是有用的、起作用的语言，哪些是无用的、没有效果的语言。前者尽量保留，而对后者则要改进甚至避免。

2. 录制一次你主持的会议

在录像中观察自己与其他与会者，通过比较来评估自己的自我意识，进行自我调节。

3. 有效阅读学习

通过阅读学习，获取知识技能并将其运用到实际工作中去。当你领导自己的能力得到提高的时候，领导他人的能力也会自然而然地提高。

以同理心管理自己

人与人之间的许多冲突，通常是由于彼此间的误会，彼此之间或者是咄咄逼人，或者是情绪过于激动，或者是过于维护自己的意见……而实际上，这一切都不是不可以避免的。如果你能够将心比心，同样时间、地点、事件，把当事人换成自己，也就是设身处地去感受、体谅他人，这就是同理心。同样道理，作为领导，如果能够用同理心去管理自己，设身处地地理解员工的情绪，并且通过妥善管理员工的情绪使公司的人际关系达到和谐，那将为你的工作带来意想不到的效果。

英国的戴安娜王妃虽出身富家，却没受过什么高等教育，她经常说自己笨得像头牛，智商不高。但是她在人们心中的形象却永远那么慈善温柔、有亲和力，她是如何做到这些的呢？

英国一个著名的芭蕾舞童星埃利才12岁，却不幸患上骨癌准备截肢。手术前她的亲朋好友及观众闻讯赶来探望，有的说"别难过，没准会出现奇迹,还有机会站起来",有的说"你是个坚强的孩子,挺住,我们为你祈祷"。埃利始终一言不发，默默地向所有人微笑致谢。她很想见到戴安娜王妃，因为她优美的舞姿曾得到王妃的赞美，王妃夸她"像一只洁白的小天鹅"。王妃终于在百忙之中赶来了。她把埃利搂在怀里说："好孩子，我知道你一定很伤心，痛痛快快地哭吧，哭够了再说。"埃利一下子泪如泉涌。自从住院以后，什么安慰的话都有人说了，就是没有人说出这样的话，埃利觉得最能体贴、理解她的就是这样的话了。通过这件事我们不难看出，戴安娜王妃所具有的正是其他人所缺乏的，那就是同理心。

世界上聪明人有很多，会说聪明话的也不少，但聪明的话说出来不一定贴切，不一定让人心存感激。虽然戴安娜的一句"好孩子，我知道你一定很伤心，痛痛快快地哭吧，哭够了再说"非常简单，可惜不是人人都懂得这么说的，因为我们看问题往往喜欢从"我"的角度去考虑。作为领导，如果具有高度的同理心，那么在管理问题员工的时候，就会比其他人更高明，因为你比其他人更能够理解员工的感受和情绪，更能促进双方感情上的融洽，从而也就更便于管理。

同理心不仅可以提升领导的素质、带来良好的人际关系，而且还可以融洽领导和员工之间的工作气氛。深层次的同理心使人更能体验生活，可以设身处地地倾听，善意地去替别人着想。

作为领导，如果能够用同理心来管理自己，就可以给你自身带来很多好处。你可以得到员工的极大尊重，并且也能满足员工的心理需求；可以化解公司与员工的矛盾，融洽公司领导与员工的人际关系；可以消除员工的逆反情绪，解除沟通障碍；可以增加专业风范，充分展示你的人格魅力；可以使员工非常乐意接受自己，这样就有利于与员工快速形成共识，提高解决问题的效率。这样，不需用任何的金钱投资，就能收到千金难买的效果。

那么，作为领导，如何才能够具备同理心呢？以同理心管理自己，就要求领导能够站在员工的角度，将心比心，把自己放在员工的立场上，体验员工的处境；能够用心倾听员工的谈话，让员工感到被尊重，觉得找到了知己；能够正确分辨员工的情绪，善于观察问题员工的非语言性的动作，以便从中解读出员工心底深处的想法；能正确解读对方说话的含义，从员工的话语和表情中理解员工真实的想法。

在实际的工作中，领导为什么要用同理心管理自己呢？事业和心情虽然是两个完全不同的概念，但是领导作为一个有着复杂情感因素的人，许多时候心情与事业常常交织在一起。当你的心情没有处理好时，你的事情也往往处理不好；同样，如果心情处理好了，接下来的事情也就容易处理多了。所以，如果具备同理心，你在工作中的明智之举将是：先处理心情，再处理工作。当然，同理心并不否认特殊情况下，例如发生了紧急事故，大家先处理紧急情况，再处理心情。但是此时只要具备同理心，那么大家的共同想法恰恰就是立即先处理好紧急情况。

在许多情况下，要想处理好员工的心情，往往可能要牺牲你的立场。此时你完全没有必要放弃你正确的立场而去迎合员工的心情，因为面对这种情况最好的解决方案就是：立场要坚定，态度要热情。这也是用同理心处理问题的一种方式。

从某种程度上讲，同理心是作为一种与领导交流的心理技术的，它大体有两个步骤：首先通过交谈，分辨出员工的内心感受；然后将你分辨出的信息反馈给员工，让员工清楚你已经明白他的感受。其目的是要通过采取"先处理心情，再处理工作"的方式，以最快的速度与员工达成共识，并最终将工作处理好。

作为领导，在运用同理心和员工讲话的时候，一定要注意同理心并不等同于同情心。同情心代表完全同意对方的观点、感受，而同理心只是对对方的感受做出反馈，但并不一定意味着倾听者赞同当事人的观点与行为。因为员工是站在自己的角度考虑问题的，而你作为领导必须兼顾公司利益与员工利益。对员工而言，你主要是给予一种安慰与理解。

作为领导，在与员工谈话时，根据领导的态度不同，往往会出现各种不同的反馈形式。

第 1 种，作为领导，如果对员工的表达方式予以取笑、嘲讽、打击、强行制止、挑剔、忽视等，就会使员工的心里有受到伤害的感觉。此时会造成双方沟通困难，十有八九处理不好接下来的事情。

第 2 种，作为领导，你仅仅是处理了员工所谈的事情而明显忽略了员工的感受，比如仅仅是直接给予员工忠告、建议、提出问题；或者仅表示抱歉，而照顾不到员工的心情；或者仅仅按照对方的表面意思处理，而不能理解并反馈其真实意图等。这就会使员工产生不被理解的交涉挫折感，从而造成双方的沟通障碍，事情往往也处理不太好。这种处理方式对于领导而言，也许并不能算错，但可以肯定他也不怎么对。

第3种，领导能准确分辨出并且能准确地反馈员工所要表达的重要而明显的感受。此时的结果是员工觉得被人了解，非常乐意继续与领导交流，通畅的沟通和良好的心情会使事情较容易处理。

第4种，当领导能够敏感地觉察到并艺术地反馈超越对方明显感受的隐含感受，比如各种复杂感受中的潜在感受、潜在需求、潜台词、潜意识、暗示等时，会使员工认为双方心灵相通、高度默契，有知音知己的感觉。此时，员工将非常乐意接纳领导的观点，并且很高兴地去处理领导期望做的工作。

根据上面领导的4种不同的反馈方式，我们来看一个例子：

一个员工问领导：咱们这么做，效率太低了。4种相应的反馈方式是：

第1种：低？那你想怎么办？（嘲讽）

第2种：很抱歉，工作方式是公司定的，不能擅自改动，我也没有办法。（仅表示抱歉）

第3种：噢，是吗？（重要感受：员工有高见要发表，并且希望作为领导的你能听听）

第4种：对对，这个问题我也考虑了好久，来谈谈你的高见。（表示对他独到眼光的欣赏，被人欣赏是大多数情况下人们的潜在感受与需求）

通过分析不难发现，第4种方式才是最高明的，这也正是同理心管理所达到的效果。

作为领导，进行同理心的语言思维训练

处理下列问题，比较一下运用同理心的方式和不用同理心的方式效果有何不同：

1. 一个员工讲完一个笑话

2. 员工向你汇报工作进展

3. 一个顾客怒气冲冲地打来投诉电话

4. 一个向来表现良好的员工抱怨突然多了起来

5. 一个员工被辞退

第2章

无声的领导风范

第1节　穿最适合你的服饰

任何时候都不可忽视你的外表

人的外表主要体现在服饰上，"从人们对服饰的选择，可以窥测到他的文化水平和道德修养的底蕴"。虽然大家都一直认为以貌取人是不应该的，但这却又是普遍存在的客观事实。因为外表是直观的东西，对人的感觉系统刺激最大，在没有对你的其他方面的情况作深入了解之前，人们只能以眼睛看到的、耳朵听到的来判断你是什么样的人。"人都是以貌取人的"——你像什么，你就是什么。而人与人初次交往，76%的人根据外表来判断对方，外表会直接反映出一个人的修养、气质与情操。正如西方一句俗语所说："你就是你所穿的！"尤其是作为领导，外表服饰更是在任何时候都不可忽视。

美国总统肯尼迪那几乎完美的外表被媒体赞誉为"创造了美国人心目中英俊的形象"、"确立了时尚的标准"，说他有着"意大利的品位、大不列颠的冷静、美利坚的风格"。也正是这如此完美的外表，让肯尼迪轻松地打败了尼克松，登上了总统的宝座。在当时的竞选辩论中，民意调查结果表明，用收音机收听辩论的听众认为，尼克松已经获胜，至少已打成平局；但是观看电视辩论的观众却认为肯尼迪占了上风，一位政治评论家看到电视就宣称"肯尼迪已经获胜"。与肯尼迪相比,尼克松可是老牌政治家了,在资历上似乎占据着绝对的优势。为什么会出现如此大的差异呢?原来当时尼克松穿的是一套灰色的西装,而且浓密的胡须更是让他显得非常邋遢,肯尼迪对他的评价是"这家伙真没有品位";与尼克松相反,肯尼迪的穿着明亮,看起来坚定、自信、沉着,充满了自信与吸引力。后来尼克松吸取了这次失败的教训,意识到了外表的重要性,终于如愿以偿地入主白宫。

即使是正在车间里工作的技术工人,如果他的外表能够干净利落,也会让人对他的技术平添几分信任。很难想象一个衣衫不整、不修边幅的领导会得到员工的尊重和信赖。作为领导,在内,你是员工的形象榜样;对外,你是公司的形象代言人。你的外表服饰已经不是简单地为了实用或者美观,更多的是为了增加你的自信、增强你的权威、让你看起来更像领导。并不是每个人都是标准的模特体型,或高,或矮,或胖,或瘦,都可能影响领导的自信与权威,而恰到好处的服饰不仅能够掩饰你形体的不足,还可以将你形体的优势衬托出来,从心理上消除因外表而引起的焦虑。外表服饰对你有强烈的心理暗示作用。出众的外表服饰更是在无声地帮你传达你的地位与权威,它无时无刻不在向人们展示你是属于领导阶层的。

外表的恰当与否决定了你在对外社交时所得到的待遇。国家组织了一次由各银行经理组成的对外金融交流考察活动。当他们来到华尔街准备参观一家大银行时,其中几个经理被门卫拦下了,因为他们穿的是休闲式的运动装。虽然翻译一再解释,把护照及其他相关证件都拿出来证明他们的身份,但是门卫还是没有让那几位身着运动装的经理进入银行参观。为什么会出现这样的情况呢?原来在英美金融界,即使是清洁工都不能穿得随随便便地去上班,更何况你还是经理呢?所以在任何时候都不要忽视你的外表,因为你是一名领导,你的外表服饰决定了你在他人眼里的身份与地位。

在任何时候都不可忽视你的外表,也包括一些细节。李特是一个银行的部门主管,曾经参加过一次让他终生难忘的金融研讨会。开会时,他刚坐下,就有人盯着他的脚看了好大一会儿,这种注意让他感到很不自在。无意中,他突然发现坐在他左右的人没有一个穿的是白袜子,而自己的那双白袜子是如此醒目扎眼。并且这双袜子袜靿很矮,当他坐下来的时候，腿上的汗毛被左右尽收眼底。整整一上午的会议时间，李特都处在心理煎熬的痛苦尴尬之中。他努力地把腿向后缩，以免别人注意他的白袜子和发达的汗毛，还要不住掩饰自己的紧张与不安。他的心思都在这双袜子上面了，以至于这一上午的会议内容是什么，他全然不知。中午一散会，他就急忙出去，买了一双黑色的袜子，这才如释重负。

其实，作为领导，不仅不应该穿白袜子，丝袜也不要穿。因为脱鞋后丝袜所散发出来的气味，实在让人不敢恭维。作为领导，到他人家里做客，或者去吃日本私家菜，进门就要脱鞋子，此时如果你穿的是丝袜，怎么办？脱还是不脱？所以最好选用纯棉或者毛料袜子，不但美观而且舒服吸汗，也不会产生异味。有人也许会说，大家穿白袜子、丝袜的多的是。这种现象的确存在。现实中的你有两种选择，要么不修边幅、自由自在，要么沉着自信而充满朝气。选择前者你将一事无成，更不要做进入高级管理层的美梦；而选择后者，将为你成长为一名出色的领导者铺平道路。

信任与权威永远是领导外表的最佳体现。工作中你可以穿休闲的西装夹克，而永远不要穿那种运动式的夹克，也永远不要只穿毛衣上班，毛衣虽然穿着舒适，却不会给你权威和力量。作为领导，你更应该注意的是自己作为领导的权威和效率。安排的工作能够按期保质保量地完成，比员工感到你有亲和力更重要。工作时效率决定一切。

在任何时候都不可忽视外表，还有一点需要注意，那就是外表整洁。因为整洁是一种地位的象征。作为一名领导，保持干净整洁，不仅是对自己地位的尊重，也是对员工的尊重。你不一定要穿着最昂贵的衣服，但是外表一定要整洁，比如剪掉外露的鼻毛，出门前检查自己肩上有没有头皮屑等等。这些也都是作为领导在任何时候都不能忽视的，不要让这些细节影响你的领导形象。

外表服饰是一种强烈而显著的信号，能够向外界提供你的一切信息。在许多时候，你的外表服饰影响着外界对你的态度。如果作为领导的你有着出众的外表形象，员工自然愿意跟随服从你，从而紧密地团结在你的周围，以你为榜样，创造出一种严谨而积极的公司文化氛围，因为你总能够给人以信心与力量。相反，如果你不能够提升自己的外表形象，也就不能够创造有利于公司发展的文化，员工也就不会提升自身的外表形象，从而也就无法把公司追求卓越的精神传达给顾客。

也就是说，作为公司的领导，你的外表就是公司最好的广告。如果你看起来不像是公司的领导，那么就不要困惑你的公司为什么一直停滞不前，而不能够在同行业中首屈一指，更不要指责顾客不信任你们公司的产品，因为你的外表已经告诉大家："我不追求品位，我的公司也不追求卓越，正如我不在乎我的个人形象一样。"在某种程度上，可以说"企业文化就是领导的文化。"

领导的外表形象能够产生领导力和影响力。出色的领导没有谁不在意自己的外表形象，一个成功的领导，靠的不仅仅是他的杰出才华与非凡能力，更重要的是他们懂得外表形象的魅力，并能够将这种魅力与智慧思想完美结合。

作为领导，外表服饰的语言思维训练

1. 永远记住一条原则

无论做什么，保持你领导的外表形象。

2. 不要穿着太随便

不要以为穿着随便就可以使自己与员工更亲近、打成一片，恰恰相反，这样反而会降低你的领导力。

3. 不要跟随时尚

作为领导的外表服饰一般以传统、保守、高质量、高品位为原则。

4. 投资买几件经典服饰

5. 避免有异味

勤洗澡，每天早晚刷两次牙。如果喷洒香水，只需自己闻到即可。

6. 修饰物佩戴

越少越好。

男领导，穿出你的风度

作为男领导，在穿着方面的选择性比较小，但是这并不表明男领导不用在意自己的穿着。因为正如马克·吐温所言："服装建造一个人，不修边幅的人在社会上是没有影响的。"男性领导在穿着上一定要展示自己的阳刚之气，要穿出自己的风度，因为你的穿着无时无刻不在向他人宣告你的信心与态度。

穿着往往会给人以心理上的暗示。如果穿着服饰质地粗劣、不合体，往往只会将你引向失败的方向，因为你的穿着就代表了你的价值，你的心情会随着这些服饰而变得消极，你的自尊与自信也会由此受到不健康的暗示，你对员工的权威与在他们心目中的地位也将大打折扣。因为他们对你的领导能力产生了怀疑：这样的领导能否胜任自己的位置？男领导穿着的目的不是为了居家过日子，也不是为了标新立异、突出自我，而是要展示力量，在含蓄的穿着下展示出威严、自信、深沉、可靠的风度。

那么男领导如何才能穿出自己的风度呢？

男领导的穿着一定要大方，如此方显真风度。人们常把高品位的服饰与成功的领导者、高贵的社会地位以及高雅的文化品位相联系。回想一下你身边的其他男领导，特别是那些穿着不凡的男领导，一看他们的穿着，我们就会对他们刮目相看，认为他们很有风度；但是对于那些衣衫不整的男领导，我们不仅会低估他们自身的能力与品味，甚至会怀疑其领导的身份以及其公司的信誉。

作为男领导的穿着大体是西装、衬衣、领带以及皮鞋——当然并不是说西装革履的就是领导。因为西服与西服之间还有着很大的区别，其面料、样式、色泽以及是否合体等等都有不同层次的区分，所以在穿西装的时候要注意，面料要100%的毛料，至少也得70%，或者毛与丝的混合材料，其他任何化纤质地的西装都可能有损你的风度；男领导在挑选西装颜色上一般是深蓝、灰、深灰等中型色彩，一般不要选择棕色或者黑色，因为棕色西装在西方被认为是低品位的表现，而黑色西装也只是用于婚、葬礼或者作为燕尾服。另外，在花纹方面，男领导选择纯色或者暗而淡的条纹，特别是深蓝色配暗条纹的西装往往被认为是强有力的象征；上衣小兜称"手巾袋"，只放折叠扁平的手帕，并浅露小边，除此不宜放其他东西，以保持你的绅士风度。穿着有风度不一定保证你是领导，但是如果你是领导，穿着就一定要有风度。

　　上身与西装相配套的就是衬衣了。在穿着西装时，衬衣一般以白色为宜。衬衣袖口应露出 1 厘米左右，衬衫衣领应高出西装衣领 0.5 厘米，不仅保护西装衣领，更能够增添你的风度。衬衣虽说是穿在里面，但也马虎不得，衬衣的颜色必须与西装的颜色搭配和谐。有一些男领导外面穿一件浅色的西装，里面却穿一件深色或黑色的衬衣，让人看起来像《教父》中的黑手党。

　　当然，作为男领导的上身并不是只能穿西装，你也可以穿休闲装。但是即使在穿休闲装的时候，也一定不要忘记保持自己的领导风度，不要忘记自己的权威身份，一定要注意不能让轻松而没有说服力的穿着影响你的风度，不要让时尚淹没你的领导风度。

　　体型不同的男领导，在展示自己风度时的穿着也是不一样的。肥胖体型的不宜穿浅色、带格的西服，最好穿单色且颜色较深的西服，不应穿宽条，而应穿隐条纹面料，最好不要穿双排扣西服；瘦削体型的不宜穿深色西服，最好穿颜色浅或是带花格的西服，面料有条型应选择窄条面料；身材矮小型的衣着要简洁明快，适合穿肩部较宽的上衣，使身体呈"V"字形，可使身材显高一些，简单、单色的服装也能在视觉上增加人的高度；肤色较白型的衣服的颜色可自由选择，深浅皆宜；肤色较黑型的最好不要穿浅色的西服，而宜穿颜色较深的西服；皮肤较粗糙的最好不要穿质料特别精细的衣服，否则会衬托出面部皮肤更加粗糙。

　　在展现男领导风度比较少的服饰里面，领带可能是最可以表达领导风度的工具了。你可以每天都穿着同一套西装，但是你必须不断地变换领带，因为唯有如此，人们才能忘记你昨天穿的西装。佩戴一条有艺术品位而又能表现出权威与力量的领带，能衬托出男领导者深厚雄伟的风度。克林顿在总统竞选时的穿着是白衬衣、灰蓝西装以及鲜红夺目的领带，他的头发虽然已经呈现出灰色，但是他显示给选民的却是朝气蓬勃、充满领导风度的年轻总统形象。在西方，红色原本象征着警告与危险，表明一种政治倾向，但是它同时又传递非常微妙的、富有活力的信息，使人的血液充满燃烧的激情。克林顿大胆地运用鲜红色的领带来展示自己的领导风度与个性，对其竞选总统的成功起了很大的作用。

领带是展现男领导的风度的最好办法。你是保守的、权威的，还是沉默的、严肃的，都会通过你的领带展示出来。领带是男领导内涵的流露。作为领导，在任何时候都不要让领带削弱你的风度。佩戴保守、含蓄、有品位的、高质量的领带，它是你自我表达的工具，是你可信度的指针。领带能够展示你的领导风度，靠的并不是绚丽夺目的颜色与花纹，而是其艺术品位。

西装革履是男领导的典型搭配，但是在许多情况下，男领导往往只关注西装而忽视了皮鞋。其实在许多情况下，你可能并不是买不起或舍不得买新皮鞋，但是你是否知道在华尔街有这样一句俗语："永远不要相信一个穿着破皮鞋和不擦皮鞋的人。"皮鞋也同样能够展现男领导的风度。美国的一次调查统计显示，80%的人认为保养良好的皮鞋能给人以积极的印象。作为出色的男领导，不仅仅要敬业、有责任心，同时也要有情调、懂得如何生活。不要幻想别人不会把目光集中到你的脚下，精心保养你的皮鞋，每天擦拭，让它保持光亮。

除了西装、衬衣、领带、皮鞋以外，男领导在穿着上还要注意手表、腰带等修饰物，因为你身上的每一处修饰物都在告诉别人你是谁。佩戴修饰物越少越好，本着"设计简单，做工精致"的原则。修饰物越少，越能体现你的内涵，展现你的大方。柏拉图曾经说过这样一句话："对于将军或政治家来说，如果他们只注意大事而忽略小节，他们的结果不会更好；如果没有小石头，大石头也不会稳稳当当地矗立着。"将军或政治家如此，男领导在穿着上也是如此。在选择余地比较小的情况下，主要是把握住细节，通过细节来展示你的风度。

自信带来风度，服饰增强自信。曾经缺乏自信的经理人陈瑞，在对自己的服饰作了一番彻底地改头换面以后，不仅深深地赢得了员工的尊敬，而且就其自身而言，也是意义非凡。他认为一套 1000 元的西装与一套 100 元的西装相比，改变的是他的自我感觉，展现的是他个人的领导风度。

虽然我们都认为不应该根据外表来判断一个人，但是一个人的外表是否有风度，不但决定了别人对他的态度，也决定了他自己对自己的态度。作为男领导，穿出你的阳刚之气，穿出你的自信，穿出你的风度。

作为男领导，在穿出风度时的语言思维训练

1. 西装及休闲装

(1) 一定要合身得体，过大、过小、过紧、过松都会有损你的风度。

(2) 不要穿廉价、破旧、过时的衣服。

(3) 根据不同的场合，进行色彩搭配。

2. 衬衣与领带

(1) 确保衬衣及领带无斑点、污渍，特别是衬衣领子一定要保持干净。

(2) 领带一般选图案含蓄、色彩保守而简单的，除非特殊场合，不要戴领带夹。

(3) 衬衣、领带与西装要搭配好，不要胡乱穿。

3. 皮鞋

(1) 每天擦拭你的皮鞋，保持皮鞋发亮。

(2) 扔掉所有的破旧皮鞋。

(3) 每天换洗袜子。

女领导，穿出你的魅力

与男人相比，女人在穿着上的选择余地似乎更多一些，但是正因为选择的余地多了，其潜在"危险"也就比较大。正如美国著名的形象设计大师乔恩·莫力所说："穿着不当和不懂得穿衣的女人，永远不能上升到管理阶层！研究证明，穿着得体虽然不是保证女人成功的唯一因素，但是穿着不当却一定会导致一个女人事业的失败。"作为一名女领导，你不得不在穿着上谨慎，并且穿出你的魅力。

作为领导，需要给员工以权威感与信任感，女领导当然也不例外。作为领导的女性在工作时，主要是展示自己的领导才能和责任感。如果误把办公室当作展示性感的舞台，那就可能会使你的事业从此停滞不前；但是如果毫不重视自己的穿着，不修边幅，人们又会质疑你的领导权威与可信度。

可能没有一个女人不希望展示自己的性感魅力，但是作为领导的女性一定要注意，工作中的领导权威与生活中的性感在某种情况下是不相容的。在一家外资企业工作的韩欣有着自己惨痛的教训。

　　韩欣拥有女人梦寐以求的极其性感的体形，再加上她那迷人的眼神、热情大方的性格，还有她工作中的勤奋努力，使她在进入公司不久就有了很好的人缘，深受领导和同事的喜欢。但是如此性感而又勤奋的韩欣自从大学毕业之后进入这家外企已经 4 年了，却仍然在自己进来时的位置上，没有任何上升的趋向。而当年一起进来的同事都已经升迁，有的甚至成为她的上司。

　　一向很好胜的韩欣心里很不是滋味，心想自己如此年轻性感、受人欢迎，工作能力也不差，到底哪方面不如其他同事呢？强烈的自尊心使她不愿意去找领导，于是她决定去求助于咨询师。电话预约并把情况说明了一番以后，韩欣穿着突出自己性感的衣服，紧身的黑裤子紧紧地裹住高翘的、宽大的臀部，弹性的紧身衣勉强罩住突出的胸部，扭动着性感的腰身，婀娜多姿地走进咨询师的办公室。咨询师见面就问："你平时上班就穿这一身？"韩欣自豪但又有些疑惑地说："是啊，怎么了？"咨询师告诉她，这身性感的穿着正是她升迁的最大障碍，这不是女领导的行头。咨询师建议她换一身职业装束，让自己显得端庄、可信而不是性感。韩欣抱着试试看的想法按照咨询师的建议做了，不再展示自己的性感魅力。让她意想不到的是，不到一年，自己就被提拔为项目经理了。

　　生活中的你可以尽情展示自己的性感魅力，但是在工作时需要展示的是你作为领导所具有的权威与可信的魅力。如果你在工作中穿着像潜水服一样的紧身衣和暴露着胸部的服装，就很难得到员工的尊重。你的性感会吸引太多的注意力，让员工们无法专注于工作，而这种注意力并不是工作中所需要的、积极的注意力。或许，作为女明星可以毫无顾忌地显示自己的性感，但是，作为领导的你必须清楚，你的穿着形象所要传递的信息是"权威与可信"，而性感却对这两者有着巨大的破坏性。对女领导而言，突出性感的穿着是削弱信任与权威的第一杀手。曾经有这样一句话："裙子越短，权力越小；领口越低，权力越小。"无法想象，穿着吸引员工眼光的、高出膝盖几寸的短裙以及裸露着半个胸部的紧身衣的经理如何坐在经理办公桌后面，对员工发号施令。

只要冷静地思考一下你就会发现,依靠性感从"灰姑娘"变为"皇后"的传奇故事可以说是微乎其微。没有几个女性的领导位置是依靠女性的性感来取得的,真正出色的女领导如撒切尔夫人等,他们展示给人们的是端正、可信及不可触及的高贵魅力。

作为女领导,穿着过分性感不合时宜,不修边幅更不可取。在克林顿入主白宫之前,他的夫人希拉里是一个女权主义者,穿着展示女权主义形象的大格子西装,戴着迂腐的、学究式的黑边眼镜。这种形象怎么能体现高贵、优雅的美国第一夫人的风度呢?同时这也严重地影响到了克林顿的选票。于是希拉里彻底地改变了穿着形象,以端正典雅的风度树立了高贵而智慧的第一夫人形象,也为克林顿的政治形象增添了不可磨灭的光彩。

但是有一些女领导完全不在乎自己的穿着,不装饰打扮自己,穿着质地粗糙、没有风格和品位的衣服走进办公室。或许是出于女性的自尊心,很少有人会告诉你穿着随便的严重后果。你需要永远记住的是:优雅的外表更能让他人尊重你,从某种程度上说,你的穿着反映了你的能力,出色的穿着对你的成功领导起着推波助澜的作用。如果你不对自己的穿着付出任何努力,势必将影响你的领导效果。所以作为女领导,在选择服装的过程中,不能仅仅依靠本能去选择实用的、舒适的服装,更重要的是应该去考虑如何充分展示你的领导魅力。

琼通过自己的努力工作而升迁为项目经理已经5年了,但是在这5年里,她再也没有得到任何的升迁,尽管她工作更努力。慢慢地,她失去了工作的激情,陷入了痛苦之中。然而对琼来说比较幸运的是,她的朋友帮了她一个大忙。朋友知道琼的处境后,就带她去参加了一个女性经理人俱乐部。在俱乐部里,她似乎是一个外星人,各方面都显得格格不入。她穿着质地粗糙的灰色夹克,衣服上还沾着明显的油渍;她头发蓬松,好像早晨刚起床还没有修饰过。再看看其他经理人,无论是发型还是服饰,都是那么的职业,充满了朝气、威严与高雅的魅力。这一次经历让琼认识到了自己前所未有的不足,明白了什么才是真正的女领导魅力。琼回去以后一改自己以前的形象,再去上班,发现员工看她的眼神由以前的不屑变成了尊重。

或许你会举出男领导不修边幅却很成功的例子，但是那样的人又有几个。况且你不得不面对的一个现实是，社会对男领导与对女领导的期望值本身的不公平。人们无意之中很容易低估一个不修边幅的女领导的权威性，穿着对女领导的影响远远大于对男领导的影响。对于女领导而言，穿着的魅力是你成功不可缺少的保障。

那么如何通过穿着来增加自己的领导魅力，如何通过穿着来弥补女领导缺乏权威的弱势呢？

丽莎是某公司市场分析部的经理，有一头飘逸的秀发，身材瘦小，看上去有些弱不禁风，这从某种程度上削弱了她的领导魅力。尽管在她衣橱里的服装都是顶级品牌，但是这些服装都有一些共同的特点：西装上衣盖住了臀部，套裙超过了膝盖。怎样才能够既不使自己现在的形象改变太大，又能够增强自己的权威与魅力呢？丽莎接受了咨询师的建议，把过长的西装上衣裁短使其不超过臀部，超过膝盖的裙子也稍微裁短一点，并且剪掉了过肩的长发。经过改造以后，丽莎看起来比原来高大多了，职业化的短发给人以现代、精干、高效的魅力。

在现代化的商业社会里，女领导是为成功与权威而穿着，而不是为性感时尚而穿着。

穿着时时刻刻都在无言地向人们展示着你的魅力，它能左右别人对你的看法。两个能力相当的女经理在争取一个更高的职位时，上司很可能在难以决定之下，把机会留给穿着更有领导魅力的那位。如果要争取的是个主管的职位，那么穿着的魅力就更重要了，因为女主管无论对外还是对内都需要有领导的权威，而这个权威几乎是由穿着的魅力衬托出来的。

女领导在穿出魅力时的思维训练

1. 记住"为展示领导魅力而穿着"的原则。所有的一切都是为了穿出你的女性领导魅力

2. 不要盲目追求时尚

3. 不要穿布料太薄、透明、紧身的衣服

4. 领子不要低到可以看到你的胸部，裙子不要短到坐下来不得不双

腿紧紧并拢

5. 不要穿破旧的、带有油渍的、不洁净的衣服

得体的着装风格

培养个人的领导才能的过程中，着装风格是重要的，也是最为简单的。作为一个领导，必须有适合自己职位、体现自己领导风格的穿着。现代社会是一个注重仪容的文明社会，人们可以从一个人的穿着上看出他的文化素养以及综合素质。整洁大方的仪表，不仅能够体现出一个人的个性与气质，更能展示出一个人的魅力。

有一天，一个专门为企业做培训的顾问要和一家公司的 2 位职员见面。他们俩 1 位是高级主管，1 位是刚被提升的下属。顾问从来没有见过这 2 个人，但他很快就从着装上分辨出了他们 2 人究竟谁是高级主管，谁是下属。当这 2 个人一起走来的时候，他正坐在大厅的沙发上，大厅正对着走廊，这为他长时间观察 2 人提供了方便。这 2 个人看起来都很优秀，其中 1 位穿着用高等面料做成的剪裁得体的西服，里面穿着同等质量的衬衣，手里拎着高级公文包，脚上的皮鞋擦得锃亮。毫无疑问，他是主管。而另 1 位则相反，西服虽然很合身，面料却一般；脚上的皮鞋有些旧、有点儿灰。这样的着装差异不仅仅反映了 2 人薪资水平的不同，还意味着其中 1 个人知道个人形象的重要性，而另一个人则不知道。

另外一个故事发生于一家大型公司的一次周末会议上。公司的新任首席执行官来给本公司中层以上的管理人士作一个报告。公司的与会成员对着装非常注意，男士们都穿着考究的西装，配着价值不菲的领带、皮带、皮鞋；女士们则都穿着面料很好的职业套装。他们的穿着显示了他们事业上的成功。不幸的是，来给他们做报告的首席执行官并没有考虑到她的听众群体——成功的职业人士。她挑选了一件周末常穿的休闲装——一件宽松的毛衣和一条坐下来很容易变皱的裤子，这样的穿着使她看起来比她的下属差多了。这不仅降低了她的权威性，也降低了听众对她的信任度。因为她的穿着过于寒酸，怎么看都不像一位称职的首席执行官。

作为一位领导者，必须使穿着与自己的身份相匹配，必须时刻注意

自己的形象。你不能穿得过于寒酸，这不仅有损你作为领导者的风范，而且降低了下属对你的信任度。

作为领导，着装还需要注意场合。在一次国际葡萄酒的品酒会上，来自世界各国的葡萄酒公司老板，都是国际商业化的标准穿着，西装革履配着领带，无不显示着葡萄酒的文化底蕴与高雅品位。但是偏偏有几位中国老板，不是穿着随便就是随意搭配，单从穿着上看，很难想象他们是葡萄酒厂的老板，甚至会让人怀疑他们是白酒厂的老板，实在是让人不敢恭维。这样的老板，如何让人相信他们的品牌？一个公司要想让人信服，这个公司的领导就应该让人信服。要打造公司的品牌，就要先打造领导个人的品牌。而着装正是打造领导个人品牌的极其重要的手段之一。

但是，如果领导穿着过于讲究又会如何呢？某外企公司一位来自香港的新任主管给咨询师打电话，说她的下属认为她很吓人，因此来寻求帮助。1周后，这位高级主管与咨询师见面了。这位主管是一位美丽的女士，她穿着羊绒毛衣、意大利著名品牌的时装裤，还戴着一件名师设计的珠宝首饰。这种打扮在上海或北京可能还不太惹眼，但是在一个还不是很开放的三级城市（山西的运城）却绝对不行，这让公司的人感到害怕。咨询师向她建议，在适应山西的气候、饮食的同时，还必须学会调整自己的穿衣风格，适应当地的衣着环境，这样才能慢慢地被公司的下属所接受。

穿着优雅很重要，但前提是你的穿着必须符合当地的环境和当时人们的衣着水平。穿着打扮既要自然得体，又要遵守某种约定俗成的规范和准则。

对一位领导者来说，合适的着装风格与领导形象有着密切的关系。在工厂车间里工作的工程师、高级技术人员可以穿任何自己想穿的衣服。但是，一旦晋升为公司管理层，就必须注意自己的着装风格。当然，比尔·盖茨不必考虑自己的着装风格，因为比尔·盖茨的巨大成就以及他对世界的贡献决定了无论他穿什么、讲什么，人们都会接受他、相信他，并且崇拜他。如果你还没有拥有比尔·盖茨那样的成就，就应当注重着装风格，穿着与自己职位相符合的装束，这样不仅能获得下属的尊重，还能获得你应有的领导权威和更大的发展空间。

在一次交际学术研讨会后，一位年轻的女士来到一位咨询师身边寻求帮助。她告诉咨询师，她的工资收入几乎不能保证她的生活，即便如此，她还面临着失去工作的危险。她还说自己想深入研究市场，做一个成功的业务员。但是，从外表来看，她一点儿也不成功。当时，她穿着一套褪色的羊毛印花套裙，留着与她的年龄不相符的过时的发型，这使她看起来很老气，给人的感觉也很懒散。显然，没有人会喜欢这样的人，也不会有人买她推销的产品。咨询师建议她先从着装风格上改变自己，穿些色彩鲜亮、使她看起来很有活力的服装，再做一个时下比较流行的适合年轻女士的发型。这一切对她很有帮助。3年后，她的名字开始出现在领导者培训课程的名单中。当她穿着优雅的米色短裙、橘红色的毛衣外套走入教室为学员做培训时，她展现了自己苗条的身材和迷人的风采。她很快就要成为公司的高级主管了。从这位女士的故事可以看出，形成个人的穿衣风格并不困难，任何人都可以学会如何打扮自己。

要想成为一个成功的领导者，就应该注重自己的穿着，形成个人的着装风格。这并不是一件难事，只要改变过去的观念和穿着就行了。

从现在开始，无论你是初级管理者还是高级管理者，无论你是在一个小镇上当镇长还是在大公司里担任总经理，对自己的穿衣打扮都不可掉以轻心，尤其是不要穿着过于随便或过于寒酸。因为那样既不会体现出你的职业特色，又显示不出你的领导权威。

作为领导，在成功穿着方面的思维训练

1. 不能穿得寒酸

"人靠衣装马靠鞍"，穿着一定要与地位相符，否则就会降低你的权威感。

2. 适应所从事的行业、所在的地区的客观环境

不能随从大众，也不能太扎眼，不要鹤立鸡群。

3. 不要以穿着不规范的世界顶级成功人士为榜样

除非你也取得了足够与比尔·盖茨相抗衡的成绩。

4. 不要追随娱乐界明星的穿着

时刻记住：作为领导，你需要的是权威和信任，而不是时尚与潇洒。

5. 找到适合自己的色彩和款式

高贵的胡乱搭配，不如简洁的合理搭配。

第 2 节　非语言交际

微笑的力量

微笑是一个人心境平和、心情愉快的表现，是内心充满阳光的表现，是对自己的魅力和能力有信心的表现。微笑是内心真诚友善的自然表露，是每一个有涵养的人内在素质的表现，是人际交往中的最佳润滑剂。在这个商业经济的社会里，作为领导，与整天板着面孔相比，微笑不但能够维护你的领导形象，还可以影响自己以及他人的情绪，影响你的员工与合作人，让他们跟你一样保持愉悦的心情，从而使你的事业更加成功。

发自内心的真诚的微笑，能够让人从内到外放射出愉悦的光彩，心生温馨之情。

位于美国俄亥俄州的 RMI 公司，是美国的一家大公司。它曾经一度处于员工效率低下、生产滑坡、利润上不去的境地，面临破产危险。公司想了很多办法都没有摆脱这种困境。后来总公司派尼克去担任该公司的总经理。尼克下车伊始，并没有立即抓生产，也没有进行严厉的训话，而是在公司显眼的地方到处都贴上标语"微笑面对生活"，"你快乐，我快乐，大家都快乐"，"微笑工作，成功属于你"等等，并且每一条标语后面都有总经理尼克的签名和笑脸。不仅如此，尼克还把公司的标志改成一张笑脸。平时，尼克也很少坐在经理办公室，而是经常到每个部门走走，而且总是面带笑容、春风满面，见到员工像见到自己的老朋友一样，毫不费力地喊出每一个员工的名字，亲切地打招呼，询问他们的想法，征求他们的意见。

在总经理率先垂范的带动下，整个公司到处都洋溢着微笑。2 年以后，在没有任何投资的情况下，公司的生产效率竟然提高了 80%。《华尔街日报》在评价尼克的笑脸管理时称赞说："这简直是纯威士忌与柔情的口号、感情的交流以及充满微笑相交融的混合物。"尼克的这种管理也被誉为"俄亥俄州的笑脸"。

微笑的魅力是巨大的，它让工作充满喜悦、充满激情，并且带来幸运。即使是在打电话的时候，也要保持微笑，因为笑容可以通过声音传到对方那里去。一家名不见经传的小公司就曾经因为经理的笑容而招聘到一位电脑专家。那时电脑人才非常缺乏，正好有一个回国的电脑专家，好几家大公司都在抢他，并且薪金丰厚，但是他却选择了这家不起眼的小公司。是什么原因促使他做出如此的选择呢？原来，其他几个公司虽然都很有名气，但是他们的经理在给这位专家打电话时声音冰冷，一副公事公办的语气，好像在进行一场商业交易。而这家小公司的经理的声音听起来却和气而亲切，他由此想到电话那边的经理也一定是面带笑容的。

如果你希望留住人才、员工尊敬你、工作高效率，那你就必须微笑着面对别人。

英国首相托尼·布莱尔留给英国人的是他几乎无时不有的、孩子般的笑容，美国总统里根爽朗而无拘束的笑，克林顿自信、热情的笑，还有卡特那祥和的笑，肯尼迪那迷倒了几代人的笑容，戴安娜王妃带有忧伤的笑……他们的笑容在人们心中留下了难以磨灭的印象。不会笑的政治家是不会受到人民欢迎的，同样，不会笑的领导也难以得到员工的尊重，不会吸引财富，正如一句俗语所说："和气生财。"

法国著名作家雨果说："微笑就是阳光，它能消除人们脸上的冷酷与无情。"的确，微笑不仅能表现出领导对员工的理解、关心，还可以缩短与员工的距离，更便于与员工沟通。

在邵氏公司举行的一次盛宴上，工商界名流、文艺界的知名学者和影视明星们欢聚一堂。邵逸夫自知酒力不佳，凡遇敬酒都回避。当红影星林黛的母亲向邵逸夫敬酒，邵逸夫也回避了。林黛的母亲感觉受到了怠慢，一怒之下把酒泼到了邵逸夫的脸上，全场顿时死一般沉寂。林黛则大惊失色，忙起立向邵逸夫赔罪。谁知邵逸夫若无其事地微笑着说："来人啊，老太太喝醉了，快扶她去休息。"邵逸夫一句话打破了尴尬，也为林黛挽回了面子。此事发生后，林黛更对邵逸夫死心塌地，誓死效忠。邵逸夫用微笑化解了尴尬，而且还赢得了林黛的忠心耿耿，显示了其领导的风度。

俗话说得好："笑口且常开，财源滚滚来。"西方也有一句谚语："不会笑就别开店。"人类的笑脸散发着温暖、自信、幸福、宽容、慷慨、吉祥的光彩，吸引着幸运和财富。微笑，是世界范围内通用的终极表情，是人类最美好的形象。经常面带微笑、与人分享微笑的领导，无时无刻不在向员工展示自己的自信、希望与财富，向外界证明自己的成功。当美国金融巨头施瓦布被问到如何成为富豪时，他诙谐地说道："我的微笑价值百万美金。"

其实仔细地想一想，有谁愿意面对一张愁容满面、阴云密布的苦瓜脸？很难想象一张拉得很长的"驴脸"会拥有一颗宽容的心，而不宽容的人是难以与别人打交道的。如果领导整天一副"苦瓜脸"或"驴脸"，那就是在无声地暗示员工："小心，别惹我。"这就在无形中拉开了与员工的距离，让人敬而远之。这不是对权威的敬畏，而是对你的人品的担心与怀疑。它不仅抑制了自己的情绪，也把自己置于不利境地。因为微笑可以为你赢得信誉与名声，而严肃的、板着的面孔却让人反感、厌恶。

2002 年，在英国曼彻斯特城英联邦运动会的开幕式上，足球明星大卫·贝克汉姆高举着传遍了所有英联邦国家的火炬，微笑着跑到了最后一站——一个挂着氧气瓶、身患绝症的 5 岁金发小女孩面前。他微笑着亲吻了小女孩的脸，与她手拉手走到英国女王伊丽莎白面前，小女孩激动地把火炬交给了她心目中的女王。

与大卫·贝克汉姆相反，一贯表情严肃的女王接过火炬后，依然面无表情，也没有亲吻渴望见到她的小女孩，而是直接走到点火台点燃了开幕式的大火。这一鲜明对比，让目睹这一过程的人们气愤不已："在这个时刻，她竟然没有笑容，也没有亲吻那个可爱的小女孩。"第二天，报纸、电视等媒体更是纷纷指责女王的无礼："居然不向那个小女孩笑一笑，对小女孩太冷酷了"，"女王太让人失望了"，"这是我们的女王所为吗"……诸如此类的批评铺天盖地。

当然，你的微笑必须是发自内心的，否则脸笑而心不笑，皮笑而肉不笑，只会让人厌恶和反感，如此没有诚意的笑不如不笑。

或许有很多人像伊丽莎白女王一样，认为作为领导，必须要保持严肃。如果你有这样的想法，那就大错特错了。

　　有一位公司的董事长，在公司里拥有很高的威望，也很受员工欢迎，但是他在商业会议或者做报告时，都保持严肃，几乎不笑。有一次在家里，他正在观看自己所做的商业报告会录像。这时他的孙子说了一句："爷爷，你怎么看起来那么愚蠢？"他一听，愣住了，刚想发火，却又突然回过神来。孩子的话往往最真实，平时有谁会对他如此说呢？这以后，他不仅在平时面带笑容，做报告时也常常微笑，这更增强了他的报告效果。

　　微笑并不是天生就有的，它可以通过调整自己的心态和练习来获取。

　　某公司的车间主任勤恳、忠厚而且敬业，但是由于个人生活的挫折，他的脸上常常笼罩着让人沉重忧郁的乌云。他一到车间，工人就感觉压抑得很，严重影响了工作的效率。厂里的领导知道后，就给这位车间主任安排了一项任务：每天练习10分钟的笑。强迫微笑的结果改变了车间主任的心态，不久以后他就习惯性地从内心笑起来。他的微笑也感染了整个车间，工人的工作效率得到了空前的提高，他也更加受到工人们的尊重。

　　心理学家的研究表明，微笑和兴奋的情绪一样能够刺激大脑快速思维，开拓你的思路和提高你自由联想的能力，特别能让你的头脑清醒、心胸宽阔，认识、容纳各种复杂的局面和人际关系，从而改善你的情绪状态。这样，作为决策层的领导在做计划或决策时，就能够拥有愉悦的好心情，态度也会变得积极乐观，做出的决定也必然充满希望。

　　微笑是一种无言的力量，就像太阳一样，将温暖撒满人间，赢得的是世界的仰望。

作为领导，微笑的训练

　　1. 笑对自己的忧虑

把困难和挫折当成自己生活的一部分，当成生活的调味剂。

　　2. 微笑必须来自内心

不是发自内心的微笑不如不笑。

　　3. 每天对着镜子微笑5分钟

微笑是可以培养出来的。闭上眼睛，回忆美好的过去或展望美好的未来，使微笑源自内心。

　　4. 每当要面对他人时，先对他微笑

肢体也在表达

在社交中，无论你有没有张口说话，你的肢体已经将你的内心世界表达给对方。在某些时候，人们往往更相信你的肢体表达，因为大家相信身体语言所揭示的人的内在世界比语言表达的更真实、更可信。所以作为领导，要学会灵活运用自己的肢体表达。

某建筑公司有 2 位主管——赵刚和黄宇。赵刚用自己杰出的、有感染力的口才影响工地的工人，这是任何一个领导人都应该具有的基本才能。而黄宇却是整个公司中最沉默、最寡言少语的一位，但是他却与赵刚有着同样的领导作用。无论他要做什么，他只要用手一指，眼睛一望，或者一点头，工人们就明白他的意思，并且按照他的指令行事。他望着搅拌机，工人们就会明白：是让自己去搅拌机那边；当一个工人干活磨蹭，他用手一指，工人马上加快速度，即使他走了，也不会再磨洋工。不管干什么，大家都一致听从他的指挥。

是什么使他有如此的召唤力？他如此少言寡语却为什么能有这么高的威望？只要和黄宇在一起待上一段时间，你就不难理解。黄宇属于另一种天生的领导者——他是个天生的身体语言的专家，他的领导作用是运用成熟的身体语言而不是言辞。成熟与不成熟的身体语言区别在于是否有目的地运用身体动作。他从不浪费任何多余的身体动作，他的每一个动作都只在必需时才产生，他的每一个动作都有其目的。他的脚不会不由自主地移动，他也从不当众把手放在脸上、嘴上或者抓耳挠腮。他能充分地运用眼光和头部动作。他与人谈话时，是一个被人热爱的听众；他得到工人们的信任，人人有难时都向他寻求帮助；他走路时，挺胸抬头，目光远视，俨然一副领导的气派；当他不耐烦想结束与别人的谈话时，他就抖动腿脚，像是在告诉别人："我感到乏味了，我对这毫无兴趣。"虽然他说的少，但是他的效率却是最高的，他是个强有力的领导者。

即使你不能像黄宇那样做一个高效率的肢体表达领导者，也要时时刻刻注意自己的肢体语言。因为无论你是进入公司，还是参加宴会，无论是在娱乐场所，还是参加报告会，从你出现的那一刻起，你的肢体语言就已经开始悄然地和别人进行交流了。通过你的走路姿势、站姿、坐姿、神态、表情、目光、进门的仪态、告别的姿势等等，你已经用无声的、丰富的语言告诉了人们你是谁、你有什么心态，是对生活充满自信的成功者，还是消极对待人生的领导者。

也许你还没有意识到你的每一个动作会给你带来多大的影响，但是不要忘了，你的地位、你的身份决定了大家都会有意无意地将目光投向你，对你品头论足，时时刻刻都在分析你的每一个动作，正如你每时每刻都在分析员工一样。

某银行部门主管王雨，习惯于双臂交叉放在胸前，因为这个姿势让他感到很舒服、自然，而且多少有点儿领导的感觉；但他从未考虑过这一姿势所带来的消极影响。在一次领导培训班上，他受到了很大的震动。当老师要大家用动作而不用语言表示对他人的对抗或不屑一顾的态度时，王雨震惊地发现绝大多数人采用了双臂交叉抱在胸前的动作。原来，这个动作实验最早来自一位心理学家的警校实验，95%的警察用这个动作表示对外界的不满、示威、防范和对抗。从此，王雨在平时的工作甚至生活中都避免做那些带来消极影响的肢体动作，他已经能充分运用有助于一个领导者的肢体语言来引导员工的视线。积极有效地运用肢体语言，使他与员工的沟通更加容易，更有效率。

正如口头语言可以通过训练培养一样，肢体语言也可以通过训练培养。在英国，有个专门研究成功领导者魅力的成功学家开设了一个叫"如何像领导那样走路"的培训班，吸引了大量的领导者以及想成为领导者的员工。他在纠正一个学员的动作时指出：要像一个胜利者那样挺胸、抬头，腹部向前略倾，目光略为垂视，双脚略为"八"字，双手永远不要放在身体前。在2个小时的讲座及训练后，他们的每一个步伐都在散发着成功领导者泰然自若的魅力。当然，进行这种培训有一个前提，那就是你必须自信，你必须从心底认为自己是个领导者。对追求成功的领导者来说，充分运用肢体语言提高自己的形象是一个有效的、必不可少的手段。

再举一个例子，由于英国皇族成员从小就要经受正规、传统的皇家标准礼仪训练，所以他们的每一个举止都流露着自豪、高贵和优雅。通过戴安娜王妃葬礼的电视节目，人们很快地就可以区分出哪些人是皇室人员,哪些人是非皇族的社会名流。所以无论大家多么不喜欢查尔斯王子,但却不得不承认他确实看上去与众不同。他的双手永远不会防范地放在腹前,就是这样一个微妙的动作,便可以把久经风云的大政治家、皇族们和普通人区分开,把一个自信的人和一个怯懦的人区分开。双手放在腹前,很容易削弱你作为领导的有力形象。

正如美国作家威廉姆·丹福思对身体语言的力量的描述:当你昂首、挺胸、收下颚、放平肩膀、收腹站立时,对方也会不由自主地站直。商业领域和政治领域的领导者们深知肢体语言在领导中的作用。

如果你仔细观察的话,就会发现欧美国家领导人在作公众讲演时,常常会用极其相似的肢体语言来表达或强调自己的观点。用双臂下挥的手势,被认为是最能够强化演讲力度的动作,这一动作被政治领导者们反复使用着。让人惊奇的是,在同一天的电视节目上,在英国国会上的布莱尔首相和在美国白宫的小布什的某些演讲动作竟是如此相像,以致让人们怀疑他们师出同门。

2003 年在法国埃维昂的年度峰会上,小布什与法国总统希拉克见面时,除了礼节性的有礼貌的握手、客气的寒暄外,两人脸上的笑容都是那么的不自然,甚至有些僵硬和尴尬。但是小布什与意大利总理见面时是"交颈拥抱";对日本首相小泉纯一郎是双手紧紧搂着他的后背;与英国首相布莱尔则是手握手摆来摆去,久久不忍松开。

小布什与各国领导人见面时所表现出来的不同的肢体语言,很是让人不解。这其中有什么奥秘吗?原来伊拉克战争让美国总统小布什同世界各国领导人的关系发生了重大的变化。有的关系变得更加密切,有些原本最牢固的关系却变得陌生甚至有些敌意。法国一向是美国的亲密盟友,可是在伊拉克问题上法国却是最强硬的反美派之一,而意大利、日本、英国却是美国在伊拉克问题上的支持者。小布什虽然没有说话,但是却通过肢体动作将自己与各国领导人关系的亲疏表达出来了。

一个成功的、有魅力的领导懂得如何运用一切可以掌握的技巧去强化自己的形象。肢体语言是现代领导人必须掌握的一门交流语言,它比语言更加含蓄、微妙、可信,更富有影响力。

作为领导，肢体语言的思维训练

1. 积极的肢体语言

(1) 放开身体

这是肢体语言表达的原则，任何时间、任何情况下都适用。放松的肢体传达的是一种力量，而僵硬紧张的肢体表现的却是一种弱势。

(2) 交流时尽可能缩短距离

但是也不要太近，以致让人感到被侵犯。

(3) 走路时挺胸抬头

头部最受人关注，改变头部的高低位置，便改变了自己的形象。切忌托着下巴、眼睛向下看、偷偷向上瞥。谦让的肢体语言不是领导者应该表现出来的。

(4) 适时接触

通常情况下，特别是在中国，握手比拥抱更合适。握手的时候可以轻触对方的手臂。

2. 需要避免的消极的肢体语言

(1) 抓耳挠腮、摸眼、捂嘴等

(2) 双臂交叉在胸前

它表示抵触、抗议、不屑一顾、防范。

(3) 腿脚不停抖动

这会将你内心的紧张、不安暴露给对方

(4) 不必要的身体移动

这只会使你更加紧张、焦虑。

沉默的力量

沉默是金。对于领导者来说，沉默是一种智慧，懂得沉默是一种十分重要的力量。适当地运用，将会得到意想不到的效果。

在 2006 年最具领导力的 50 位 CEO 中，有一位就是中国建设银行董事长郭树清。从外表看，他与其说是一位雷厉风行的领导，不如说是一名温文尔雅的学者。据说，郭树清每次开会总是喜欢坐在最后一排，安静地坐着、听着,别人根本无法从脸上感知他内心的喜怒哀乐。任何时候,他都是用眼睛静静地观察着周遭的一切。就是这样一位貌似温和、不动声色的领导者,却有着雷厉风行的领导作风,在整个建行系统掀起了一场前所未有的"问责风暴",首开国有银行领导人问责之先河。或许这样的人注定要成为领导者,因为他们时刻都在思考,懂得沉默的力量。

　　一位凡事都躬行的、面面俱到的领导,并不一定就是一位成功的领导。因为领导的唠唠叨叨、啰里啰唆会使周围的人变得异常紧张,会以为领导把他们当成 3 岁的小孩,对他们的决断能力、思考能力表示怀疑,从而从内心产生一种反感情绪。久而久之,作为领导的你便会成为大家厌烦的对象与不愿意靠近的孤家寡人。相反,如果你能够言简意赅地传达自己的指示,然后保持沉默,留给员工一个思考的空间,说不定会达到意想不到的效果。

　　公司内部难免会出现一些矛盾,或者因为报酬,或者因为人事,或者其他种种原因,这些矛盾积蓄到一定阶段便会爆发。而作为领导的你,也许最不愿意看到的就是这种情形,毕竟内讧很容易削弱公司的实力,矛盾的结果只能是将和谐的人际关系搞得一团糟,让人无法安心工作。但是此时,你最好保持沉默,因为人在头脑发热时,是不会再去接受别人的善言切语的。等矛盾的双方精神上的亢奋消失了,精疲力竭之后,再发表你的意见,效果会更好。只有领导的沉默才能使矛盾冲突趋于缓和。想一想,当人们争执得不可开交时,看到身边的领导一直在静静地旁观,他们能不后悔那丑态百出的激烈交锋吗?

　　公司里有矛盾,自然也就有喜欢搬弄是非的小人。对待这一类人的最好策略同样也是保持沉默。沉默并不是对搬弄是非者的纵容,相反,它在一定程度上反而能抑制是非的蔓延。那些员工最爱做的就是向像作为领导的你这样有一定影响力的听众汇报某某今天说了什么,做了什么,甚至于"作案动机"都会分析得头头是道。一旦发现你对此发生了兴趣,进而刨根问底,这些人就立刻觉得自己的"第 2 职业"得到了领导的承认与赏识,就会更加肆无忌惮。如此一来,是非被传播得沸沸扬扬,搞得人心惶惶,整个公司的人际关系被搅得一塌糊涂。如此折腾,公司怎能不垮?

　　让那些喜欢传闲话的人从你身边走开,甚至从你的公司走开。你的沉默会让他们觉得特别无趣，因为只要作为领导的你不理他们，他们就只能是自己咬紧自己的舌头，是非也就因此灰飞烟灭了。

沉默不仅在处理公司内部的人际关系时作用巨大，而且在各种社交场合的力量也是不可小觑的。

在朝鲜战争期间，中朝的并肩作战，终于迫使美国坐下来通过谈判解决问题。当时坐镇板门店的中方代表领队的是毛泽东钦点的有"隐蔽战线的英雄"之美誉的李克农。在这次与美方的谈判中，李克农就熟练地运用沉默的战术，战胜了针锋相对的美方代表。

谈判的过程中，当谈到交换战俘时，美方代表提出了许多无理的要求，并且故意拖延时间，想把中朝一方拖垮。双方都保持沉默，相互对峙、怒视。这种对抗需要的是意志力与忍耐性，双方代表的眼神都透露出了焦虑。面对这种形势，中方代表悄悄地离开会场，请示李克农该怎么办。李克农头也没抬，只是写下3个字：坐下去。中朝一方代表看到这张纸条，就挺直腰板，以冷峻的目光逼视着美方代表。面对这咄咄逼人的目光，美方代表实在招架不住了，宣布休会。这次会议的沉默持续了132分钟，或许是谈判史上沉默时间最长的一次。休息过后，中朝代表开始主持会议。双方刚坐下，不到25秒钟的时间，中朝代表就宣布休会。美国人惊惶失措，连声叫道："NO！NO！"美方终于妥协，按照中朝代表的要求签了字。

长时间的沉默必然给人以极大的心理压力，沉默使人有如陷入万丈深渊，感到深不可测的茫然。李克农在这次谈判中将沉默的战术运用得出神入化，其所达到的效果远远超过了唇枪舌剑的争论。

在你批评别人或者别人批评你时，适当的沉默会起到此时无声胜有声的作用。通常来讲，在这种情况下，对方的情绪一定相当激动。他也许不但不会虚心接受意见，而且还可能反唇相讥，使出浑身解数为自己开脱。这时，作为领导的你，最好的策略就是保持沉默。请相信，此时的沉默对对方是一种强有力的威慑。这既显示出了你宽广的胸怀与大度的品格，又使对方觉得自己是一个扰乱宁静的破坏者。同时，你保持沉默，不出招，他也就摸不清你的真实意图，无招可拆，他的态度也会改变，从而乖乖就范。

作为领导，你的决策不可能使每个人都满意，所以招惹非议与谩骂可能是常有的事。在洛克菲勒一生中有这样一则轶事：一位不速之客突然闯入他的办公室，直奔他的写字台，并用拳头猛击台面，大声咆哮："洛克菲勒，我恨你！我有绝对的理由恨你！"接着便恣意谩骂他达几分钟之久。办公室所有的职员都感到愤怒无比，以为洛克菲勒一定会拿起墨水瓶扔向那位无礼的不速之客，或是吩咐保安员将他赶出去。然而，出乎意料的是，洛克菲勒并没有这样做。他停下手中的活，和善地注视着这位攻击者，那人越是暴躁，他就显得越是和善！那位无礼的不速之客被弄得莫名其妙，怒气渐渐平息下来。毕竟一个人发怒时，如果没有对手，遭不到反击，是坚持不了多久的。于是，他咽了一口气。本来他是准备来此与洛克菲勒争论的，并想好了洛克菲勒要怎样回击他，他再用怎样的话去反驳。但是，洛克菲勒就是不开口，所以他也不知如何是好了。最后，他又在洛克菲勒的桌子上敲了几下，仍然得不到回应，只得悻悻地离去。洛克菲勒呢，就像根本没发生这件事一样，重新拿起笔，继续他的工作。

面对无礼的攻击，有时保持沉默往往是更好的反击。因为对方向你无礼挑衅的时候，你如果与他争辩，只能是火上浇油，愈争愈烈；你保持沉默，他自知无趣，也就停手了。当然你的沉默并非是对错误的无原则迁就，而是在提醒对方，冷静才是解决问题之道。因为在无声的战场上，越是带有强烈的情绪，越是会被周围的人判定是事端的挑起者，从而使其陷入自责的境地。这时对方如果明智的话，往往会冷静下来；即使是粗鲁之徒，也只能自讨没趣。

适当地保持沉默，将在商业交往中给你带来无限商机。

一个印刷厂的老板得知另一家公司打算购买他的 2 台旧印刷机，非常高兴。经过仔细核算，他决定以 100 万美元的价格出售，并想好了理由。当他坐下来谈判时，内心深处仿佛有个声音在说：沉住气。终于，买主按捺不住，开始滔滔不绝地对机器进行贬损。见印刷厂的老板依然一言不发，买主接着说："我们可以付您 400 万美元，一个子儿也不能多给了。"不到 1 个小时，双方就达成了协议。印刷厂老板在一言未发的情况下，比预期的多赚了 300 万美元。

在平时的社交中，沉默往往会给你带来意想不到的好处。在某些场合，沉默不语更可以避免失言。因为许多领导在非常兴奋或很烦躁的时候，可能会不假思索地说出不恰当的话而给自己带来不必要的麻烦。

作为领导，请记住沉默的力量，无论是在处理企业人际关系还是在各种社交谈判中，适当沉默都是无声的武器，拥有不可想象的力量。

作为领导，沉默的语言思维训练

1. 自我检测

看看自己平时的话是不是过多。

2. 不要过多地谈论自己的生活、事业、前途、规划

不必把话题放在自己身上，很可能对方对你个人并没有兴趣。况且，如果面对的是对手，只能暴露自己的底细。记住：言多必失。

3. 凡事三思而后行

第3章

像领导一样倾听

第1节 你懂得倾听吗？

倾听是领导者的基本功

语言是人类传递信息、进行交际的重要交流方式。但是在许多时候，人们又过多地注重说，而忽视了另外一种不可或缺的交流方式，那就是倾听。作为领导，时常与员工交流信息、沟通意见，可以融洽人际关系、加强管理。人天生就具有诉说的愿望，员工与领导交谈更多的是将领导当作一个诉说的对象。此时领导如果善于倾听，就会准确地把握员工的意图及流露的情绪，从而形成一种良性交流。倾听也是一种说话艺术，更是领导者的一项基本功。

但是，在实际的生活与工作中你会发现，滔滔不绝、侃侃而谈的人不少，耐心的倾听者却不多，人们都乐于畅谈自己的高见而不喜欢听，甚至打断别人讲话；同时，与之相反的心理是人们极端厌烦"喜欢自己独白者"、"爱听自己讲话者"。也就是说，许多时候大家都在对别人做自己厌烦别人对自己做的事。

在实际的管理工作中，那些职位高的领导，往往认为自己无所不知、无所不晓，决策自然也就比员工高明得多，因此不愿听取别人的意见，或在员工反映情况时打断谈话，自己发一通高论。长此以往，也就使员工对其敬而远之，堵塞了信息渠道。这些领导犯的一个重要错误就是忽视倾听，一味展示自己的权威与控制欲，无视员工的心理感受。他们认识到了口才的重要性，却不知倾听与讲话同样重要。古希腊哲人泰勒士说过："多说话并不表明有才智。"大自然赋予人 1 个嘴巴、2 只耳朵，为的是让我们多听少说。

墨子对他的学生说："宁学雄鸡，莫学塘蛙。"池塘里的青蛙整日整夜地叫，口干舌燥，却没人注意它；鸡舍里的雄鸡只在天亮时鸣啼，反而"雄鸡一唱天下白"，一鸣惊人。这就是说，作为领导，你要认真倾听，等员工把话说完，清楚了员工谈话的真实意图后，再有目的、有针对性地做出决策。俗话说得好："会说的不如会听的。"在听取员工谈话时，你可以发现员工存在的思想问题，及时了解员工的情绪、意见、建议等，以便作相应处理，从而避免问题积压而难以解决。作为领导者最应该警惕的就是利用领导地位所带来的优势，以自我为中心，旁若无人，高谈阔论，不给别人说话的机会，堵塞交流渠道。领导者最易犯的毛病就是"一言堂"。统计表明，商界 60% 左右的误会可以从不善于倾听方面找到根源，而来自笔误的误会仅占 1%。在很多情况下，公司中人与人之间的误会都是因为没有机会说或彼此没有认真听而造成的。如果领导在工作中经常听取员工的谈话，就可以获得更多的信息，知道自己的不足，更好地了解员工，从而也就能减少不必要的麻烦、误解和摩擦，和谐公司的人际关系。

据社会心理学家统计，我们与人沟通的时间是 50% ～ 80%，而在这期间有一半的时间是在倾听。尤其是对领导而言，倾听甚至是比说还重要的沟通技能。因为倾听是增加知识和价值的好机会，是成功的领导者必须掌握的一门艺术，是建立自己良好形象的最简捷的办法，所以领导学家一再倡导：在说之前，先学会听。

西方有句谚语：倾听是最好的恭维。国际著名领导艺术顾问约翰·阿尔代一生经历无数坎坷，从事过多种职业，从军人到杂役，从水手到学生，从演讲家到议员顾问，最后成为世界上最负盛名的领导学权威之一。他曾经说过："对于真正的交流大师来说，倾听和讲话是相互关联的，就像一块布的经线和纬线一样。当他倾听的时候，他是站在他同伴的心灵的入口；而当他讲话时，他则邀请他的听众站在通往他自己思想的入口。"

在某公司老板的办公室，一位员工对老板说："老板，我们现在的工作状况很让人失望。一切都不是我想象的那样。"老板很热情地让他坐下，给他倒上水，然后说道："看来你对此已经有不少想法了。说来听听！"员工说："嗯，生产方面我们已经滞后了1个星期，我们的供货也没有按时到达。我感到陷入困境而不能自助。而且，当我想从你那里获得一些帮助的时候，总是找不到你。"在这次谈话中，老板没有责怪员工，一直都在静静地倾听。后来，他采纳了员工建议中的有利部分，大大提高了公司的效益。可见，倾听的确是一名成功的领导者应该具备的至关重要的素质。

有些领导总是在思考如何鼓励员工——是多发奖金还是多发福利？其实，倾听本身就是一种鼓励方式。公司里的许多员工，他们埋怨的不是工作有多辛苦，而是自己的意见、建议得不到应有的重视。人都是有自尊的，都有被重视的强烈愿望，领导的倾听就是对员工最大的尊重与鼓励。保持员工心情愉悦的最有效方法莫过于领导能在工作中经常倾听他们的谈话、尊重他们的意见。倾听可以提高员工的自信心和自尊心，从而加强公司的凝聚力。

美国玛丽·凯·阿什创办的玛丽·凯化妆公司拥有员工20万，但是她仍然告诫各部门的主管"倾听是最优先的事"。而且只要是公司的员工，不管职位高低，无论是部门主管，还是普通员工，都可以直接向她陈述意见。她也经常抽出专门的时间倾听员工的意见、建议，并且仔细地予以记录。玛丽·凯·阿什对员工的意见和建议都非常重视，在规定的时间内一定予以满意的答复。员工的要求被重视从而使自尊心得到很大的满足，加深了领导与员工之间的感情。许多知名企业的管理人员常常在工作的闲暇时刻与员工一起喝杯咖啡，就是趁此机会与员工交流沟通。

很多人把听和倾听混为一谈，认为倾听是很简单的、天生就具备的能力。《现代汉语词典》中对"倾听"的解释是"细心地听取"，这说明倾听并不是单纯的身体反应过程，它同时需要思考，需要付出情感上的努力。正如马休·麦凯和马莎·戴维斯合著的《如何交流》中所说："倾听是一种确认和一种赞美。它确认了你对他人的理解，对他人如何感受、如何看待世界的一种理解。它也是一种赞美，因为它对别人说：我对发生在你身上的一切表示关心，你的生活和你的经历是重要的。"要真正了解与你交谈的人的一切，就需要提问，需要反馈，需要保持话题，需要分清已说的和未说的，甚至对其体态语言也要加以观察，进行解读。

当然倾听也并不等于一言不发的沉默。与员工交谈，倘若"金口不开"，很容易使气氛沉闷，让人尴尬，员工也会因领导的无动于衷而心生疑窦，不好意思再讲下去。相反，领导如果能主动、迅速地对下属的讲话做出反应，则会极大地鼓舞员工的谈话热情。所以作为领导，在倾听员工谈话时，一定要注意力集中，主动及时地予以响应。在适当的时候，插问一两句，表示在倾听他的言论，如"你说得对"、"应该是这样"、"是吗"、"以后怎样了呢"或者采用"嗯"等话语，对员工的谈话做出反应。

一般情况下，成功的企业老板们都有着出色的倾听能力，而且越有成就的人，倾听能力越强。也许正是由于成功领导者对新信息和新知识的渴望，使他们更愿意认真倾听，从倾听中吸取知识。成功的企业老板们用敏锐而开放的头脑，从各种谈话中寻找新的机遇，时刻了解世界的动向。他们珍惜时间，把任何沟通交流都当成是一次学习、充实的机会。甚至在经营方面，倾听都发挥着巨大作用，日本的松下幸之助就把自己成功的经营艺术概括为"细心倾听他人意见"。

作为领导，倾听的语言思维训练

观察下列条目，看自己符合的有多少：

1. 不等谈话者说完就打断其谈话

2. 补充谈话者的想法

3. 把话题引向自己熟悉的领域

4. 查看手机短信

5. 思考着与另外一个人的谈话内容

6. 盯着天花板或者地板

7. 不断翻阅文件

8. 通过点头假装自己在倾听

9. 不停地看表

10. 看不起不如自己的人、不成功的人或者对某些地方的人有偏见

11. 趴在桌子上

12. 躺在沙发上

13. 浏览网页或者阅读电子邮件

14. 总是以同样的方式倾听

15. 打瞌睡

有效倾听的作用

人都希望自己能够被人理解，成为受人欢迎的人。所以很多人都想方设法地去表现自己，特别是不遗余力地去训练自己的口才，恨不得自己的言谈"惊天地,泣鬼神"。其实这部分人往往忽视了另外一方面——人都需要理解，你需要，别人也需要。如果你能够满足别人的需要，那么得到的回报将是不可估量的。戴尔·卡耐基认为：在各项沟通功能中，最重要的莫过于倾听。的确，现实生活中并不缺少能言善道之人，缺少的是倾听者。作为领导，如果能够做到有效倾听，在实际工作中一定可以受益匪浅。

倾听是成功的领导必备的沟通技巧，通过倾听可以获得大量有效信息。《幸福》杂志曾对 500 多家大公司做过一项调查，其中回答为员工提供倾听方面培训的占被调查者的 50%。同时研究表明，多数员工把 60% 的时间用在倾听上，而经理们花在倾听上的时间平均为 57%。由此可见倾听的重要作用。

领导的过程是一个不断调动员工积极性、最终取得成功的过程。领导者如果能有效倾听员工对工作的意见与建议，让员工感到自己的话语受到重视，就能够满足他们的自尊，增强他们的自信，无形之中也就激励了员工的工作热情，让他们以更加饱满、更加负责的精神忘我地工作。但是一些企业的老板，一听到员工要给他提什么意见或者建议，经常是不等员工说完，就不耐烦地打断员工的谈话，或者火冒三丈、大发雷霆，或者置之不理，或者讲一番大道理。

　　有一个刚大学毕业的公司员工在私下里和公司部门经理聊天的时候，说工作量大、任务重、时间紧。这位经理一听这话，马上就开始说年轻人要有吃苦精神，懂得无私奉献，然后列举老一辈革命家如何奋斗的故事，诸如此类地讲了1个小时还没讲完。员工又气又急，赶紧借故离开。其实员工有时向领导反映这一类情况，仅仅是希望领导知道自己工作很卖力。领导只需要听他说完，再说上寥寥几句对其进行鼓励与安慰就可以了。谁也并不比谁高明，只不过吃盐多少而已。倾听是无本万利的，如果领导能够有效倾听员工的意见，就可以使员工获得被认可的满足感，接下来他们就会干劲十足地投入到工作中去。

　　几年前，有一位私企的老总廉价买下了一家小型国有工厂。成交以后，厂长说："终于轻松了，这批工人实在不好管理，他们简直是贪得无厌、无法无天，不但不感激我多年来对他们的照顾，反而准备到消协告我，我实在不愿意与消协的人打交道。"私企老板善意地笑了笑。

　　接管工厂以后，他们没有重新招聘，而是召集所有员工开了一次坦诚的会议。"我希望大家在这里工作是快快乐乐的，"他说，"告诉我怎样才能办到？"整个会议持续了将近3个小时，私企老板没说几句话，只是面带微笑地坐在那里，适时地点头。最后私企老板经过汇总发现，他只要为员工提供一些力所能及的小小的便利，如现代化的浴室设备、在更衣室里装上一面镜子等等，就可以让员工满意。工厂员工对新老板很是满意，改变了以前的不良习惯，大大地提高了工作效率。他们真正需要的只是一位倾听他们意见的人。

　　一个好的领导知道如何去倾听别人的谈话。对于刚走上领导岗位的人来说，倾听可以将错误率降到最低，让自己少走弯路。玛丽·凯·阿什步入化妆品行业之初，整个公司只有9个人，可是玛丽非常重视倾听的作用，善于倾听来自各方面的意见，特别是由销售渠道反馈的意见。她的产品大多数都是由销售部门征求顾客的建议，按照顾客需要制造的。这样，玛丽·凯公司的名声在顾客的介绍推荐下流传开了，节省了很大一部分的广告费用，却不用发愁销路。

　　许多公司虽然有机会听取员工的意见，但是却没有好好利用。有一次，一家人寿保险公司完全忽视了地方代理商所提供的意见，以致一位十分成功的代理商心灰意冷，决定不再费心提任何建议了，因为公司领导根本不重视代理商们的意见。每当他提出有关交易的想法时，公司的领导就说："你只需注意销售，公司的交易办法另外有人负责。我们有各种专家来设定策略，所以你不用浪费时间思考这个问题，专心做自己的事就可以了。"这家保险公司领导的短视不仅使他丧失了倾听好建议的机会，同时也伤害了员工的积极性。

不能听取别人的意见，是领导者最大的疏忽。因为你的员工会自动让你知道周围的事情——如果他们知道你会倾听他们的意见的话。在领导的管理工作中，有些事情遇到挫折、受到阻挠，往往并不是由于你说错什么或者做错什么，而是因为没有倾听对方的谈话。

领导者通过倾听，从同行、员工、顾客等多渠道获得多层面的不同信息与评价，然后对其进行思考分析，以此作为决策的参考。从某种角度来说，准确有效地倾听将直接影响领导者的决策水平和管理效果，从而影响整个公司的发展。有效倾听可以集中所有对自己有利的建议，集思广益，开阔思路与视野，开拓前进的道路。

许多领导把自己和员工的关系变成了老师和学生之间的关系。虽然老师一般都会站得很高，口若悬河，高谈阔论，但一位真正的好老师也知道如何去倾听学生说话。成功的领导也是如此。领导对员工的颐指气使会使员工产生敌对的情绪，使双方无法进行有效的沟通，从而有可能造成决策的重大失误。

有效倾听不仅可以更好地与员工沟通，而且能够展示领导者的个人风度。领导者的有效倾听，一方面表现了他的修养与胸怀，另一方面也表现了对他人的尊重。

在一次宴会上，戴尔·卡耐基坐在一位植物学家旁边，倾听他谈论有关植物的种种问题，长达数小时之久。宴会结束时，植物学家告诉别人：卡耐基是自己见到的最友好的谈话者。可见，倾听是对人最好的尊敬与恭维。

查尔斯·伊利特说："商业谈判并无秘密可言，只要懂得专心听对方发表意见，即已占了相当优势，因为天下最叫人迷醉的，莫过于这种专注的倾听。"无论是谁，都更关心自己；无论是谁，都更愿意表达自己的意见；无论是谁，都会因为对方是一位耐心的倾听者而愿意交流更多。如果你想让员工或者谈判对手尊重你、赞赏你，最好的办法就是倾听。反之，则如曾经采访过世界上许多成功领导者的著名摄影记者马可逊所说："现实中的很多人之所以不能够给人留下好印象，就是因为不善于倾听别人谈话。他们只关心自己要说什么，从来不等别人把话说完就打断别人的谈话。许多成功的领导人说过，他们所喜欢的就是善于倾听别人谈话的人，养成善于倾听的习惯与培养优秀的品格一样重要。"美国石油大王洛克菲勒在倾听方面有着很高的修养。他经常微笑地坐在员工的旁边，听他们滔滔不绝地谈论，而他则不断地点头，所以公司的员工有什么想法，他都能够了解得很清楚。他自己本人也因此赢得了员工的欢迎与尊重。

作为领导，做到有效倾听或许很难，因为许多人认为，说话的是领导，倾听的是员工。虽然许多领导也读过一些有关倾听方面的资料，但是根本没有引起重视，只是在大脑中畅想一番，却从来没有付诸实际行动。那么读完本节之后，就不要再犹豫了，"纸上得来终觉浅，绝知此事要躬行"。如果能够学会倾听，就会发现什么是真正的领导权威，就会惊讶于倾听的巨大威力。

作为领导，有效倾听的语言思维训练

1. 开会倾听

作为领导，你只说出议题，由员工谈论。

2. 找员工谈话

当员工情绪不稳时，找员工谈话，自己只引导，不对其谈话作评论。

3. 倾听客户意见

当和客户意见相左时，不要争论，让对方把话说完，倾听他的意见。

四种常见的倾听方式

倾听是有效沟通中最有力的一环。然而很多人都认为倾听是人的一种本能，而不属于倾听技巧的学习，于不知不觉中忽略了倾听的交流功能的运用。对于谈话内容，大多数人的倾听效果并不理想，一般仅能听懂一半，记住的就更少了，他们的倾听能力仅用了 25% 左右。那么作为领导，在平时的工作中都可以运用哪些倾听方式呢？总的来说，常见的倾听方式大体有四种。

倾听不是让你像木头一样，自始至终都沉默不语地呆坐在那里，而是一个需要你积极参与的过程，也就是主动倾听。在沟通交流的过程中，为了充分理解员工谈话的意思，确保获得信息的准确性，通常就要对员工的谈话做出反应。在你的提问和对方的反馈之中，你也就对所谈内容有了更进一步的理解。这样不仅有利于记忆，而且员工可以意识到你在专注地倾听他的谈话。

主动倾听通常有重复与解读 2 种反馈方式。在倾听员工谈话的时候，由于受地位、背景以及文化等方面的影响，你必然会对员工所谈内容的某些方面感到模糊不清。作为优秀的倾听者，你的目的就是要充分理解对方所说话语的意图是什么，所以此时你就要不断地询问，以此刺激对方的说话欲望。也唯有如此，你才能够获得更多的相关背景信息，从而帮助你明确员工谈话的重点在哪里，让模糊的信息变得清晰、明朗。而员工在回答你的反馈时，也必然会得到很大的满足，感到一种内心的欣慰与愉悦。因为你的反应传达了这样一个信息：我非常乐意倾听，愿意了解你。

在主动倾听的方式中，重复是最简单、最常用的，同时也是绝对有必要的。它是把员工刚才的说话内容中自己不敢确定的词语或句子，再重新陈述一遍，加深印象。一般可以这样来说："你似乎说了……""你刚才说的是……""让我重复一下你说的……"等等。这些问话看起来似乎很幼稚，但是其意义却很重大。适时而恰当地询问对方，不但不会打断对方的谈话，反而会受到欢迎。

主动倾听离不开解读，因为有一些信息由于隐藏在对你而言比较陌生的话语中，或者由于员工表述不清，或者由于所谈内容不便被重复，就只能用到解读。而这种情况往往占了大多数。一般可以这样说："我感觉你说的是……""按我的理解，你的意思是……""如果我没理解错的话……"等等。

通过及时有效的反馈，你就可以明确员工谈话内容的真实含义。主动倾听，会使员工因为你的倾听而对你表示感激。如果员工原本心有怒气，到此时也就化为乌有了。另外，因为表达的不精确性，很容易使你的理解与员工的原意产生偏差，甚至是相背。如果能够及时有效地予以反馈，就会避免误解，否则很可能由于误解而误传，造成没必要的麻烦，为以后的工作埋下隐患。实际上，积极主动地倾听是解决倾听障碍、避免误解的最佳途径。当然，这种倾听是很费时间的，但其效果却是很显著的。

有时为了尽量清楚员工话语的含义，常常需要运用移情式倾听。移情倾听的目的并不是对员工的谈话做出判断、对其提出建议或者进行指导，而是在充分了解员工思想与情况的基础上，站在员工的角度，设身处地为员工考虑，从而实现有效沟通。这种倾听方式表达的是对员工的关心，关注的不仅仅是员工所说的话，还要注意他们如何表达，是以清楚了员工的说话内容或目的为前提的。也就是说，你需要倾听员工谈话内容的真实含义。比如，你听员工抱怨"工作真累"、"干够了"，可能他并不是身体累，而是由于某些外在因素的影响，使他的情绪很糟糕，从而导致的心累。如果此时你的反应是："最近状态好像不是很好？"很可能就是这么一句话，员工就向你倾诉了所有的心里话。或许他此时只是想找个人说说话，而不是寻求解决方案或者安慰。

移情倾听的目的是了解。但是有些领导倾听的目的不是了解员工谈话的内容，而是想着如何解答员工的困惑。看起来是在倾听，实际上却是在为自己随后的讲话做准备。用自己的想法或者经历去推测揣摩员工的想法，经常在员工谈话的中间说："哦，我明白你的感受。"听到这句话，员工会有什么反应呢？他们可能会冲着你大喊："不，你不明白！"即使慑于你的权威，嘴上不说，心里也会这么想的。那么这次谈话也就起不到任何效果，没有任何意义。

当某个员工坐在你的办公室里哭诉的时候，当某个员工被辞退的时候，你需要表现出来的是同情或怜悯情怀。面对员工的抱怨、不幸或者情绪低落，如果你多说一些这样的话："哦，天啊！""那一定让你很苦恼。""你看起来很伤心（难过、生气、忧虑）。""多可惜啊！"诸如此类，你可能会收到意想不到的效果。移情倾听时，你需要做的是摒弃自我意识，让员工的情绪能够得到完全痛快的发泄，让他感到被理解而不是被评论或批判。同时，你需要明白这个原则：生存是人生第一要义，每个人所做的努力都是为了生存。不管你喜欢不喜欢这个员工，同意不同意他的观点，作为领导你都必须清楚，你和员工只是地位不同而已。想一想如果你处在他的地位，你的心情会是怎样。

一般情况下的倾听方式，可能都带有批判性。因为对于所倾听的内容，你不可能全盘接受，所以就会对其进行评价与质疑。这些批判可以在心里进行，也可以直接表达出来。特别是在进行谈判或者他人劝说你相信或者做什么事情的时候，批判式的倾听方式也就显得格外重要了。

当然，作为领导，你批判倾听的前提必须是清楚对方的动机是什么。批判别人能够带来巨大的心理满足，但是盲目的批判可能让你为之付出代价。如果你的观点被证明是错误的，员工就可能因为你的批判而不愿告诉你，从而导致整个公司的人都知道事情的真相，而只有你一个人蒙在鼓里的情形。你的信息渠道也越来越闭塞，同时由于只是喜欢倾听与自己观点相同的意见，必然会导致你视野的狭窄，甚至错过某些重要的信息，以至于大家都不愿意再与你谈话。谁都担心自己被证明是错误的，证明自己是错误的就等于说自己是愚蠢的、无用的，所以作为领导，在批判倾听的时候，一定要确定对方的谈话动机。与其把自己的盲目自尊与权威建立在永远正确的基础之上，不如将自己塑造成善于纳谏的唐太宗式的领导者。所以，在批判倾听的时候，承认自己的偏见，在心里对谈话内容进行辨别质疑，才能最终做出成熟的评价。

每个人说话不可能都那么直接，这时候就需要你去探询他说的具体内容，在他没有明确说明的情况下，了解他谈话的言外之意。一般可以这样说："到底发生了什么？""这之后怎样了？""有什么问题？""细节是什么？""什么时候？""谁？"等等。有些内容的言外之意可能需要自己去领会，这一般可以通过员工的身体语言表现出来。

对于主动倾听、移情式倾听、批判式倾听、探询式倾听四种倾听方式，无论采取哪一种，都要视对象、场合及情景而定，最好选择员工愿意的倾听方式。当然最重要的是礼貌与尊重，否则即使是再好的倾听方式也会让员工感到你的虚伪不可信，甚至有被欺骗的感觉。同时，由于沟通过程中涉及大量的不稳定因素与变量，所以没有谁可以完全预测或控制别人的谈话。但是随着你经历的增多，对倾听方式运用得也就越来越熟练，自己的自信与能力也随之增强，你成功的概率也就越来越大。

作为领导，倾听方式的思维训练

在下列情景下，作为领导，你将如何处理？采用什么样的身体语言、什么样的倾听方式？测验一下自己是不是一个好的倾听者。

场景1

公司开会时，一个部门经理抱怨说："无论我们部门提出什么建议，都会被否决，难道我们的建议就那么不合理？"

倾听姿势

_____

倾听方式

_____

场景2

一个员工的工做出现失误，他在哭泣。

倾听姿势

_____

倾听方式

_____

场景3

当一个员工对你大嚷："我凭什么听你的，我不干了！"

倾听姿势

_____

倾听方式

_____

场景 4

你的谈判对手正在用你不懂的专业术语与你交谈。

倾听姿势

_____

倾听方式

_____

第 2 节　怎样做到积极倾听

真正地倾听

如果你是一位好的倾听者,就可能发现自己对别人所具有的吸引力。由于你的倾听，人们都欣赏你，愿意和你在一起；而不懂得倾听的人则会让人们厌恶。倾听对领导的意义就不必说了，但是作为领导，你真正懂得倾听吗？

在员工说话的时候，仅仅保持沉默并不是真正的倾听。真正的倾听必须是建立在理解员工的基础上，充满真诚地用心去倾听。

李云作为某篮球队资深经纪人，已经带领这支球队在世界篮球赛上数次赢得冠军。篮球队与足球队的难以管理是众人皆知的，特别是球员脾气的暴躁。他之所以能够带领出如此强有力的队伍，并不是因为他对球员的大声呵斥。实际上，他很少对球员发脾气。那么李云是如何处理与球员之间关系的呢？原来，作为球队的经纪人，他深深地感受到球员所承受的各种压力，对他们常常因为受到挫折而口出恶言甚至大打出手表示理解。李云这时候考虑的不是如何批评他们，而是他们为什么会那么说。在理解他们的基础上进行倾听，既平息了球员心中的怒火，又协调了整个球队内部的关系，从而带出了一支驰骋篮球场的劲旅。

真正地参与倾听还可以通过身体语言表现出来。不管你的谈话对象是谁，你在理解他的基础上还应该予以欣赏，通过眼神的交流，鼓励员工继续说下去。但是用眼神交流的时候一定要注意：不要毫无顾忌地盯着员工，这样反而会让员工感到局促不安，特别是不要直视他的眼睛，好像在审讯。同时，在倾听过程中表现出开放和自信的身体语言，将会更好地激发对方的谈话激情。这一点是很重要的。因为这就表明你在向员工传达这样一个信号：我将敞开我的胸怀，真诚地接受你的思想。如果双臂紧抱在胸前，或者整个身子倚在椅子上，则给人以高高在上的自我防御感，似乎是对员工充满了敌意与排斥。

真正地倾听，保持冷静的头脑，理智地分析。美国心理学家古德曾经说过："当你与别人商谈事情的时候，一定要仔细琢磨怎么说才能让对方信服，并且要考虑对方如何回答。如果这些问题没有考虑清楚，即使是在外面待上 3 个小时，也不要走进别人的办公室。"只有在理解别人的基础上才能得到别人满意的答复，倾听也是如此。作为领导，当你被员工冒犯的时候，不要为情绪所左右而批评员工。你应该有一定的自控力。后退一步，揣摩一下员工话语背后的其他含义，然后再采取相应的措施。你可以问："我觉得你的情绪不是很好，有什么困难需要帮忙吗？"当你能够理解员工，设身处地地为员工着想时，你也就走进了他们的心灵深处，赢得了他们的尊重。相反，如果你对员工的话仅有下意识的反应，就可能会进一步激化矛盾。

真正地参与倾听，满足员工、客户的需求，这对员工、客户和自己都有利。世界上著名的女服装设计师利兹·克莱成功的原因就在于她能够为客户着想。她经常去倾听客户的意见、建议，通过售货员，或者在试衣间，去倾听顾客喜欢的服装都有哪些，不喜欢的服装又有哪些。因为利兹所做的不一定就是顾客想要的，而只有真正倾听顾客意见才能够了解她所不知道的信息，然后把这些信息融会贯通，最后向顾客呈现他们所需要的样式。这也就是利兹成功的秘诀。利兹此时的倾听是为了学习、为了获得某些有利资讯。她也只有真正地倾听，才能把握住顾客谈话的深层次含义，设计出符合顾客需要的世界一流服装。作为领导，你也只有真正倾听员工的心声，才能及时有效地获得最重要的信息。

只有在你理解、欣赏员工的时候，你才会情不自禁地真正倾听他们；或者当你真心地想帮助员工、给予其安慰的时候，你也就在无意识之中参与倾听了。否则的话，很难做到真正地倾听。有的领导可能会认为，假装倾听不就可以了吗？真的可以吗？我们来看看下面这个故事：

美国汽车推销之王乔·吉拉德曾创造了 1 年推销 1000 多辆汽车的纪录。他自己曾有一次惨痛的失败经历，那一次失败让他懂得了什么才是真正的倾听。一次，有位顾客找乔买车，乔向他推荐了一种最好的车型，顾客对车型也很满意。一切进展顺利，眼看就要成交了，顾客却突然变卦，说不买了。乔为此懊恼了一下午，百思不得其解：顾客自己本人也很喜欢这辆车，究竟是什么原因让他中途变卦呢？当天夜里，乔躺在床上辗转反侧，难以入睡。已经是夜里 11 点了，他还是忍不住给那个顾客打了电话："您好，我是乔·吉拉德。非常抱歉，这么晚了还打扰您。我今天下午向您推荐了一款新车，您马上就要买下了，可是为什么又突然离开了？我检讨了一天，实在想不出自己错在哪里，因此冒昧地打电话向您请教。""你真的想知道吗？""是的。"乔说。顾客告诉乔说："说实话，小伙子，你今天下午根本就没有用心听我说话。就在签字之前，我提到我儿子考上了克莱斯顿大学读医科，还提到他的学习成绩以及将来的抱负。我以我的儿子为荣，可是你却毫无反应。我才发现你当时表面上是在听我说话，实际上你正关注旁边一名推销员的笑话。可能你认为我说的这些与你无关，但是我不会也不愿意从一个不尊重我的人手里买东西。"听到这里，乔恍然大悟。当时他的确只是假装在听顾客的话，而实际心思却在另外一个销售员的笑话上，没想到连这都被顾客察觉了。

任何倾听方式你都可以装出来，但是真诚是不可以伪装的。在一般情况下，假装倾听的目的不是为了倾听，而是为了达到某种目的：

（1）让员工以为你感兴趣，以取得员工的支持。

（2）提高警觉，看员工是否对自己心怀不满。

（3）只是为了获取员工可能知道的某种信息，其他的则漠不关心。

（4）只是希望员工能够尽快讲完，自己好做其他的工作。

（5）为了让员工更好地服从你。

（6）为了寻找、利用员工的弱点。

（7）为了寻找员工说话的破绽，等待时机予以反驳。

（8）查看员工对新措施的反应，以检验自己是否达到了预期的目的。

（9）似听非听，因为你的心思根本就不在员工身上。

在以上种种情况下，你可能都是在假装倾听。当然每个人都有假装倾听的时候，但是作为领导，你就不得不尽量减少甚至避免假装倾听。因为你的所作所为影响着整个公司员工的积极性。你只有真正地去倾听，才能够得到整个公司员工的真正拥护。

作为领导，真正参与倾听的语言思维训练

1. 自我检测是真正参与还是假装倾听

评估一下自己在平时的工作或生活中，对上司、同事、员工以及合作者、家人、朋友的倾听程度。同时回答下列问题：

（1）你最喜欢倾听谁的谈话？为什么？

（2）你认为听谁的谈话比较困难？为什么？

（3）选取一个你平时不喜欢的谈话对象，试着真正倾听他的谈话。

2. 看你是否是一个好的倾听者

（1）倾听员工说话的状态，而不仅仅是他所说的内容。

（2）解释员工所说的话。

（3）经常打断员工所说的话。

（4）胸怀开阔，能够接纳不同意见。

（5）记住员工所说的话。

（6）与员工保持眼神交流。

（7）当员工说话的时候，不考虑他在说什么。

（8）保持沉默。

（9）为了获得更多的信息，显示对员工谈话的兴趣。

（10）对自己以及员工的身体语言了解的程度。

提高注意力

在一般的人际交往中，每个人花在听、说、读、写上的时间所占的比例大约是：听占40%，说占35%，读占16%，写占9%。正如"没有调查就没有发言权"一样，倾听就是为了了解真相、获取有效信息，是说话的前提，在平常人际关系中的比重由此可见。作为领导，因为工作原因，需要倾听的对象与信息可能就更多了。集中精力长时间地倾听员工的谈话，更是一件累人的事情。因为诉说是人的本能，倾听往往是为了说的需要。

提高倾听的注意力是领导应该掌握的一项重要技巧。作为领导，如果在倾听的过程中不能够提高注意力，不仅可能会导致对说话内容的误解或曲解，错过重要信息，甚至会影响到你作为领导的威信。那么面对如此之多的倾听信息，如何才能提高注意力而不错过重要的有效信息呢？

首先，要明确倾听的目的。倾听的目的越明确，你就越能够提高注意力，也就更能把握住员工的谈话内容。在谈话之前，做好精密的准备工作，尽量引导员工的谈话，掌控其谈话的方向，让他围绕一个主题，这样你在倾听的时候就会有所选择，你的记忆也就更加深刻，感受更加丰富，自己的倾听兴趣也就更加浓厚。从某种程度上说，倾听的目的越明确，注意力也就越集中，效果也就越显著。同时在倾听的过程中，不要让自己的注意力被员工的外貌、穿着所影响，时刻记住自己的目的是倾听，而不是对员工品头论足。

其次，在倾听的过程中还要保持良好的精神状态。很多情况下，你之所以不能集中精力去倾听员工谈话，是由于你准备不充分或者精神状态不是很好。处于疲惫状态的领导常常是似听非听，此时的倾听效果肯定不会太好。随时保持身体的放松，因为身体的放松有利于大脑的兴奋，而身体的紧张导致的往往是大脑的高度紧张。保持良好的精神状态，提高注意力，提醒自己倾听的目的是什么，要达到一种什么效果。

提高注意力，不仅要用耳朵，而且要用整个身体去倾听员工的谈话，而所有这一切，都是在提醒自己：不要走神。既然身体在提高注意力方面起着重要的作用，那么应该保持什么样的倾听姿势呢？

虽然是倾听自己的员工谈话，但你最好还是身子稍微前倾，给员工也给自己以"我在注意倾听"的暗示。这样不仅表示你对员工的谈话内容感兴趣，更重要的是身体外在注意力的保持有利于促使你的潜意识产生一种倾听的冲动。开放你的身体，不要坐得笔直或者直接躺在椅子里。否则，你的身体的疲劳很快就会传染到你的精神。此时，你再想提高注意力去倾听也就难了。被动的倾听是很难集中注意力的，最好的方式就是主动去倾听。表现在身体姿势上，还有一点就是保持微笑。真诚地微笑，让你的笑脸融化内心的冰冷、安抚精神的疲惫，你就会很容易提高注意力。

在已经很疲倦，但是又不得不倾听员工的谈话时，恐怕没有谁不会感到厌烦。一般情况下，如果全神贯注地倾听别人讲话，有效倾听最多只能维持 60 分钟左右。此时，营造一个良好的倾听氛围有利于提高注意力。在繁杂喧闹的环境中，人的注意力很容易受到外界因素的干扰，从而影响精力的集中。领导在提高倾听注意力的过程中，必须意识到外界因素的影响，从而最大限度地消除外在因素对注意力的干扰，达到倾听的最佳效果。所以作为领导，在选择与员工谈话的环境时一定要认真考虑。要保证不受干扰，使周围的氛围与谈话的内容相适宜，最好有利于保持心情的舒畅。

同时调查研究表明，由于各种原因，相距 10 米的人，可能进行交谈的概率大约在 8% ～ 9% ；而相距 5 米的人，这一概率可达到 25% 左右，所以在适当的时候可以有适当的身体接触。当员工表达的是一种激动、愤怒或者抱怨之情时，作为领导，你可以拍拍他的肩膀，以表示共鸣、安慰。

在倾听的过程中，提高注意力能让你达到积极倾听。复述员工的说话内容，注意复述时一定要简洁准确，否则的话就成了你在说员工在听。这样不仅可以激发员工更详尽地叙述自己的说话内容，而且还可以检验自己对员工所说话语的含义是否真的理解，从而让自己参与到员工的谈话中去。但是在复述的过程中需要注意不断归纳总结员工的谈话思想，不要轻易对员工的话语做出结论性的判断。人是最怕被定性的。如果你忍不住要指出你所认为的员工说话内容的错误，就要首先设计好问题，委婉地询问。了解了所有的细节之后，再下结论，而且这个结论只能是你自己心里清楚。如果你此时指出员工的错误，不仅可能打击员工谈话的积极性，甚至可能引起不必要的争吵。因为你认为自己是正确的，可能员工感觉自己说的也没错。即使员工因为你的地位，勉强承认自己错误，那么接下来的谈话，他可能也是应付了事。因为很少有人在被不断否定之后还能够保持兴致盎然的谈话激情。而且你如果这样做的话，也只不过是体现了领导的权力欲望，但是你在员工心中的威信可能就要降低了。提高倾听的注意力，让你参与其中，并不是让你喧宾夺主，而是要你解决自己所不清楚或不明白的问题。

为了提高自己的注意力，还可以随时记笔记。你可能认为员工的谈话没有记的必要，其实不然。笔记记要点，时间长了，这就是一部员工的思想状况实录，你对员工的思想也就有了很好的把握。这是就长远来说，"风物长宜放眼量"。在员工谈话的时候记笔记，不仅有助于提高倾听的效果，而且可以防止分心走神，提高注意力。而且这样做也表明你对员工正在谈论的话题感兴趣，让员工有一种被尊重的感觉。同时你也是在不断地整理思路。如果员工有需要解答的问题或者突发事件，你也有充分的时间予以考虑，做到不慌不乱。当然，有些情况的确不宜做笔记，比如说，员工趴在桌子上向你哭诉，这时如果记笔记，那是干什么呢？在这种情况下，可能还是用动作或者表情提高自己的注意力会更好。认可员工的谈话，就轻轻地点头，表示共鸣。通过各种身体语言来表达自己的理解，给员工反馈信息。

提高注意力，善于从所听到的谈话内容中最大限度地捕捉有效信息。被称为"珍珠大王"的御木本幸吉就是注意别人的谈话内容，从中获取珍珠养殖的信息的。那一次御木本幸吉运输一船乌龟向香港进发，不料途中遭遇海上暴风浪，到达目的地时，乌龟几乎都死光了，损失惨重。他独自一人徘徊在海边，感到前途一片迷茫。这时他突然看到 2 个旅客在做珍珠生意。他们的对话传入他的耳朵里，其中一句引起了他的注意："珍珠很珍贵，天然的珍珠很难找，为什么不搞人工养殖呢？"听到这句话，御木本幸吉马上振作精神，好像看到了希望："是啊，为什么不搞人工养殖呢？"正是他对别人说话的注意，成就了享誉世界的"珍珠大王"。如果当时御木本幸吉只是听听而已，可能"珍珠大王"的名号就属于别人了。

作为领导，提高倾听注意力的思维训练

1. 放松身体

只有保持身体的放松，才能够保证倾听的愉悦。

2. 保持清醒的姿态

至少让员工觉得你是清醒的，而不是在迷糊的状态下听他讲话。

3. 与员工眼神交流

这是一切交际的秘诀。你不断地与员工保持眼神交流，表示你对员工谈话的关注。

4. 关注的姿势

通过点头、微笑、皱眉、摇头等身体语言，回应员工的谈话，表示你确实在听。

5. 准备一个笔记本

可能有些情况不会用到，但是你可能根本预测不到什么时候会用到。

6. 适当的时候记笔记

保持精神集中，刺激记忆。"好记性不如烂笔头。"这是众人皆知的。

确认你对信息的理解

在平时的沟通交流中，由于种种原因，员工有时不能直接将自己的真实意图说出来，只好采用隐讳含蓄的方式，拐弯抹角地给你以暗示。这时你就需要确认自己对信息的理解，挖掘出员工话语中所隐含的真实意思。具有"现代管理学之父"美誉的彼得·德鲁克说过：沟通空间追求的是一种更高的精神境界，对于领导而言，最重要的是要听出员工话语的言外之意。

齐景公喜欢捕鸟，便派烛邹专门管理这些鸟，可是烛邹不慎让鸟全都飞走了。齐景公大为恼火，下令杀死烛邹。晏子说："烛邹有 3 条罪状，让我数落他一番，然后再杀他，让他死个明白。"齐景公高兴地答应了。于是晏子便把烛邹叫进来，当着齐景公的面，一本正经地数落他的罪状："你替我们的国君管鸟却让它们飞走了，这是第 1 条罪状；害得国君因为鸟而杀人，这是第 2 条罪状；这事传出去，让天下人认为我们国君重鸟而轻人,败坏我们的声誉,这是第 3 条罪状。"说完，晏子马上请求齐景公下令斩杀烛邹。谁知齐景公却说："不要杀他了，我明白你的意思，接受你的意见。"你不能不佩服晏子的说话技巧，但是如果齐景公倾听不到位，不能够领会晏子的意思，不能准确地确认晏子所反馈的信息，那么晏子的劝谏技巧即使再高明，恐怕也无济于事，烛邹也可能魂归九泉了。所以作为领导，一定要注意确认对信息的理解，否则很可能误事。

　　作为领导，要确认对信息的准确理解，就必须了解员工的意图、期望，而不是按照自己的想法去判断员工的所作所为。比如，几个员工在闲聊的时候抱怨工作量太大，即使是加班也干不完，况且老板给的时间又少，真够累的。谁知道这话正好被从办公室外面经过的老板听到了。老板以为这几个员工有抵触心理，在消极怠工，于是便推门进去，对员工大讲无私奉献、年轻人多吃点苦有好处，什么"苦不苦看看长征两万五，累不累想想革命老前辈"，"大河无水小河干"。气得几个员工对老板怒目而视，纷纷找借口离开，把老板一个人晾在那里了。每个人都要生存，哪有百分之百的马列？即使是作为领导，你也有心情不好的时候，怎么能够不让员工发牢骚呢？员工无非是想让老板知道自己的辛苦，希望自己的工作得到老板的认可。所以作为领导，如果只是站在自己的利益上考虑问题，就往往不能够准确确认员工的话语信息，从而导致判断失误。如果那位老板对那几个员工的工作表示肯定，说些安慰与关心的话，这几个员工就可能感激老板的体谅，从而更加努力地工作，又怎么会愤然离开，把老板独自晾那里呢？

　　要想确认自己对信息的理解正确与否，就一定不要急于打断员工的谈话，而要让员工把话说完。如果员工谈话内容中的某些细节没有听清楚的话——由于方言以及汉字谐音等原因，往往会造成这样或那样的误会，这时尽量用比较委婉可行的方式让员工重复一下，这不仅不是不尊重员工，反而表现出你对员工谈话的关注。不要急于对员工的谈话内容下结论，毕竟每个人分析问题都有自己的盲点，没有谁是全知全能的。你只需要以开阔的胸怀去自由地倾听，同时在倾听的过程中注意员工的身体语言——这些往往能够提高你对信息理解的准确性。因为人的身体语言往往是更本能的动作，它能够透露出员工的某些潜意识的心理行为。密切注意员工的眼神、姿态、表情等身体语言，往往会得到一种意想不到的效果。有的员工在谈话的时候态度温顺，小心翼翼，目光低垂，可能是比较小心谨慎；有的员工谈话的时候左顾右盼，神色诡异，往往可能比较浮躁，或者表里不一、阳奉阴违;有的员工谈话的时候声若洪钟，站有站姿，坐有坐相，不卑不亢，可能志向高远。根据他们的身体语言来确认自己对信息的把握情况。

倾听是一门综合的艺术，并不是"单纯地听"而已，特别是要正确把握员工的谈话信息，必须运用各种倾听方式，倾听各种有效的细节，包括语音、语速、语调等等。

对谈话信息的理解把握必须有理性的分析，对不同的对象应采取不同的倾听方式。在20世纪50年代早期，随着交通流量的增加，街道和停车场到处都塞满了车辆。于是媒体做了一个调查研究，并据此开始代表顾客大肆呼吁汽车制造商制造一种不占空间的小型汽车，因为当时美国的汽车以肥胖型为主。发现这个调查报告结果的克莱斯顿汽车公司的上层领导认为肥胖型汽车的时代已经过去了，消费者真正需要的是高雅小巧的车型，于是便开始大规模地生产小巧的车型。谁知道，汽车生产出来以后，虽然经过了精心的策划、大量的宣传，克莱斯顿公司的汽车市场占有率不但没有扩大，反而从50年代初期的30%一下子降到了50年代中期的17%。顾客和克莱斯顿公司开了一个不小的玩笑，因为他们的某些建议可能并不是出自他们的内心。

有一个电视节目做过这样的实验：现场有两2休息室，1间具有中国古典色彩，装饰古朴典雅，家具古色古香；1间具有现代化性质，舒适便利，给人以休闲安适的感觉。主持人让在场的观众在这2间休息室中选择自己最喜欢的1间，大家经过慎重考虑之后，有90%的人表示喜欢具有中国古典色彩的那间。但是接下来的情况不能不让人感到惊讶。当主持人让大家坐到休息室的时候，几乎所有的观众都不由自主地往那间具有现代化性质的休息室走去，座无虚席。没有进入这一间的观众，满脸不情愿地坐到另外1间休息室。究竟是什么原因导致观众如此言行不一呢？心理学家的研究分析发现：在多数情况下，人们为了给对方留下一个良好的印象，往往会隐瞒自己的真实想法，以一种能够给人以美好印象的合理方式回答对方。因此也就导致克莱斯顿汽车公司听取顾客意见而损失惨重、电视观众言行不一的情况发生。所以公司的领导在倾听顾客的意见时，一定要从多侧面、多角度去确认自己对顾客所提供信息的理解。

作为领导，在倾听的时候，不要只是用耳朵，更重要的是用心去倾听。只有这样，才能够准确地确认对所听到信息的理解。

作为领导，理解倾听信息的语言思维训练

看看下列身体语言都包含了哪些含义？

1. 瞌睡
2. 眯缝眼睛
3. 趴在桌子上
4. 盯着墙壁或天花板
5. 与员工进行眼神交流
6. 怒视员工
7. 胳膊抱在胸前
8. 忙于手中的其他工作，而不是倾听员工当前的谈话
9. 跺脚
10. 嚼口香糖
11. 不时地看表
12. 点头微笑或者摇头皱眉
13. 跷着二郎腿
14. 不停地用手机发短信
15. 和另外的人窃窃私语

让积极倾听发挥作用

既然要做一件事，就要有所成效，否则的话就是做无用功，甚至可以说是磨洋工，这种做法不应该是一名成功的领导人所应有的。不做毫无意义的事情，无论是什么事情。倾听也是如此。作为领导，如果你只是为了听而听，听完之后什么收获也没有，那你倾听的意义何在？所以你不仅要懂得倾听，还要学会积极倾听，更要让积极的倾听发挥作用。

美国加州州立大学研究所的研究表明：一个企业最有效的沟通方式是平行交流。所谓的平行交流，就是公司的领导在消除领属关系障碍的前提下，与员工平等地进行交流。这样双方交流的基础也就建立在了平等信任

的基础之上。要让积极倾听发挥作用也要以此为基础。通常情况下，员工的信息被领导所接受理解的不足10%，但是平行交流时则可达90%左右。

日本松下电器的领导之所以能够在高手如云的电子行业傲视群雄，与公司的领导积极倾听并有效采纳员工的建议是分不开的。有一次，一位候补员工向松下电器的总裁松下幸之助抱怨说，自己在公司工作了很多年，也为公司作了不少贡献，自认为已经具备三级员工的资格，但是却一直没有得到升迁，不知道是由于什么原因，是不是因为自己努力还不够。这原本只是员工的牢骚抱怨而已，如果是某些公司的领导，可能听完也就完了，顶多安慰几句，或者当面答应，过后又好像什么事情也没有发生一样，或早就把员工的事情忘到九霄云外了。但是松下幸之助听完以后非常重视，立刻责令人事部马上对此事进行核查。结果发现，这位员工的确早已具备了晋升的资格，但是由于人事部管理人员的疏忽，而忘记给他办理晋升手续了。于是松下幸之助命令人事部立即补办。正是因为松下幸之助对员工的意见不仅给予重视，而且迅速落实，从而让员工对公司的领导产生一种信任感，更加卖力地投入到实际的工作中去。

松下幸之助的沟通艺术表明，公司的领导应该让倾听真正地发挥作用，让他们感觉到自己真正地受到重视。而不是像某些领导，倾听员工谈话的时候的确是什么都知道，可是一转身，什么都忘了。这样的事情出现一两次，员工的确可以理解，毕竟领导比较忙，需要处理的事情比较多。但是如果经常出现这种情况，那只能给员工留下言而无信、虚与委蛇的印象。当然他们不会明显地表露出来，只是在平时的工作中可能就会消极怠工，只要能够完成任务就可以，至于精益求精，恐怕是不可能的。所以领导在倾听完员工的谈话后，一定要让员工感觉到你对他的谈话的重视。

即使有时候你听到员工对你有很多抱怨，也不要去批评指责。中国古人就说过："防人之口，甚于防川。"你作为领导者，又并非圣贤，怎么可能不犯错误呢？如果犯了错误，对于一般员工来说，可能在乎的人比较少，但是作为领导，你的言行就是大家的表率。如果你出现了失误，员工议论是很正常的。而如果员工私下里单独对你讲，那就说明员工对你尊重与信任——如果他们不信任你，不尊重你，可能就会在公开场合对你发难。所以，既然你已经积极倾听了员工的谈话，那么就要让自己虚怀若谷的领导风度继续下去，让你的倾听发挥好的效果，向有利的方向发展。作为领导和公司的决策者，解决员工的烦恼与不满，帮助员工走向成功，是你的重要工作。即使你在倾听后不准备采取什么措施，也应该告诉员工其中的原因。只要你是真心的，员工也会考虑到你的难处，理解你，而不会再对你心存抱怨。

不要随便去揣测员工的谈话目的，他们只要在公司工作，就不会做出对公司不利的事。否则的话，他何必对你说呢？要允许不同意见的存在，求同存异。否则时间一长，你身边也就只剩下那些唯唯诺诺的员工，等你的决策真的出现失误的时候，也没有人出来提醒你，最终的后果往往是惨痛的。还有一些领导，脾气比较急躁，只要员工提出意见，他第一个反应就是去反驳。如此一来，不但不能够解决问题，反而还可能使双方的矛盾激化。作为领导一定要谨记，要让自己的倾听向着有利的方向发展。而这往往取决于作为领导的你的态度。

现代社会的发展节奏越来越快，作为公司的员工多数都是在为生存而奔波劳累。许多时候，他们都是为工作而工作，人际关系比较冷淡。因此，员工都是希望有人能够真心地听他们诉说他们的内心世界的，但是工作中又很少有人去担任这样的角色，因为大家都想诉说，有谁愿意倾听呢？这时领导的积极倾听就能够发挥积极的作用。此时虽然你对员工所谈论的内容不能够完全理解，或者自己在这一方面一无所知，也不会有损你的领导威信。作为领导，要主动地走到员工中间，与员工坐到一起，倾听员工的意见和观点，为各种沟通交流创造一个良好的条件。有时即使你已经有了成熟的策略，当员工向你询问最新的项目决策时，你也不妨去征求他们的意见。因为在一般的情况下，员工如果对某个问题没有什么想法的话，他们是不会主动向领导提问的。这时你去征询他们的意见，正好给他们以自我满足感，你在倾听的过程中就可以吸收借鉴他们的意见，对自己的决策进行完善。这样比你用官腔对员工颐指气使、自以为是地敷衍要好得多。"三个臭皮匠，顶个诸葛亮。"所以，不要把自己孤立在办公室里，与世隔绝，要走到员工中间去倾听他们的意见。

积极倾听对领导的管理来说极为重要。一个员工一连几天向老板汇报的工作都是大同小异，但是老板都是以关注的姿态去倾听，还不时地点头给予鼓励，没有丝毫反感、厌恶的情绪。等员工满意地离开以后，秘书不解地问老板："他一连几天的汇报内容都一样，你有必要全都听吗？这样值不值？"老板略作沉思，然后说："每一个员工的话都很重要，没有谁每天都有新的看法、新的意见，但是不能因为这个就不去倾听他们的谈话。否则等到他们有了好的新意见，就不会来告诉我了。只要是他们告诉我的都是他们认为重要的。"这位老板真正掌握了倾听的真谛，他让自己的积极倾听不断地发挥作用，从而打捞员工意见中的闪光点。

积极地倾听为公司带来商机。作为领导，你的公司不可能只和你喜欢的公司打交道。你需要的是赢得利益，让公司生存、发展、壮大，这时你就需要倾听客户的意见。松下幸之助认为，如果没有不满意的顾客，公司就会停滞不前，永远不能发展壮大。因为他不知道自己有哪些地方需要改进。以一家鞋店为例，如果顾客都说鞋店的鞋不错，那么鞋店的老板可能就不会再研究改进；但是如果遇到顾客挑剔鞋太硬，鞋店的老板不但不应该发火生气，反而还应该感谢这位顾客，这样他就可以不断地进行改进；如果鞋店的老板听到顾客的抱怨，紧接着不断征询还有哪些不满意的地方，他认为怎样做比较好……如此这般，逐一改进，那么这家鞋店一定能够在这一行业独占鳌头。

作为领导，进行积极倾听的语言思维训练

对于顾客的意见或者抱怨：

1. 积极倾听顾客的意见

2. 尽可能地表示赞同

3. 对其给予同情与理解

4. 承认责任而不推卸

5. 思考顾客的意见能够给工作带来哪些改进

作为领导，懂得了倾听，学会了倾听，能够让积极倾听发挥其最有效的作用，那么你在说话艺术方面也必然受益匪浅。

第4章

像领导一样写作

第1节 重要的职业性活动讲稿

优秀的竞选演讲词是什么样的

在领导的成长道路中，你不得不面临一些关键性的演讲：成为领导前的竞选演讲，就任领导时的就职演讲，年终的述职演讲以及离开领导岗位时的离职演讲等等。这些可能是每一个领导都要经历的。通过自己的演讲树立自己的威信，赢得员工的支持，将他们紧密地团结在自己周围，激励他们保持昂扬的精神，给他们以信心与力量，从而扎实成功地走好每一步，是每个领导的希望。那么如何做到这一点呢？正如古人所说："凡事预则立，不预则废。"做好演讲前的演讲词的写作工作，像一名成功的领导那样写作。

万事开头难。竞选演讲的成功与否对你能否成为领导有着直接的影响，所以一定要引起足够的重视。首先让我们来看一下做领导的第一步——竞选演讲词如何写。

竞选演讲词就是为竞选某一领导职位而准备演讲用的文稿。它是在让听众充分了解与认识自己的基础上，阐述自己的竞选优势，以"如果我当选，我将如何做"的形式，向听众描绘以竞选成功以后的工作设想为内容而发表的个人见解、个人主张，从而争取听众的信任和拥护。它有着自己特定的写作原则、写作结构和内容以及语言表达方式。

竞选演讲词的写作原则

1．充满信心

既然你已经准备走上领导这一职位，那么你的内心就一定相信自己能够胜任。正如戴尔·卡耐基所说："不要害怕推销自己。只要你认为自己有能力，你就应该坚信自己有资格担任那项工作。"竞选演讲的竞争性也决定了你必须有自信，也只有充满自信，写作竞选演讲词的语言才能够铿锵有力，富有气势。

2．态度诚实

没有谁会选择一个虚伪狡诈、口是心非的人做自己的领导。不能为了竞选成功而说那些假大空的话。虽说竞选演讲具有竞争性，但是并非比赛吹牛，听众在听你演讲的同时也在掂量你演讲内容的含金量以及在现实中所能够起到的实际效果。所以，在写作竞选演讲词的时候，态度一定要诚实，从实际情况出发。

竞选演讲词的写作结构与内容

如果说结构是一篇文章的骨骼，那么内容就是文章的血与肉。竞选演讲词也有自己特定的结构与内容。它指导你先讲什么后讲什么，把自己的信息最有效地传达给听众，便于听众理解、领会。天马行空的结构使听众不容易把握你究竟要说什么，所以是不适合竞选演讲的。通常一篇规范的竞选演讲词主要分以下几个部分：

（1）题目。题目是竞选演讲词的有机组成部分，它的一般形式是"关于……的演讲"，也可以采用正副标题的形式，或者选择比较简易的形式，如"我的竞选演讲稿"、"竞选演讲稿"等。

（2）称呼。要根据演讲的场合确定合适的称呼。根据成功的实际经验，大多采用泛指性称谓，如"各位领导"、"同志们"等。恰当得体的称呼能够体现你对听众的尊重，有利于自然地导入下文。

（3）开头。开头在整篇演讲稿中起着牵引作用。一般演讲稿注重运用多种艺术手法来吸引听众的注意力，为自己的演讲创造良好的氛围，而竞选演讲稿的开头则要求开门见山、直入主题，说出自己所竞选的职务和竞选的理由，用极其简洁的语言介绍自己的大体情况，如年龄、学历、政治面貌等等。当然具体应包括哪些要素没有明文规定，要视实际情况灵活确定。但有一点必须明确，即开头部分一定要写得简短，切忌刻意堆砌一些过分谦虚的大话、套话，否则很容易让人反感，影响演讲效果。

（4）主体。这是竞选演讲词的重点和核心。在这一部分要充分有力地阐述出你的竞选优势、不足以及竞选成功后对工作的规划和打算，以赢得听众的支持，达到演讲的目的。在表达上要围绕一个中心，突出重点，层次清晰，过渡自然，上承开头，下联结尾，不枝不蔓。

具体来说，怎样才能写好主体这一部分呢？

首先，将自己超人的优势展示给听众。竞选演讲不是谦虚的时候，不要不好意思说出自己的优势。因为竞选演讲是竞争性质的演讲，大家是"八仙过海，各显神通"，你必须让听众清楚你的闪光点在哪里。此时你需要最大限度地将"人无我有"、"人有我优"、"人优我强"、胜人一筹的"优势"展现出来，要写得恰当适度、坚实而有力。重点是要写清你的主要特长和工作业绩，这能反映出你的工作能力和基本素质，也是使听众确信你能够胜任所竞选职位的前提条件。

虽说要尽可能地展示自己的优势，但是对于自己的不足之处也不能闭口不谈，否则很容易给人虚伪、自大的感觉。但是在谈论自己的不足的时候一定要注意技巧。比如，在一次竞选厂长的演讲中，一个年轻工人在介绍自己的不足时这样说："我一没有党票，二没有本科文凭，三没有丰富的阅历，我只是一个参加工作几年的 20 多岁的小伙子。你们有百分之百的理由怀疑我能否担得起咱们厂的重任。然而，同志们，朋友们，请你们仔细地想想，咱们厂处于眼下这种状况，难道是因为历届的厂长没有党票、没有文凭、没有阅历吗？"接下来他又讲了听众们盼望已久的改革措施，结果出乎意料地赢得了大多数的选票，竞选成功。凡事都有两面性，关键是选对角度。

其次，阐述自己竞选成功以后的工作规划与打算。这是竞选演讲稿写作的重中之重，毕竟与你过去的成绩、现在的情况相比，听众更关心的是你竞选成功以后的所作所为将会把大家领向何处去的问题。此时你要根据自己所竞选的职务与个人情况，密切围绕听众关心的热点、难点、重点问题，将竞选成功以后的切实可行的工作规划以及达到的效果进行集中阐述。这一部分一定要写得实实在在，切忌泛泛空谈之词。要详细阐述自己的认识和措施，做到既要有胜任该职务的雄心，又有做好工作的胆略，让听众看得见、摸得着，感觉确凿可信。因为这关系到每个人的切身利益，大家都很实际，如果你的演讲词中出现吹嘘的成分，很容易被识破，所以不要自作聪明。在这一部分的叙述中，唯有真诚才能在你与听众之间架起一座沟通的桥梁，从而赢得听众的理解、信任与支持。

（5）结尾。俗话说："编筐编篓，全在收口。"竞争性极强的竞选演讲，结束语是你走向成功的关键一步。结尾好，就如乐曲结束时的强音，摄人心魄；结尾不好，则犹如吃花生米，吃到最后一粒是个发霉的。竞选演讲中常见的结尾方法有：

①表达抱负与决心。这是竞选演讲常用的一种结尾方法。例如：

"我虽然没有当过干部，但我有实干的精神和造福咱们村的热情。如果选我当村委会主任，我保证2年之内实现以上规划，让咱村改变面貌，让大家过上好日子！"

②希望得到听众的支持。例如：

"同志们，朋友们，请助我一'笔'之力投我一票，因为选择了我就等于选择了你自己！"

③借他人的话表达自己的决心。例如：

"朋友们，至于决心，在这里我也就不表了，因为前边每一位竞选者的心声就是我的心声，他们的决心就是我的决心！"

④用设问增强语气。例如：

"同志们，当听完我的构想以后，也许你会问：'你的想法倒挺好，可实现得了吗？'说实话，我只是一个平凡的人，不是神，要是单靠我自己，甭说是3年，就是30年也实现不了。但是'人心齐，泰山移'，如果大家都肯和我一起干，我敢肯定，我们的梦想定会变成现实！"

⑤欲说还休，戛然而止。例如：

"最后，我也不想再表白什么了。天地之间有杆秤，那秤砣就是老百姓，我相信大家的眼睛。谢谢。"

所有的结尾都不是孤立的，也没有什么不变的模式，但是一定要简明扼要、言简意赅、自然贴切。同时不要忘记郑重而富有感情地向听众致谢。

作为领导，写作竞选演讲稿思维训练

写作"毛遂自荐"的竞选演讲词的时候一定要牢记，你就是未来的领导。接下来拿出一张纸：

1. 写下自己的优势与不足

如果你想成为一名领导，就必须对自己有充分的认识。对于某些非人力可以改变的不足，想想如何将其转化为有利的方面。

2. 写出自己的领导规划

如果你在领导的岗位上，你将对当前的公司状况采取哪些让大家信服的措施让公司的明天更辉煌。

如何写就职演讲词

竞选演讲成功之后，步入领导岗位的你已经成功了一大半，但是此时你仍然不能大意，因为此时你不仅要将在竞选演讲中的有效措施踏实地付诸实践，而且有一篇就职演讲词等待你的完成。不过不用担心，你熟悉了竞选演讲词的写法，就职演讲词就容易多了。

就职演讲词就是你在新当选或者连任领导时就如何处理公司事务所发表的演说。你可能会问，竞选演讲词里面不是已经包含这些内容了吗？现在还写这些有什么意义呢？虽然就职演讲目前使用的范围还不广泛，主要是在政治演讲中用到，还没有正式作为公文文种列入公文范畴，但是可以肯定地说，就职演讲是有用的。要写好就职演讲词首先要清楚就职演讲的重要性。

首先，可以督促你履行自己的诺言。你在竞选期间就已经将自己的打算与规划展示给员工，不能逞一时口快，3 分钟热血，真正走马上任的时候就束手无策，所有的工作照旧。就职演讲就是要你面对员工郑重表态，实质上也就是立下军令状，明确工作目标与态度，细化工作步骤，让员工在工作中心中有数，有章可循，让上司和员工对自己的工作予以支持与鼓励。同时也是对自己的一种约束与鞭策，促使自己在工作中尽职尽责，时刻牢记自己的目标。

其次，帮助你树立自己的威信。下车伊始的你，一定要对就职演讲给予充分的重视，做好充分准备，不可敷衍了事。正如俗话所说："新官上任三把火。"就职演讲可以说是这三把火的前奏，演讲的好坏可能直接影响到你在今后工作中的成败。如果就职演讲动人心魄、震撼人心，也就为自己塑造了良好的自身形象，威信自然就不树而自立了，以后工作的开展也就水到渠成了。

最后，有利于你提高自身素质。就职演讲与竞选演讲都是对你的各方面能力的综合训练。在准备演讲时要充分调动你的观察分析能力、逻辑思维能力、沟通交流能力，否则对工作的调查研究很难深刻地把握；在正式写作的时候，能够充分锻炼你的语言表达能力、应变能力、理解记忆能力等，从而活跃你的思维，发挥你的潜力，拉近你与员工之间的距离，为动员和维系员工同心协力搞好工作开创有利条件。

写作就职演讲词同时要把握一定的原则性。首先，演讲稿写作之前要深入地调查研究，要深刻细致地了解现实工作中必须面对的焦点、难点、热点问题；要深入细致地了解、分析员工的意见、希望和要求，这样才能引起听众的共鸣。其次，就职演讲词的写作一定要实事求是，讲真话，不能哗众取宠，讲那些假大空的话；通俗易懂，不能过于抽象，要给人以亲切真实之感；给听众以严谨踏实又锐意进取的领导形象，既不好高骛远，也不墨守成规。最后，写作就职演讲词时既要有强烈而真挚的感情，又要有冷静而理智的分析，不卑不亢，语言简洁有力，主题突出，层次清晰，有强大的感染力与号召力。

就职演讲词到目前为止还没有严格的固定格式和内容要求，一般是由题目、称呼、正文、结尾4部分构成。就职演讲词的题目比竞选演讲词的题目要自由得多，和其他演讲一样可以采取艺术性、形象性比较强的题目；关于称呼，和竞选演讲词一样，根据实际情况而定；对于正文，由于就职演讲关系到员工对你的第一印象，虽然没有固定的内容要求，但是要以自己的真诚去面对。把握上述的原则，写好就职演讲词并不困难。

作为领导，赏析就职演讲词的思维训练

下面来欣赏一下温斯顿·丘吉尔在出任英国首相后的就职演讲词，认真领略就职演讲词的语言技巧以及艺术魅力。

法西斯德国大肆侵略，整个欧洲被战争的乌云所笼罩，这篇演讲词正是温斯顿·丘吉尔受命于危难之际所发表的。它既是一篇就职演讲词，又是一篇战前动员演讲词，简练的短句坚定有力、内涵丰富，既稳健诚恳，又坚强激烈。从中不难看出丘吉尔坚定不移的决心以及明确的领导政策与执政目标，向英国人民展示了可信赖的领导形象，极大地鼓舞了英国人民同法西斯斗争到底的信心和勇气。

热血、辛劳、眼泪和汗水
1940 年 5 月 13 日

星期五晚上，我接受了英王陛下的委托，组织新政府。这次组阁，应包括所有的政党——既有支持上届政府的政党，也有上届政府的反对党，显而易见，这是议会和国家的希望与意愿。我已完成了此项任务中最重要的部分。战时内阁业已成立，由 5 位阁员组成，其中包括反对党的自由主义者，代表了举国一致的团结。三党领袖已经同意加入战时内阁，或者担任国家高级行政职务。三军指挥机构已加以充实。由于事态发展的极端紧迫感和严重性，仅仅用 1 天时间完成此项任务，是完全必要的。其他许多重要职位已在昨天任命。我将在今天晚上向英王陛下呈递补充名单，并希望于明日 1 天完成对政府主要大臣的任命。其他一些大臣的任命，虽然通常需要更多一点的时间，但是，我相信会议再次召开时，我的这项任务将告完成，而且本届政府在各方面都将是完整无缺的。

我认为，向下院建议在今天开会是符合公众利益的。议长先生同意这个建议，并根据下院决议所授予他的权力，采取了必要的措施。今天议程结束时，建议下院休会到 5 月 21 日星期二。当然，还要附加规定，如果需要的话，可以提前复会。下周会议所要考虑的议题，将尽早通知全体议员。现在，我请求下院，根据以我的名义提出的决议案，批准已采取的各项措施，将它记录在案，并宣布对新政府的信任。

组成一届具有这种规模和复杂性的政府，本身就是一项严肃的任务。但是大家一定要记住，我们正处在历史上一次最伟大的战争的初期阶段，我们正在挪威和荷兰的许多地方进行战斗，我们必须在地中海地区做好准备，空战仍在继续，众多的战备工作必须在国内完成。在这危急存亡之际，如果我今天没有向下院作长篇演说，我希望能够得到你们的宽恕。我还希望，因为这次政府改组而受到影响的任何朋友和同事，或者以前的同事，会对礼节上的不周之处予以充分谅解，这种礼节上的欠缺，到目前为止是在所难免的。正如我曾对参加本届政府的成员所说的那样，我要向下院说："我没什么可以奉献，有的只是热血、辛劳、眼泪和汗水。"

摆在我们面前的，是一场极为痛苦严峻的考验。在我们面前，有许多漫长的斗争和苦难的岁月。你们问：我们的政策是什么？我要说，我们的政策就是用我们全部的能力，用上帝所给予我们的全部力量，在海上、陆地和空中进行战争，同一个在人类黑暗悲惨的罪恶史上从未有过的穷凶极恶的暴政进行战争。这就是我们的政策。你们问：我们的目标是什么？我可以用一个词来回答：胜利——不惜一切代价，去赢得胜利；无论多么可怕，也要赢得胜利；无论道路多么遥远和艰难，也要赢得胜利。因为没有胜利，就不能生存。大家必须认识到这一点：没有胜利，就没有英帝国的存在，就没有英帝国所代表的一切，就没有促使人类朝着自己目标奋勇前进这一世代相传的强烈欲望和动力。但是当我挑起这个担子的时候，我是心情愉快、满怀希望的。我深信，人们不会听任我们的事业遭受失败。此时此刻，我觉得我有权利要求大家的支持，我要说："来吧，让我们同心协力，一道前进。"

述职报告的写作要求

作为领导，在工作了一段时间以后，你要依据自己所担任的领导职责，就一段时间内的工作目标，总结检查自己的工作完成情况，既向你的上司也向你的员工汇报，让他们监督检查，以考核评价你的工作业绩，这就是述职报告。一般常用于党政机关、企事业单位、社会团体的公职人员。但是述职报告虽以"报告"为名，却与作为党政主要公文的"报告"有所不同，无论是内容、功能还是作者身份都有很大差别。其内容包括任职期间所取得的工作成绩、不足和失误之处以及存在的主要问题。在某种意义上，述职报告也可以说是总结报告的一种特殊形式，可分为年度述职报告、阶段述职报告、任期述职报告等类型。

述职报告有着不同的种类，按照内容可分为：

（1）综合性述职报告：是指报告内容是一个时期所做工作的全面、综合的反映。

（2）专题性述职报告：是指报告内容是对某一方面的工作的专题反映。

（3）专项工作述职报告：是指报告内容是对某项具体工作的汇报。这往往既是临时性的工作，又是专项性的工作。

述职报告按照时间又可分为：

（1）任期述职报告：这是指对任职以来的总体工作所写的报告。一般来说，其涉及时间较长，涉及面较广，要写出一届任期的情况。

（2）年度述职报告：这是一年一度的述职报告，写本年度的履职情况。

（3）临时性述职报告：是指担任某一项临时性的职务，写出其任职情况。

述职报告虽然种类不同，但是相对于就职演讲词来说，它的结构有固定的模式，主要由标题、称呼、正文、落款 4 部分组成。

述职报告的标题有多种写法，大体可概括为单标题和双标题两种形式。单标题可以由职务、时间、文种构成，如《××公司经理 2006 年度述职报告》；可以由职务和文种构成，如《××公司总经理述职报告》；或者由时间和文种构成，如《1999～2000 学年述职报告》；也可以只用文种名称，如《我的述职报告》或《述职报告》。双标题一般是将报告内容的主旨概括为一句话作为正题，以年度和文种作为副题，如《全面建设小康社会，开创中国特色社会主义事业新局面——在中国共产党第十四次全国代表大会上的报告》。

述职报告的称呼要视场合与听众对象而定。正文一般分为引言、主体、结尾三部分。引言需简明扼要，主要介绍自己的岗位职责、从何时开始担任当前职务、在这一时期内的目标任务情况以及对自己工作的评价，从而确定述职的范围与整体基调；在此可以将总结出来的规律性的认识、主要的经验教训和成绩或存在的问题用简短概括的文字写出来。主体是述职报告的核心部分，用以表述自己的工作成绩、经验与教训。在结尾简要说明自己的一些体会或今后打算，也可以对自己作一个基本的评价。述职报告一般都有模式化的结尾，常用"特此报告，请审查"、"以上报告，请领导、同志们批评、指正"等形式作结。述职报告的落款要写明自己的姓名与单位名称以及报告日期。

了解述职报告的大体结构以后，在写作上，对其主体部分还有几方面需要注意。

最基本的就是实事求是，以事实材料为依据。由于述职报告要公开宣读，一些领导顾及自己的威信，想获取上司和员工的好评，便不顾事实，对自己的工作成绩夸大其词，大肆渲染，即使是"芝麻"也能说成"西瓜"；或者只讲优点和成绩，对工作中存在的问题和失误采取回避态度，"大事化小，小事化了"。实际上，你的工作成绩、态度以及能力如何，上司和员工心知肚明，他们需要的是敢于面对现实、勇于承担责任的领导。此时如果你自吹自擂，只能自欺欺人，令人反感，搬起石头砸自己的脚。毕竟"金无足赤，人无完人"，"人非圣贤，孰能无过？"无论是谁，哪怕你是领导，即使尽职尽责，失误也是在所难免的。况且，你的成绩并非一己之功，你的失误也并非一己之过。所以述职报告一定要写真话、写实事，但是也不要过分谦虚。

要做到实事求是，首先，你所准备的材料必须是真实的，因为你所述职的内容是你的岗位职责范围内的工作，是你亲身的工作经历，所以一定要对平时积累的材料加以整理归纳，因为以这样的材料为基础，写出来的报告才会更真实、更可信、更有说服力。另外通过开座谈会以及个别谈话，征求各方面、各层次、各领域的人的意见，如此写出来的报告才不至于有失偏颇。同时不要忽视查阅各部门递交的或者以往的文字材料，诸如计划、简报、部门总结、会议记录、统计报表之类。切忌闭门造车，随意编造事实或数据。

其次，要重点突出，层次清晰，不枝不蔓。因为平时的工作材料是琐碎、分散而零乱的，所以如果在写述职报告时事无巨细，什么工作都写，希望其能够包罗万象，应有尽有，包含工作中的方方面面，以求达到十全十美、天衣无缝，这样虽说大而全，表面上看似乎很不错，实际上是眉毛胡子一把抓，把述职报告写成啰里啰唆的"流水账"，让人一头雾水，不知所云。虽然什么都说了，但是什么也没有说清楚，什么也没有解决。俗话说"伤其十指，不如断其一指"，所以你在写作之前，一定要对手中所掌握的材料进行筛选，认真总结这一时期的工作特点，选择主要工作，找典型，抓住主要矛盾，写出工作的主要特色。毕竟述职报告不是为了评功摆过，而是为了检验你的工作是否称职，因此在述职的过程中，你要将在履行职责时所取得的成绩和出现的失误，以及对工作的认识都表述出来，同时要对履行职责的情况和取得的成绩进行深入的分析和研究，总结出具有指导实践意义的经验。另外，对于员工所关心问题的解决方案、结果以及成功经验、失误原因，通常都要给予特别交代，对功过得失做出客观公正的评价。只有在写作的过程中有所侧重，才能够全面而真实地反映你的工作能力和基本素质，让上司与员工了解你的工作情况，提出明确的指导意见，从而更有利于下一阶段的工作。

正因为述职报告最重要的目的是为了更好地指导以后的工作，所以要把已知的材料分门别类地进行分析、比较、鉴别，把零散的、感性的事实与材料上升到理性的高度，要从自己掌握的事实与材料中总结出规律性的东西，这样的述职报告才有意义。写述职报告切忌仅是简单地罗列事实而没有分析与归纳，否则写出来的述职报告仅仅只是一篇汇报材料而已，只能作为资料收藏，对实践工作毫无指导意义。

有些述职报告虽然看起来年年岁岁皆相似，只需要改动一下年份与数字就可以了，没有什么特点，但是正如"人不可能两次踏进同一条河流"，每年的工作虽然大同小异，可是也会有各自的特点。突出这些物点，写出来的述职报告才不会千篇一律，才会具有切实的指导意义。

述职报告虽说有固定的结构模式，有规律性的经验总结，但也并不是说不能有自己的感情色彩。在叙事过程中，可以有适当的感情色彩，但不要融入过多，以免淡化主题。在写作时，有些领导为显示学问的高深，常引经据典，致使语言艰涩难懂，让听众摸不着头绪，结果弄巧成拙。述职报告是要进行宣读的，你所面临的听众个性不同、情况各异，这就决定了你的报告语言必须通俗易懂，给听众以豁然开朗之感。即使是专业性、学术性很强的内容，也要尽可能明晰准确，以与会者能理解为标准。讲话的性质决定了述职报告的语言必须大众化、口语化，直陈其意，决不哗众取宠，也不能用一些生僻的字眼，故作高深。如此才能适应人们的接受心理，拉近你和听众的心理距离，从而得到听众的认可。

作为领导，写作述职报告的语言思维训练

1. 结构模式一定要规范
2. 实事求是，材料准确，既不自夸，也不自谦
3. 重点突出，抓主要工作情况
4. 总结规律性的经验
5. 语言通俗易懂

写好告别的话：离职演讲词

作为领导，总有离职卸任的一天，不可能终身担任某一职位。在离职的特定场合下，难免也要发表离职演说。那么如何写好离职演讲词，让自己的领导工作善始善终呢？

由于离职演讲都是在告别会、欢送会之类的特定场合下进行的，在这种情况下，你必须调整自己的心态，营造出热烈而深挚的环境氛围，将这种心态运用到写作当中。要不断地变换人称、插入称呼语，形成你与听众心灵上的互动交流。而不能因为自己的离职而抑郁不乐，将自己的情绪带到演讲词中，将自己的痛苦转嫁给大家，造成某些不良的影响。既然要离开，就大度地放手，给大家留下好的印象。离职意味着离开自己熟悉的岗位，离开自己的员工，而自己对这一切毕竟都是怀有感情的，所以离职演讲词一般有很强烈的情感色彩。在其中流露的应当都是你的真情实感，不要掺杂任何虚情假意的叙说、矫揉造作的表白，否则很容易让人反感。投入情感，用真挚的语言去表达自己的真实情感。况且此时的演讲几乎是不带任何功利色彩的，无论是交代离职的背景、解说事

因，还是总结工作、提出经验，都要实事求是，恰到好处。切忌用词不当，褒贬失度。

不仅要明确离职演讲词的写作原则，还必须掌握其结构模式。在写作的过程中，应当先讲什么，后讲什么，大体上也有一定的完整模式。只有遵循一定的结构模式，显示出明晰的思路结构，才能加深听众的印象。

（1）标题。离职演讲词的标题同样是灵活多样的，可以是单标题，也可以是双标题，关键是要突出主旨。

（2）称呼。根据不同的场合与听众而定，"尊敬的各位领导"、"同志们"、"朋友们"这样的称呼比较常用。

（3）正文。正文一般分引语、主体、结尾 3 部分。引语主要是调节气氛，点明主旨，通常用致谢的话表明态度，导入正题。例如"感谢上级领导对我的理解，批准我辞职"或者"非常感谢大家给我这样的机会，让我在离职之际能够和大家畅谈一番"。但是，无论采用什么形式的引语，都要简明扼要，自然得体。

主体部分是整篇演讲词的核心，首先要表述自己离职的背景情况，让听众了解真实情况，避免一些没有必要的误解，以自己的坦诚赢得听众的信任。其次，对自己的任职经历进行简要的概括总结，既要阐明任职期间所取得的成绩，总结经验，又要反省其中的失误，希望大家汲取教训。成就归功于大家，向上司与员工表示诚挚的谢意；自己承担失误，向大家表示真切的歉意，从而给大家留下踏实谦让的好印象。最后结合自己在实践工作中的体会，对公司以后的工作提出自己的建设性意见，帮助继任者开展工作，开创新的局面，这是一个富有责任心的领导应该有的表现。同时还可以向大家简略地谈一下个人以后的打算，表达积极向上的人生态度，给人以希望。

（4）结尾。结尾切忌画蛇添足，或者草率收尾。简明而富有感情地表达自己对大家的深切希望与美好祝愿，给听众以强烈的感染力与巨大的鼓舞。

作为领导，赏析离职演讲词的思维训练

以下是克林顿离职时的演讲词，这是一篇规范而富有感情内涵的演讲词，好好体会，必然会受益匪浅。

克林顿离职演说

同胞们，今晚是我最后一次作为你们的总统，在白宫椭圆形的办公室向你们作最后一次演讲。

我从心底深处感谢你们给了我2次机会和荣誉为你们服务，为你们工作，和你们一起为我们的国家进入21世纪做准备。这里，我要感谢戈尔副总统、我的内阁部长们以及所有伴我度过过去8年的同事们。现在是一个急剧变革的年代，你们为迎接新的挑战已经做好了准备。是你们使我们的社会更加强大，我们的家庭更加健康和安全，我们的人民更加富裕。

同胞们，我们已经进入了全球信息化时代，这是美国复兴的伟大时代。

作为总统，我所做的一切——每一个决定，每一个行政命令、提议和签署的每一项法令，都是在努力为美国人民提供工具和创造条件，来实现美国的梦想，建设美国的未来——一个美好的社会，繁荣的经济，清洁的环境，进而实现一个更自由、更安全、更繁荣的世界。

借助我们永恒的价值，我驾驭了我的航程。机会属于每一个美国公民；（我的）责任来自全体美国人民；所有美国人民组成了一个大家庭。我一直在努力为美国创造一个新型的政府：更小、更现代化、更有效率，面对新时代的挑战充满创意和思想，永远把人民的利益放在第一位，永远面向未来。

我们在一起使美国变得更加美好。我们的经济正在打破着一个又一个的纪录，向前发展。我们已创造了2200万个新的工作岗位，我们的失业率是30年来最低的，老百姓的购房率达到一个空前的高度，我们经济繁荣的持续时间是历史上最长的。

我们的家庭、我们的社会变得更加强大。3500万美国人曾经享受联邦休假，800万人重新获得社会保障，犯罪率达到25年来最低水平，1000多万美国人享受更多的入学贷款，更多的人接受大学教育。我们的学校也在改善。更高的办学水平、更大的责任感和更多的投资使得我们的学生取得更高的考试分数和毕业成绩。

目前，已有300多万美国儿童在享受着医疗保险，700多万美国人已经脱离了贫困线，全国人民的收入在大幅度提高。我们的空气和水资源更加洁净，食品和饮用水更加安全。我们珍贵的土地资源也得到了近百年来前所未有的保护。

美国已经成为地球上每个角落促进和平和繁荣的积极力量。

我非常高兴能于此时将领导权交给新任总统，强大的美国正面临未来的挑战。

今晚，我希望大家能从以下3点审视我们的未来：

第一，美国必须保持它的良好财政状况。通过过去4个财政年度的努力，我们已经把破纪录的财政赤字变为破纪录的盈余。并且，我们已经偿还了6000亿美元的国债，我们正向10年内彻底偿还国家债务的目标迈进，这将是1835年以来的第一次。

只要这样做，就会带来更低的利率、更大的经济繁荣，从而能够迎接将来更大的挑战。如果我们做出明智的选择，我们就能偿还债务，解决（二战后出生的）一大批人的退休问题，对未来进行更多的投资，并减轻税收。

第二，世界各国的联系日益紧密。为了美国的安全与繁荣，我们应继续融入世界。在这个特别的历史时刻，更多的美国人民享有前所未有的自由。我们的盟国更加强大。全世界人民期望美国成为和平与繁荣、自由与安全的力量。全球经济给予美国民众以及全世界人民更多的机会去工作、生活，更体面地养活家庭。

但是，这种世界融合的趋势一方面为我们创造了良好的机会，同时又使得我们在全球范围内更容易招致破坏性力量、恐怖主义、有组织的犯罪、贩毒活动、致命性武器和疾病传播的威胁。

尽管世界贸易不断扩大，但它没能缩小处于全球经济繁荣中的我们同数十亿处于死亡边缘的人们之间的距离。

要解决世界贫富两极分化需要的不是同情和怜悯，而是实际行动。贫穷有可能被我们的漠不关心激化而成为火药桶。

托马斯·杰斐逊在他的就职演说中告诫我们结盟的危害。但是，在我们这个时代，美国不能，也不可能使自己脱离这个世界。如果我们想把我们共有的价值观赋予这个世界，我们必须共同承担起这个责任。

如果20世纪的历次战争，尤其是新近在科索沃地区和波斯尼亚爆发的战争，能够让我们得到某种教训的话，我们从中得到的启示应是：由于捍卫了我们的价值观并领导了自由和和平的力量，我们才达到了目标。我们必须坚定勇敢地拥抱这个信念和责任，在语言和行动上与我们的同盟者们站在一起，领导他们按这条道路前进；循着在全球经济中以人为本的观念，让不断发展的贸易使所有国家的所有人受益，在全世界范围内提高他们的生活水平和实现他们的梦想。

第三，我们必须牢记如果我们不团结一致，美国就不能领先世界。随着我们变得越来越多样化，我们必须更加努力地团结在共同价值观和共同人性的旗帜下。

我们要加倍努力地工作，克服生活中存在的种种分歧。于情于法，我们都要让我们的人民受到公正的待遇，不论他是哪一个民族、信仰何种宗教、什么性别或性倾向、何时来到这个国家。我们时时刻刻都要为实现先辈们建立高度团结的美利坚合众国的梦想而奋斗。

希拉里、切尔西和我同美国人民一起，向即将就任的布什总统、他的家人及美国新政府致以衷心的祝福，希望新政府能够勇敢面对挑战，并高扛自由大旗在新世纪阔步前进。

对我来说，当我离开总统宝座时，我充满更多的理想，比初进白宫时更加充满希望，并且坚信美国的好日子还在后面。

我的总统任期就要结束了，但是我希望我为美国人民服务的日子永远不会结束。在我未来的岁月里，我再也不会担任一个能比美利坚合众国总统更高的职位、签订一个比美利坚合众国总统所能签署的更为神圣的契约了。当然，没有任何一个头衔能让我比作为一个美国公民更为自豪的了。

谢谢你们！愿上帝保佑你们！愿上帝保佑美国！

第 2 节　如何使用电子邮件

有效利用电子邮件加强沟通

电子邮件最初是用来作为信息交流和沟通的工具的。随着互联网技术的进一步发展，电子邮件的技术沟通能力越来越强，也越来越多地影响着人们的工作方式。作为领导，一定要适应新形势的发展，紧跟时代潮流，学会使用电子邮件，有效地利用电子邮件加强沟通。

那么作为领导，为什么一定要利用电子邮件进行交流呢？以前的公文是用纸做介质，在各级秘书的手中发放，并以书面或口头的方式告知员工。电子邮件改变了人们的传统办公模式。谁能想象没有电子邮件的办公是什么样子？今天谁还能在无法收发电子邮件的办公室里工作？电子邮件已经成为人们办公的必需工具。

利用电子邮件进行沟通不仅可以不受时间的限制，而且比起电话沟通显得更从容坦然，表达得更充分，从而能够掩饰语言交流上的弱点，给对方以良好的印象。同时一般情况下，人们常常选择一个较为轻松的时间接收邮件，所以较少地受到其他事务的干扰，也就会使对方对与你的交流产生更大的兴趣。

同时，为了让人们能够更加灵活地处理自己的电子邮件，还催生了大量新技术。

为了让那些在出差途中的销售人员能处理电子邮件，开始大量使用无线网络；为了保证在出差途中的邮件更加安全，各种 VPN 通道技术开始普及；为了高效处理电子邮件，同时避免垃圾邮件的干扰，各种邮件过滤技术迅速发展，并逐渐和电信运营商的邮件服务相结合。人们甚至认为上述手段处理电子邮件的效率还不够高，于是，语音邮件（Voice Mail）以其高效的沟通方式正在成为传统的、基于文本的电子邮件的"终结者"。

在盖茨的办公室，很少使用纸张。他的办公桌上有 3 个显示屏，它们相互连接，共同构成一个工作平台。他可以在它们之间来回拖动任何项目。左边的显示屏是电子邮件窗口，中间通常是盖茨正在阅读和回复的邮件，而他的浏览器在右边的显示屏。使用这种布局，他可以在做一件事的同时观察到新到的东西，可以在一封电子邮件显示在面前的同时打开与这封邮件相关的链接。

在微软公司，电子邮件是首选的沟通媒介。盖茨每天都收到大约100封电子邮件，而他使用过滤程序，使收到的信件数量保持在这一水平——来自微软、英特尔（Intel）、惠普（HP）等所有其他伙伴公司以及来自所有盖茨认识的人的电子邮件，都直接进入盖茨的信箱，而来自不在盖茨的允许名单上的公司或者盖茨不认识的人的电子邮件，则由助手代为阅读，他只阅读助手的评论。这样盖茨就能知道人们称赞什么，抱怨什么，以及要求什么。他认为现在所处的境况是，面临的挑战并不是如何有效地使用电子邮件沟通，而是如何确保把时间花在最有意义的电子邮件上。盖茨使用"收件箱规则"和搜索文件夹这样的工具，根据内容和重要程度对邮件加以标示和分组。他不怎么使用待做事项清单，而是使用电子邮件、桌面文件夹和在线日程表。因此，走向办公桌时，他就可以把注意力放在自己曾经做过重要标记的电子邮件上，并查看监视具体项目和博客的文件夹。

虽说盖茨是IT业的大亨，运用如此先进的电子邮箱进行沟通是理所当然的事，但是你不能因此而排斥电子邮件。或许你会说总不能整天把所有的时间都耗在回复大量的电子邮件上吧，那别的事情还做不做了？因为即使在最普通的电脑系统里面都安装有Outlook，好好加以利用，你会受益匪浅的。它有个小的通知图标，当有新邮件进入邮箱时，就会显示在屏幕右下角。在信息充斥的今天，除非它是关于一个高度优先的主题的，否则你就不必去理会，可以继续手中的工作，保持专注。这是一个信息过度的问题，另一个问题是信息不足。因为信息充斥并不等于我们得到了想要的信息，也不等于我们与希望联系的人保持了联系。如何来解决这一问题呢？可以使用SharePoint，它能够生成就具体项目进行协作的网站。这些站点包含有计划、图表、讨论区及其他信息，公司几乎任何人只需点击几下鼠标，就可以生成这样的站点。如此一来，无论是你还是你的员工都可以轻松地运用电子邮件进行交流了。

互联网技术的大发展，固然为人际交流提供了出色的技术手段，但它本身并不能带来任何人际的温暖，相反，甚至会疏远对现实社会中的人的感情。电子宠物现象，还有越来越引起关注的各种网络"综合征"，都很好地说明了这个问题。在这种情况下，作为领导应如何应对呢？

剥离技术外衣，电子邮件的本质实际上就是通过先进电子手段传递的信件。一项调查表明，很多大跨国公司内部由于广泛使用电子邮件交流，结果产生了一些负面影响。由于大家都喜欢电子邮件这种稳妥而不局促的方式，导致公司内部滋生了一些惰性，也就是所谓的"电子邮件官僚主义"。有些员工热衷于发送对工作毫无实际帮助甚至有害的垃圾邮件，造成员工之间的沟通质量下降及彼此的信任程度降低的问题，最终导致公司运行效率的下降。毕竟与面谈、电话甚至传统手写信件相比，电子邮件传达的信息实在是太单薄了，除了那些敲进去的文字符号、干巴巴的"技术性"信息，没有互动性，没有身体语言，没有表达友好的握手、微笑、倾听、正视等等人际交流的信息。所以，电子邮件虽然效率很高，但是也呈现出其贫乏无力的一面。难道这一弱点真的无法克服吗？回答是否定的。那么如何做呢？你要通过电子邮件进行管理，与员工沟通，展开商务活动，就必须注意使它散发出浓郁的人情味。

这是一个技术的时代，但是人类的交流需要的不仅仅是纯技术性的信息，更多的是需要情绪性的信息，二者的有力结合将大大加强电子邮件的沟通功能。成功的领导在平时谈话，或是纸质书信的交流沟通中，都知道亲切微笑的重要性，其实在电子邮件中也不例外。电子邮件交流同样需要像私人之间的亲切聊天那样，哪怕你给客户的完全是一封广告性质的电子邮件，也得让它充满人情味。要时刻记住，你是在与人而不是机器交流。

商业化的社会，缺乏的是人情味。但是你如果因此认为商业化的社会交流中可以不用人情，那就大错特错了。如果你的电子邮件缺乏人情味，你损失的将远不止是效率。在运用电子邮件的时候，最好与打电话、面谈这些传统的交流手段结合起来。

不仅是在员工的管理上、在与员工进行交流沟通时，可以有效利用电子邮件，在与客户进行谈判、为客户服务时，也可以有效运用电子邮件以加强沟通。越来越多的公司建立或者加强与客户之间利用电子邮件进行交流。虽然一些企业仍在犹豫是否在自己的网页上设置联系用电子邮件地址，但是在某些时候，如果客户在上网的时候见到电子邮箱，往往会因此产生电脑的对面有人在为他们服务的感觉，从而放心地与你合作。因为你与员工可能时常见面，但是却不可能与每个客户面对面地进行交流，所以你就应该吩咐员工对所有的顾客来信予以回应，并严格遵守4小时内回信的规定。通过电子邮件像普通的人与人之间那样亲切地沟通交流，从而构筑与客户之间的双向交流渠道，克服企业与客户无法见面的弊端。

在互联网时代，电子邮件的运用必不可缺，作为领导需要对其有效利用，充分发挥自己的语言力量，从而加强与同事、员工、客户之间的联系。

作为领导，有效运用电子邮件写作的思维训练

1. 在写作邮件时，要记住你面对的是人而不是机器
2. 语言要富有感情，态度诚恳，情真意切
3. 与传统的打电话等沟通模式很好地加以结合

避免电子邮件的误用

随着信息技术的高速发展，人与人的交流方式也越来越趋向于多元化，但是同时也为沟通造成了许多困难，电子邮件就是最好的一个例子。由于它的高速度和易于操作性，使大家对其情有独钟。电子邮件相对于一封普通的书信而言，接收起来更容易。如今，可能办公室里的任何人都有自己的电子邮件，电子邮件已经成为工作场合交流的一个基本组成部分。作为领导，你可能也要每天收发和阅读电子邮件。

正由于电子邮件使用的普遍性，所以你就必须注意在使用过程中的一些问题，避免在使用过程中的一些失误。现在一家美资公司做行政主管的盛君对此深有体会：公司要召开经理级会议，老板让她拟好会议日

程和安排，然后下发到每位参会者手中。盛君很快就完成了任务，并把提纲发送到老板的电子信箱里。临近开会前 2 天，老板很不满意地问她为什么还没有看到她的计划，盛君说 3 天前就传到他的邮箱了。老板说那几天他正好和客户谈合同，很忙，所以也没看电子邮件，于是提醒盛君以后要注意，重要的事情应该再打个电话追问一下。通过盛君的这件事不难看出，电子邮件有其优势，但也有其缺陷，在任何时候都要注意考虑其利弊。千万别假定自己所寄发的邮件对方已经收到，特别是重要的文件信息，更不能对你所要传递的某些信息不加以核对便发给对方。

电子邮件毕竟只是一种沟通方式，其中的一些失误还是需要人去操控的。况且电子邮件毕竟是一种书面的信息，同时也比亲笔书信少了一些亲切感在里面，所以也就可能影响对方对你的信息的正确理解。当实际的面对面的谈话更合适的时候，而你却使用电子邮件，只能是导致事情的拖延，或者是彼此的误会。

由于电子邮件是在键盘上敲击出来的，其中的文字很难表达你的情感，从而也就削弱了你真诚的程度。虽然你的内心是真诚的，但是，对方并不知道，因为没有任何的外在表现形式。比如当你要对员工的工作表示称赞并予以鼓励时，如果使用电子邮件，员工虽然会收到你的称赞与鼓励，但是却很难感受到。相对于和员工面对面地交谈，电子邮件这种方式的影响可以说是微乎其微的，它的真诚性是值得怀疑的。

同时，对于员工工作中的错误，你就更不能用电子邮件对其提出批评了。通常情况下，员工很容易会不自觉地从字面引申出其他的可能根本不存在的意义。特别是中文，它所表达的意义更是有着很大的不确定性，即使是平时说话，都需要谨慎，更何况是书面写作、电子邮件的传送。在电子邮件的收发过程中，双方根本没有机会进行沟通讨论并且提出解决问题的方案。相反，面对面交流时，你的批评是立时的，而且你与员工之间可以及时地进行交流，听取他的解释意见，从而很好地帮助他改正错误，促使他不断地完善自我。

无论是称赞还是批评，都需要一种情感的交流与信息的反馈，这时候，面对面地交流可能会更好。这样也就避免了使用电子邮件所带来的没有必要的麻烦，甚至误会。

在使用电子邮件的时候，你也可能会遇到这样的情况：发出去的电子邮件迟迟没有答复，或者对方答复了，但却是片面的。在经过如此几次的反复之后，你可能就会让自己显得很讨厌，时间一长，对方就有可能把你的邮件当作垃圾邮件。如果对方对你的邮件迟迟没有答复的话，就有可能是对方没有打开邮箱，或者是对你的话题不感兴趣，或者是对你的信息没有彻底理解。所以，电子邮件虽然方便，却很难表达情感。而通过电话或者面对面交流，虽然有点儿费时间，但是效果却是电子邮件所无法比的。生动的谈话是其他任何的沟通方式都无法比拟的。

任何公司都有自己的商业机密或者说是敏感性的话题，这些信息一旦泄漏出去，就有可能给公司造成不可估量的损失。有一个公司的首席执行官把一份备忘录通过电子邮件发给了公司的中层领导，以传达公司最近一段时间的工作情况。备忘录是这样写的："我们的许多员工一周工作的时间不到 40 个小时，每天早晨 8 点的时候，办公室里几乎没人，可是下午不到 5 点的时候，就人走室空。作为中层领导，你们所需要做的就是要知道员工在做什么，心里想的是什么，而你们呢？什么都不知道。对于现在的这种状况，必须尽快解决，否则，公司就要采取一定的措施。在我的公司里面，从未出现过这样的事情，一周 5 天的工作日，每天 8 小时，必须保证，不能再拖了。"谁知道，这份备忘录首先在公司内部传开了，后来又泄漏出去，并且被传到了搜狐的网站上，所有的人都看到了。这就使整个公司的处境非常尴尬，不久股票就大范围地下跌。

真是成也电子邮件，败也电子邮件。电子邮件很方便，却给人很少的思考时间，在点击"发送"的瞬间，你想后悔都已经晚了。电子邮件本来就是一种单向的交流方式，但是对于一些重大的事情来说，必须是双向交流才能够解决，而且有些话是根本不应该形之于文字的。否则，只能增加彼此之间的误会，甚至紧张的气氛。

特别是当双方已经产生矛盾或者误解时，更是不能采用电子邮件的形式进行讨论，否则只能是激化矛盾。一些措辞严厉的电子邮件，往往会让对方感觉到被侮辱，再加上面对的是没有感情的电脑，也就更容易让对方通过电子邮件对你不遗余力地进行反击。最后，可能非常简单的一件事，随着形势的复杂化，谁也说服不了谁，导致双方关系的恶化，所有这些负面的沟通只能激化矛盾而不会解决任何问题。

当你用电子邮件阐述问题或者表达带有强硬色彩的观点的时候，对方的理解往往比你的实际意思更为严重。而此时，唯一有效的方法就是面对面地、心平气和地、开诚布公地进行交谈。如果由于距离或者其他原因，确实不能或不方便见面，也可以通过电话沟通，而不要贸然使用电子邮件。

那么在什么样的场合下可以使用电子邮件进行沟通呢？

（1）传送非机密、非敏感性的备忘录

（2）咨询问题

当你的问题比较简单，容易说清楚的时候，最简单的办法就是发送电子邮件。

（3）保持双方联系

虽然书信和卡片并没有过时，但是在工作比较忙的情况下，就可以使用电子邮件与员工、客户取得联系，完成一些简单的沟通甚至问候，从而让对方时时感觉到你很在意他。

（4）对于员工工作的答复

有一些工作上的答复是很简单的，不需要太多感情化的词语，这时，你就可以采用电子邮件予以答复。

作为领导，写作电子邮件的思维训练

1. 有话则长，无话则短，长话短说

如果你写的太长，没有谁有耐心仔细看完的。你的信息越短，则会更有助于人们去阅读和理解。

2. 开门见山，直截了当地提出观点

直奔主题，直截了当地叙述自己的观点。强调重点而不是细节，观点一定要简单。如果确有需要，再给出一些相关的支持信息。

3. 尽量让自己的电子邮件显得轻松些

虽然如此，也尽量少使用幽默性的话语。因为幽默是双向互动的，当 2 个人面对面的时候，你能及时地对对方的反应做出回应，而在电子邮件当中对方就有可能将你的幽默话语理解为讽刺性的话，从而导致没有必要的麻烦。

电子邮件的写作原则

正如任何公文都有自己的写作原则，电子邮件也有自己的写作原则。如果不注意掌握，很可能会弄巧成拙，甚至闹出笑话。在此，我们将按照电子邮件的写作过程，将其写作原则分成 3 部分分别予以叙述。

在电子邮件写作之前的准备工作，首先需要注意的原则有以下几个：

一、副本转送人数最少化原则

在发送邮件之前，必须确认对象是否正确，以免造成不必要的困扰。若要将信函复本同时转送相关人员以供参考时，可使用"副本转送"的功能，但要将人数降至最低，否则，不仅传送与副本转送的用途将混淆不清，同时也制造了一大堆不必要的"垃圾"和麻烦。

二、附件功能慎用原则

在若干电子邮件系统中，由于"附件"功能的缺乏或不成熟，会造成使用者无法顺利阅读文件。使用者经常会因不便而直接删除来函，以致丧失沟通功能。如果邮件内容不长，请直接撰写于信件中。若一定要使用附件功能，也须注明附件的撰写软件，例如"本信附件内容撰写软件为 Word 6.0 for Windows"。

三、地址栏最后填写原则

当你在构思一封邮件时，初稿往往只是一个粗略的框架，其中的某些词语可能还需要斟酌。在这种情况下，如果你的地址栏没有填写，邮件就发送不出去，即使邮件中有不恰当的遣词造句，也没有关系；但是，地址已经填写，而你又不小心点击了"发送"，可能就会造成遗憾，或者惹来没有必要的麻烦。

在写作的过程中则有以下原则需要注意：

一、情感化原则

虽然使用的是电子邮件，使用键盘敲打文字，但是有一个重要的前提一定要记住：收信的对象是有血有肉有情感的人，而不是一台程序化的机器。毕竟电子邮件的传播是通过计算机网络产生的，所以你在使用时很容易会不自觉地忘记与自己真正互动的是远程的人，而不是你正在面对的电脑。这样许多情绪激动的字眼也就很容易在不经意间随手送出，也就可能引起种种本不该发生的误会。记住：写电子邮件时，键盘就是笔，屏幕就是纸，和你写一封信是完全一样的，如果说有差别，那也只是传递的方式不同罢了。

虽然在平时的说话中，大家一般比较喜欢带些幽默性的话语，但是在电子邮件中，由于缺乏声调的抑扬顿挫、脸部表情以及肢体语言的配合，所以就要特别注意幽默的被误解与扭曲。如果你真的想表现自己的幽默或者是某种特定的情绪，最好写明或者使用网络通用的情绪符号语言。并且无论你所开的玩笑是多么明显，最好附加说明，以提醒收信者注意你真正的意思所在，否则很有可能被认为是嘲讽或者将问题复杂化。

二、标题一目了然，彰显主旨的原则

电子邮件一定要注明标题，而且尽量"一条信息，一个主题"。这样就可以使对方在众多的邮件中，不用打开，一看标题，就可以对邮件的内容有个大体的了解，从而决定是否阅读里面详细的内容。此外，邮件标题应尽量写得具有描述性，比如是内容的主旨大意，让人一看即懂，有利于对方迅速了解。如果邮件里面包含很多信息，那就一定要把最重要的信息列在主题栏，"你哪天有时间?""××公司"之类的标题，都很容易让对方忽略你的信息。

三、内容简明扼要，注重沟通效益的原则

一般信件所用的起头语、客套语、祝贺词等，在电子邮件中都可以省略。毕竟大家之所以选择电子邮件进行沟通，最重要的还是为了讲求时效。特别是领导与领导之间的交流，大家每天的事务都很繁忙，是没有多大耐心去阅读那些多余的话的，作为领导，你也应该有所体会。所以电子邮件的内容应力求简明扼要，并注重沟通效益，尽量掌握"一个信息，一个主题"的原则；如果不能做到这一点，那也要层次清晰，编上序号，按照信息的重要程度排列，将最重要的事情列在前面。

如果邮件内容是有关建议或意见的，要表达对某一事情的看法，可先简要地描述事情的缘起，再条理清晰地陈述自己的意见；若是想让对方就某件事情采取行动，则应针对事情可能的发展提出看法与建议。但是简明扼要并不是无原则的，而是以将事情说明白为前提的，否则，就可能因为信息太过简短或者叙述不够清楚，而造成不必要的误解。

平时我们经常会看到一些电子邮件中夹杂了许多的标点符号，特别是惊叹号的使用更是泛滥。为了强调重点，有的人会用上几个惊叹号，但往往达不到应有的效果。如果你真要强调事情，应该在遣词用句上特别下功夫，而不应使用太多不必要的标点符号，因为太多不必要的标点符号只能表明你的语言词汇的贫乏，缺少作为一名领导应有的学识和素养。

四、有所言，有所不言的原则

在书写电子邮件时应谨慎地评阅所撰写的字句，以免招惹没有必要的麻烦。不要以为对方阅读完电子邮件中的内容以后就会直接删除，因为电子邮件有永久保留的功能，而且发送出去的邮件可能会永久被存于某处私人档案或转印成文件到处流通。所以在发信之前一定要仔细考虑：自己会在公众场所中公开地对他人说这些话吗？如果答案是否定的，那么就重写一份或者考虑这份信息有没有发出去的必要，千万不要以为在电脑上不能识别笔迹，或者误以为自己是在和没有思想的电脑对话，就毫不客气地将一些没有经大脑思考的幼稚的话语敲击出来，发送出去，造成不可挽回的损失。平时说话时讲究"三思而后言"，在写邮件时，更是需要如此。所以在写电子邮件时，说任何一句话，都要有充足而可信的事实根据，要对自己的言语负责，不要以为网络话语就可以肆无忌惮，无所约束。如果是对员工进行批评指责，一定要弄清真相，询问员工事情的原委曲直，给他解释的机会，尽量避免没有必要的误解，切勿在不给员工申辩机会的情况下批评他。

对于那些必须发却有可能触犯某些人的邮件，可以考虑将这些邮件加密，从而避免那些没有必要的麻烦。不过密码学是一个极为专门的学问，在一般的电子邮件中是用不到的。但是许多网络系统都设有特殊加密和解密的功能，如果你想要知道更多跟密码有关的资料，只要详细咨询网络管理者就可以了。

五、落款署名身份的原则

除非是熟识的人，否则收信人一般无法从邮箱账号看出发信人到底是谁，因此标明你的姓名与身份是电子邮件沟通的基本礼节。有许多人将自己的身份设计成一个附着档案，每当发信出去时，此档案也将自动地贴附在该信息后面。这样做不是不可以，但是至少要注意两方面：首先，"身份设计"应充分而明确地代表你自己，无论是引用文学名作词句或以图绘表示，都必须真实且充分地反映自己；其次，切勿过度装饰自己的"身份设计"，引用名作太多或图绘太华丽等等都会妨碍电子邮件的正常沟通效率。

"来而不往非礼也。"邮件的传递是相互的，当你收到他人的邮件时，就需要回复。那么作为领导，在回复邮件时，你要注意哪些事项呢？

首先要确认你所要回复的对象、内容。当你利用网际空间进行公众事务的讨论时，要仔细斟酌回复的对象到底是谁？有没有将自己的意见公开化的必要？如果允许对方将自己的意见公开，就要附加说明，例如"如果你觉得有必要将这个意见传达给大家，敬请传送无妨！"然后署上自己的姓名，因为署名表明你对自己言论的负责，以及对对方的承诺。

这一点即使是对自己也是一样，虽然你是领导，但是也不要未经同意将他人信函转送给第三者。如果你认为有必要把他人的来函转送给第三者，那么就要首先征询来信者的同意，否则就是对来信者的极大不尊重。因为对来信者而言，邮件可能是针对作为领导的你而撰写的私人信函，是对你的信任，不见得适合第三者阅读。如果不经来信者同意，不仅是对他的不尊重，同时也有损你作为领导的威信。

在回复某一特定信函之前，最好先阅读该信所有已回复的内容——可能你原定的回复内容已有很多人写过。如果真是这样，你只需将自己的意见轻描淡写地表达即可，无须重复大家已觉厌烦的意见。利用电子邮件沟通，长篇大论不见得比那些精简有力的言论好多少。

当他人误传邮件给你时，尽可能代为传递或通知原寄送人，忽视或删除他人给自己的电子邮件而不回复者，都不是领导的所为。因为发信人通常会焦虑地等待回信，甚或怀疑信件是否到达了该去的地方。如果收信者能从信件内容看出正确的收信者，应迅速转送出去；若无法辨认，也应即刻回复发信人并简单解释传送的错误，网络交流会在无声中给你赢得声誉。

作为领导，电子邮件写作原则的语言思维训练

1.遵循网络规则

虽然网络世界无人监管，但是并不是就可以随心所欲。作为领导最好以身作则，为员工做出表率，遵守网络交流规则。

2.不要重复传送同一条信息给同一个人

第5章

像领导一样沟通

第1节　领导者的沟通艺术

声音，你的名片

作为领导，对员工讲话、进行商业活动或政治谈判，无一能离开声音的表达。从某种程度上说，声音就是你的名片。

一个饱满的、充满活力的声音，可以给人以权威感和信任感。然而很多领导很容易忽视自己的声音这张名片，正如英国首相格莱斯顿所说："99%的人不能出类拔萃是因为他们忽略了对嗓音的训练。他们认为这种训练不具有任何意义。"

对自己的事业充满抱负与信心的约翰对工作执着而自信，工作不久就晋升为公司的项目经理。和很多高级白领管理者一样，他追求完美、卓越，获得了同事和员工的尊重。他努力开发一切能够为他增加领导力的资源，坚信个人形象能够创造出巨大的领导力。因此，他在个人的外观形象的设计上付出了极大的努力。他要让自己身上的每一处都发挥"权威"的影响力。他成功地把自己塑造成了一名富有魄力的领导者形象。但是，他的声音给他减了分。

有朋友曾经委婉地提出训练他的声音，因为他的声音沉闷而含糊，这与他豪放、沉着的性格及一个领导者的外在形象格格不入。而经过训练之后，一定会在听觉上增加他作为领导的权威性。但约翰认为这无关紧要，因为他从小就这样说话，已经没法改变了。

但是不久，约翰声音的缺陷所造成的影响就显现出来了。当在会议上表达观点时，他逐渐感觉到自己的声音确实减弱了自己的权威。特别是当大家争论时，他试图插话，而大家好像根本就听不到他的声音。约翰感到自己的权威并没有真正被人承认。几个月后，追求完美的约翰终于不能再忍受自己的声音对领导形象的破坏，他决定去参加语言培训，学习新的发声法。他感叹道："不在这个位子上，也许我永远不知道自己声音的缺憾。虽然改变发音是件很困难的事，但是作为领导，我别无选择。"

如果领导的声音含糊、单调而乏味，就容易让员工对其自信心及领导力产生怀疑。而那些缠绵的柔声细语，虽然也能催人心肠，让人心动，但只是适合花前月下罢了。而音质宽厚、语调抑扬顿挫的声音才是真正的领导者的声音，这样的声音魅力独特，具有强大的权威性与影响力，给人以安全可靠感。撒切尔夫人、克林顿、肯尼迪、马丁·路德·金、丘吉尔、伊丽莎白女王等领导者的成功，与他们独特而有权威感的音质不无关系。

由于声音在交际中有着无可替代的重要作用，欧美成功的领导们都知道如何运用声音的魅力去影响选民。有些领导的音质虽然不是很好，但是他们都通过各种不同的方式去改善自己的音质。有着"铁娘子"之称的撒切尔夫人在进入政坛担任重要角色后，作为女政治家，她的外表和风度几乎无可挑剔，但是她那尖细刺耳的声音削弱了她的影响力，曾经一度损害了她作为保守党领袖的形象。为了在听觉上展示给选民们一个有力量、有权威、可靠的领导者形象，她在音质专家的指导下，改变了尖细的声音，成为闻名政坛的风云人物。

深厚、宽广的音域不仅可以强化你的领导形象，而且还能够保持员工对你积极的注意力。相反，尖细刺耳的声音却毫无疑问地会毁坏你的形象。谁愿意让那种高频率、窄音域的声音刺激自己，扰乱自己的神经呢？

在许多情况下，男领导比女领导更难以用生动的声音和词汇表现自己，这也许是男人比较理性、女人比较感性的缘故。如果要建立领导的权威的话，平日里要注意选用那些生动、有活力的词汇，养成良好的发音习惯。几乎所有杰出的政治家、宗教领袖及商人都有出色的口才，他们的声调抑扬顿挫、充满激情，有很好的渲染、煽动作用。

在领导力的训练中，声音的培训是一项极其重要的内容。机械公司的汪洋在参加领导者培训课程的过程中，发现平日里自己颇为骄傲的浑厚嗓音，并不像自己想象的那样有力度。训练中的录音和教授的点评，让汪洋意识到来自喉咙的声音不能够展示自己深沉的力量，于是他开始了纠正发声方式的训练。他首先学习了正确的吸气方法——闻花香法和抬重物法。前者是把气深深地吸下去，一直吸到肺底，让小腹及腰围有膨胀感，要吸得深入、自然、柔和；后者是意念上准备抬起一件重物，先要深吸一口气，然后憋足一股劲儿。

学会了正确的吸气方法后，接着就是练习有控制的均匀平稳的呼气方法——做吹蜡烛练习。点着蜡烛后，站在 1 米的距离(随进展不断后移)，深吸一口气，向火焰吹气，吹气时形成一股气流，气要轻而匀，不要将火焰吹灭，而要使火焰向外倾斜，并努力让自己的气使它保持住倾斜状态，这是检验出气量是否均匀的一个最佳方法。在此训练的基础上，汪洋每天都坚持花半个小时的时间，抑扬顿挫地朗读莎士比亚戏剧的精彩片断。也正是这次声音的训练，使汪洋在以后的工作中如鱼得水。受益匪浅的汪洋对自己的员工也进行了声音上的培训，这为他们公司在对外交往中打造了一张非同寻常的名片，以至于外界人员一听员工的声音就知道他是汪洋公司的，便很放心地和他们进行合作。

作为领导，在员工心目中都有着非凡的形象。他不仅应仪表堂堂，声音也应该是深沉、浑厚的，散发出磁性、诱人的魅力。演员出身的美国总统里根是幸运的，一副天生富有磁性的好嗓音与富有感召力的表演技能天衣无缝地配合，使里根毫不费力就赢取了选民的支持，轻松地挫败了在音质和形象上都不如自己的对手。成功的领导者都有着让人易于分辨的独特音质。与里根不同，克林顿的声音沙哑而浑厚，但是他知道如何运用这种略带嘶哑的声音去虏获民心。在竞选辩论时，他那铿锵坚定、充满朝气与活力的声音，听起来就是一个强有力的、能够带来希望、能够实现人民心中愿望的领导者。但是，在与莫尼卡的性丑闻中，他突出了声音沙哑的一面，用疲惫不堪的语调恳求国民："请让你们的总统工作。"这让听到这句话的人不得不原谅和同情他，以至于一个被采访的纽约女市民，几乎哭着呼吁媒体和美国国民："请不要这样对待我们的总统！"对此有的评论家认为，克林顿的表演天才完全可以和获得奥斯卡大奖的好莱坞影星相媲美，甚至更胜一筹。

心理学家的研究表明，人与人之间的交流58%通过视觉，35%通过听觉，只有7%是通过我们实际的讲话内容来实现的。想一想，如果一个领导一讲话就发出让人头痛的刺耳的声音，不但没有魅力，反而让人感到不舒服，甚至反感，这样又怎能让大家以稳定的心境听完他的演讲呢？又怎能让人们爱戴他、尊重他呢？特别是在没见面的情况下，声音占交流效果的90%，因为通过声音，他人可以判断出你是热情、诚恳还是冷酷、狡猾。宽厚、低沉的声音让人感到有权威、可信、可靠。在电话沟通中，他人往往通过对领导声音的印象来判断你的气质、公司的性质等。那种沉稳的声音，让人感到公司有信誉、可靠，从而更愿意与你合作。

所以无论在什么时候，作为领导，都你要注意打造完美的声音名片，让你更富有领导权威。

作为领导，打造声音名片的语言思维训练

1. 语调抑扬顿挫

对自己所讲的话题充满激情，平淡、乏味的语调容易让人打瞌睡。

2. 声调不要太尖或太低

高、尖的声调会刺激别人的神经，让人头痛；有气无力、半死不活的低沉的声调让人忧伤。

3. 音量适中

太大的音量有咄咄逼人的蛮横感，容易惹恼对方；太小的音量不但别人听起来费劲，还显得没有权威感。

4. 语速适中

太快了容易让人听不明白，显得你不稳重；太慢了则容易让人失去耐心。可以模仿电视台播音员的语速。

5．学好普通话

努力克服方言。人们心里对说方言的人有一种潜意识的排斥。如果你的话语里面带有浓重而难懂的方言，往往会影响你与员工的交流，甚至有损你的权威性。

6．用准确精练的语言

要尽量避免口头语、不文明的脏话。

控制你的语速

根据心理学家的研究，说话的快慢节奏与人的气质有很大的关系。说话非常冲动、喋喋不休地说个不停的人，往往做起事来也比较容易冲动。相反，说话犹豫不决、吞吞吐吐，甚至有些咬文嚼字的人，做起事来也往往是瞻前顾后、首鼠两端、动作迟缓。作为领导，整个公司的命运操纵在你的手里，以上两种情况当然要避免。说话的时候应控制自己的语速，不徐不疾。

作为领导，你与员工进行交谈，主要目的就是与员工沟通，希望他能够接受你的信息，按照你的意思去完成工作。而在此过程中，对员工接受信息的质量影响最大的就是你说话的语速了。语言交流不是单向的，而是一个相互循环的过程。你把自己的指示传达给员工，员工收到你的指示，但是他们接受没有，却不得而知，这也正是沟通是否有效的关键。因为员工在收到你的指示的同时还要有个思考过程，虽然这个过程很迅速，但是，如果你说话的速度太快，遇到思考和反应速度稍微慢一些的员工，交流效果就会很糟糕。即使员工能够跟得上你说话的速度，听后也会感到很累；如果你的语速太慢，就会让听你讲话的员工很着急，有损你作为领导的形象。相反，如果你的语速有一定的节律，不太快，并且中间给员工的大脑一定的休息空间，这样的交流效果就会很好。所以，作为领导，说话时注意上下句之间的停顿，不仅可以使自己有思考下一句的时间，避免一些口误，也可以给员工思考和理解的时间。

在办公室里，你很容易见到这样两种人：一种是说话的语速极快，几乎没有停顿，一直说个没完；一种是说话不紧不慢，从容自如。有经验的人只要根据他们的语速就可以判断出前者是员工，后者是领导。大凡领导即使在说话的时候也能保持领导的风度，通过语速体现领导的权威，所以作为领导，一定要控制住语速。如果你的语速太快或者太慢都要注意及时纠正。那么如何才能做到这一点呢？

小刘刚被提升为部门经理没多久，就不断收到同事几乎相同的建议"说得慢一点儿"。客户也对他说"不好意思，请再重复一遍"。"别急，慢慢说。"在公司门口，遇到总经理，居然也得到这么一句建议。

"我说得并不快啊！"小刘心想，"我偷偷计算过了，别人说话的速度跟我差不多。为什么大家不觉得他们说话太快，却觉得我快呢？"

为了找到问题的症结所在，小刘决定向咨询师求助。见到咨询师后，他把情况详细地叙述了一遍。咨询师笑着说："我注意到了，你说话给人的感觉确实有点儿快，不过那不是真快，而是因为你的气有点儿急。"

"气急？"小刘不懂，"我一点儿也没有上气不接下气的感觉啊。"

咨询师笑笑，叫小刘坐下，然后从抽屉里拿出几张照片："来，先不谈说话的问题。你看，我刚从墨西哥回来，这么老了，还去爬玛雅人的金字塔呢，神不神？"咨询师指着其中的一张照片，只见那几乎只有45度的塔阶上，一群人手脚并用地往上爬着，咨询师正是其中一个。

"上去还好，下去可就恐怖啦。"咨询师瞪大眼睛，"因为往下看，每个台阶都一样窄，几百阶直通地面，一个不小心滚下去,就完蛋了。比起来，还是泰山好爬。"说着他又指着另外一张照片："你瞧，连我老伴都上了泰山。""泰山为什么反而好爬呢？不是'登泰山而小天下'吗？"小刘不禁好奇地问。

"因为泰山的石阶虽然很陡，可是每隔一段，就会有一块比较宽的地方，让你可以暂时休息一下，"咨询师指着照片说，"就算不小心滚下去了，因为有比较宽的地方可以缓冲，也好得多。"咨询师笑笑道，"你注意，凡是给人危险感的，像黄山的天都峰、玛雅的金字塔，都不是因为它高，而是因为中间没有留下让人缓口气的地方。"听到这里，小刘恍然大悟。

自从求得咨询师的帮助之后，小刘说话、演讲就不再给人急迫的感觉了。不论下属、同事还是他的上司，听了他的演讲以后，都会竖起大拇指：

"讲得太好了，不疾不徐，字正腔圆。"没多久，小刘就得到了上司的提拔。

如果把握好说话的语速，那么员工即使不是很理解你说话的内容，你的语速也能告诉他们你所表达的情感。因此，在说话时，语速的运用和处理起着很重要的作用。作为领导，掌握说话艺术就必须注意你的语速，做到"轻、重、缓、急"有度。

（1）轻。在说话时，一般表达平静、回忆、悲伤、缅怀的感情。

（2）重。在说话时，一般表达紧张、急剧、斥责、愤怒的感情。重音在语言表达中是一张"王牌"，准确地运用重音，对于增强语言的表达效果十分重要。重音一般分语句重音和感情重音两种。

语句重音，一般不太重，只不过是在原来词的音量上稍稍加重而已。但是，同样一句话，重音落的位置不同，这句话的意思也会不同。比如：

小王，请你把窗户打开。（是请你而不是别人）

小王，请你把窗户打开。（是开窗户，而不是开门）

小王，请你把窗户打开。（是打开，而不是关上）

感情重音是为了表达强烈的感情，对那些对表达感情起决定作用的词语、句子，甚至整个段落，相应加重音量。感情重音可使语言色彩更加丰富，情感更加饱满，感染力更加强烈。比如：

这是 3000 万块钱，你拿去吧！

这可是 3——万——块钱哪！

让人听起来，会有 3 万块钱比 3000 万块钱还多的感觉，这就是感情重音产生的效果。

（3）缓。在说话时，一般叙述平静、严肃、回忆的场面，表现悲伤、沉痛、缅怀的感情。

（4）急。一般叙述紧张、急剧、斥责、欢快的情节，说得比较快。

在说话时，要做到当轻则轻，当重则重，当缓则缓，当急则急。轻重缓急变化使用，让自己的语速有节奏感，铿锵有力，听起来让人感到舒服。

当然谈到语速就不能不说到与之密切相关的声调"抑、扬、顿、挫"。

（1）抑。在说话时，一般表现低沉、哀伤、回忆、忧愁的情感，多用压抑的声调。

（2）扬。一般表现高亢、兴奋、欢乐、激动的情感，多用高扬的声调。

（3）顿。表现换气、重点等，多用停顿。说话时为了突出某一重点，在此之前，短暂停顿一下。

林肯在每次演讲时，为了把重要的部分深深地印到听众的心里，他就把高高的身体向前略倾，两眼盯住听众，一言不发，几秒钟过后，突然把一个重要的内容强而有力地吐出来，让短暂的沉静和突然的一声巨响有机配合，使得演讲有声有色，会场气氛也得到了合理的调节。

（4）挫。有时为了强调、突出某一点，使音调突然降低。

在说话时，做到轻重缓急、抑扬顿挫，就会使你的语言表达感情充沛，以情动人。

林肯曾经说过，他不喜欢听刀削面式的、枯燥无味的演讲。当他听人演讲时，喜欢演讲者表现得像与蜜蜂在搏斗一样。也就是说控制语速并不是让你无原则地放慢，而是要根据内容的需要该慢的时候要慢，该快的时候就要快，自在随意而又跌宕起伏。

虽然控制语速并不难，但是却很重要。哪一个喋喋不休的女人，能表现出迷人的风韵？哪个一刻不停的男人，又能表现出领导的风采？紧张当中要有节奏，忙碌当中要有休闲。绘画时，在紧密当中要留个空白;歌唱时，在段落之间要吸口气。天下的道理其实都一样。就像爬山，别一直往前冲，走一段总要喘口气。如果你一个劲儿地念稿子，中间没有明显的顿挫，就会让人觉得气急。相反的，你可以讲得很快，但是如果遇到专有名词或者需要强调的地方都能稍稍放缓一点儿，在段落与段落之间都稍微作个停顿，或者轻轻点个头，微笑一下，听众就会觉得你很从容。

所以作为领导，在说话的时候切忌过快或者过慢。长时间说话过快会使员工感到烦躁，员工不容易全面细致地了解你谈话的内容，难以理解你谈话的某些言外之意；而说话太慢，则员工注意力无法集中，精神提不起来，达不到理想的效果。在说话时语速要做到快慢恰到好处，缓急适度，快而不乱，慢而不拖，快中有慢，慢中有快，张弛自然，错落有致。这样，便能显示出语言的清晰度和节奏感，使自己说的话不仅可以吸引员工注意力，更可以达到意想不到的谈话效果。

作为领导，控制语速的语言思维训练

1. 将自己说的话录下来，揣摩语速是否需要改进

2. 新闻播音员的语速

3. 成功领导人说话或者演讲的语速

4. 自我训练

通过自我训练让自己说话的语速快慢有致。具体方法是：找一篇300 字的文章，分别按以下 3 种速度进行训练：300 字 /90；300 字 /60秒；300 字 /45 秒。进行朗读时，无论语速如何，都要注意吐字清晰圆润，尽可能符合所读文章的情感要求和逻辑要求。

对与错，采取不同的交流方式

要想象领导一样地沟通，就必须清楚沟通的目的是从根本上消除隔阂，发现问题要从根本上使其得以根治，从而使问题得到圆满的解决，不要让它留下后遗症。正如俗话所说："智者千虑，必有一失；愚者千虑，终有一得。"任何人都有犯过失的时候，也有获得成功的时候。那么，面对正确或错误，作为领导，你应当如何处理呢？

作为刚刚被提拔为领导的你，如果受到上司的批评，或者同事的指责、员工的抱怨，将会怎么办呢？如果是在外企里面，西方人的习惯做法是，当他们遭遇此类问题时，通常会比较理性地看待自己的所作所为。检查一下，看看错的究竟是不是自己，如果发现确实是自己错了，就会坦率地承认错误，并且设法找机会向对方道歉；如果发现错的不是自己，就会理直气壮地据理力争。但是如果在中国的公司，你也采取这样的方法，就有可能吃亏。因为西方社会普遍具有一种平等的观念，他们以法为依托，只要是制定出来的条文原则就严格按照上面规定的执行，毕竟大家在这一条文原则下都是平等的。杜鲁门在担任美国总统的时候，在他的椭圆形办公室始终挂有一块牌子，上面写着"责任就在这里"。而在中国，这种情况却很少。

中国是一个人情社会，很多地方都是人情大于法。虽然口头上说是就事论事，而实际上还是把事和人联系在一起。当员工遭遇到批评、指责的时候，他考虑的可能不是"上司为什么指责我？是不是我的工作干得不称职？"

而是考虑"批评我的人是谁？他是什么身份？"对于上司，或者实力比他强、声望比他高的同事，他一般采取的办法是：如果真是自己错了，就赶紧道歉，并且设法得到对方的谅解；如果自己没有错，那就保持沉默，什么也不说。

当然这并不是说在中国没有直言的传统，古代敢于直言的领导官员也不少，但是那是需要很大的胆量的。

有一天，谏议大夫苏世长与高祖在高陵围猎，收获很多。高祖命令将捕获的禽兽陈列在旌门。高祖环顾四周后问众位大臣道："今天围猎，快乐吗？"苏世长回答说："皇上您错过了许许多多的猎物，今天围猎，不过收获 100 来只，不算十分快乐！"皇上吃惊得脸色都变了，但是随即笑着说："你疯了吗？"苏世长回答说："如果仅从我的角度来考虑便是发狂了，但如果从您的角度来考虑则是一片忠心呀！"

苏世长曾经在披香殿侍候皇上用餐，酒喝到高兴的时候，上奏道："这座宫殿是隋炀帝建的吧？为什么雕刻装饰这么像呢？"高祖回答说："你好进谏像个直率的人，其实内心狡诈。你难道不知道这座宫殿是我建的，为什么要假装不知道而怀疑是隋炀帝建的呢？"苏世长回答说："我实在不知道，只是看见倾宫、鹿台、琉璃等如此奢华，不像一位崇尚节约的君王所做的。如果真是您建造的，实在不合适呀！我是一介武夫，有幸能在这里陪侍，并且看见皇上的房屋能遮蔽风霜就已经足够了。隋炀帝因为竭尽奢靡，百姓不堪忍受而造反，您得到了江山，其实是对他竭尽奢靡的惩罚，自己也要不忘节俭呀。现在您在他的宫殿内又大加装饰，这样的话，想铲除隋朝的暴政，难道可能吗？"

苏世长是幸运的，他的多次进谏都被高祖虚心采纳，但是忠言逆耳，没有谁喜欢听。特别是在现代的社会里，如果你对于公司的人员的对与错不能采取有效的交流方式的话，很有可能使自己陷入人际交往的困境，很难在这个公司待下去，最终不得不另谋出路。

其实如果对方犯错误的话，最好的办法不是直言相告，而是通过委婉的话语暗示，这个暗示只需你和对方清楚就可以了，这样不仅保全了对方的面子，同时也让事情有个圆满的结局。

齐国贵族田婴，因齐宣王不喜欢他，所以想在自己的封地薛地筑城，发展私家势力，以备不测。人们纷纷劝阻。田婴下令任何人不得劝谏。这时，有一个齐国人请求只说 3 个字，多 1 个字情愿被杀头。田婴觉得很有意思，就请他进来了。这个人快步向前施礼说："海、大、鱼。"说完，转头就走。田婴说："你这话话外有话。"那人说："我不敢以死为儿戏，所以不敢再说话了。"田婴说："没关系，说吧！"那人说："您不知道海里的大鱼吗？渔网捞不住它，鱼钩也钩不住它，可一旦被冲荡出水面，成了蚂蚁的口中之食。齐国对于您来说，就像水对于鱼一样。您在齐国，如同鱼在水中。有整个齐国庇护着您，为什么还要到薛地去筑城？如果失去了齐国，就是把薛城筑到天上去，也没有用。"田婴听罢，深以为是，说："说得太好了。"于是，立刻停止了在薛地筑城的做法。

这种灵活、委婉的沟通往往会起到很好的效果，触龙说赵太后就是很好的例子。对于这种方法，作为领导应该予以重视。

试想作为领导，如果员工犯错误了，你批评他，他不但不听，反而还为自己的错误申辩，对于这样的员工，你的心里会是一种什么样的感觉？肯定会气得火冒三丈，大发雷霆。如果你的修养好一些，可能当场不会发作，但是你的心里却不会痛快，你可能迟早会找机会让他难堪。因为作为领导一般都习惯于接受道歉，而不习惯于申辩。你是如此，你的上司也是如此，这都是人之常情。有时即使你道歉了，上司可能还不一定接受，这时你就可以通过中间的媒介去取得上司的谅解，将问题彻底化解，以确保不留后遗症。

作为领导的你被上司批评了，如果自己确实有错误，不要辩解；如果没有错误，那就更不要辩解了，保持沉默才是上策。一方面，正如俗话所说："纸包不住火。"事情终有水落石出的一天，忍一时之辱，换长久之发展，还是合算的；另一方面，人都是有好奇心的，如果你保持沉默，上司的权威也得不到体现，他就会感到纳闷从而找你谈话，这时，他就会发现是自己错了。因为此时他的火气已经消了，所以他已经能够以平静的心情对待这件事。一定要注意的是，不要受西方文化的影响，当发现自己没有错时，就据理力争，迫使上司承认错误。从表面上看，你是赢家，但是从长远看，你可能会吃亏的。

对于与你职位相当的同事的错误，你最好保持沉默。如果两人的私交不错的话，最好在没有第三者的情况下，比较委婉地给对方指出来；如果只是普通同事，还是三缄其口的好。千万不要在公众场合批评对方的错误。否则，对方会反戈一击："我承认我的观点是错误的，难道你就一点儿错误都没有吗？"接着便会毫不留情地将你的错误也宣扬出来，最终让你也下不了台。如果对方有如此的言语，你也不要归罪于他，因为他想的可能是："不要以为我不知道你犯的错误，其实我早就知道，只不过为了顾全你的面子，不说出来而已。想不到你如此不识抬举，公开指责我的错误，让我下不了台。既然你无义，就别怪我无情。"从而对你来个"以其人之道还治其人之身"，最终可能导致两败俱伤。

有错误不是不可以说，但是不能在公开场合说。这是人际交往中的规则。如果你违反了这一规则，不仅当事人不会买你的账，还会将自己和你对立起来；而且即使是旁观者也会认为你的做法不可理喻，可能在以后就和你小心相处。因为你说话只为自己，从没有顾及他人的感受，没有为别人考虑过。正所谓凡事要将心比心，设身处地地为他人考虑。

如果确实是自己错了，一定不要辩解，否则只会越描越黑，让自己更加尴尬；如果错不在自己，在辩解之前，也要首先考虑一下结果，看是否会影响到与上司或者同事之间的关系，也就是说无论做什么事情都要从长远考虑，不要为争一时之气而斤斤计较。因为在你想辩解的同时，对方往往也在想方设法弄清事情的真相，既然如此为什么不等对方查出真相自然化解问题，也显示了自己的宽容胸怀。

无论谁对谁错，事情已经发生，想避免已经是不可能的了，但是作为领导，如果你能够适当地采取不同的交流方式，就一定能够有效挽回损失。

作为领导，不同的交流方式的语言思维训练

1. 塞翁失马，焉知非福

有时不去辩解，不仅可以赢得对方的尊重，甚至可以获得一位良师益友或者提携自己的上司。

2. 设身处地为对方考虑

3. 明哲保身，求长远发展

4. 三思而后言

第 2 节　突破沟通的障碍

地位的差异

公司内部的管理人员有 90% 的工作是沟通，是和人打交道，只有各方面的人际关系都处理到位，你的工作才能顺利地开展。但是由于地位差异、情绪影响以及信息反馈等种种原因，在进行沟通的时候往往会遇到这样或那样的障碍。作为领导，你应当如何去认识这些障碍，又将如何突破，从而推动自己的事业更进一步地发展呢？

或许在种种障碍中，最大的障碍就是地位上的差异。在下属看来，领导都是高高在上的，所谓"不怕县官，就怕现管"，"官高一级压死人"，中国人似乎自古就对上级领导有一种敬畏的心理，不敢接近；而在作为领导的看来，下属不来和我沟通，我作为领导反而去和他沟通，觉得很没面子。如此一来，双方之间的距离越拉越大，等到出现问题时，又相互埋怨，然而却是亡羊补牢，为时已晚。作为领导，你如何突破这一障碍呢？

一、采取主动

既然你已经坐在了领导的位置上，也就决定了凡事你最好采取主动，即使是与下属沟通也是如此。所以作为领导，你不要总是坐在自己的办公室里。英特尔的总裁为了与下属自由沟通，特意为自己安排了两张桌子，一张摆在总裁办公室里，另外一张摆在外面，与员工的办公区在一起。如此一来，员工有什么问题都可以找他进行沟通，这或许也是英特尔能够迅速崛起的重要原因吧。

在苏州有个著名的吴宫喜来登酒店，这个酒店的外籍总经理是荷兰人，他给自己取了一个中国名字，叫荷恩天。可以说作为一个酒店的经理，没必要事必躬亲，但是这位荷兰总经理并没有待在办公室里。为了让这个酒店能够真正像个五星级的酒店，他不管是早晨还是中午、下午还是晚上，都在进进出出，每天上上下下大概有 30 次。当然沟通并不只是语言的沟通，也包括身体语言的交流。在酒店这种特殊的场合，他平时很少讲话，但是他一直不停地用手与自己的员工沟通交流：当一个大堂副经理站的位置不对时，他的手马上就指过去；吃自助餐时，一个炊具没有摆好，他的手也马上指一下；当一个小姐的声音太大、动作太慢的时候，他同样用手指挥一下。他就这样上上下下地跑，连游泳池他都站在那里看，用手在那里指。

现在吴宫喜来登酒店已经是长江三角洲地区做得最好的酒店，这和这位荷兰经理与员工的近距离沟通是分不开的。沟通说白了也就是人与人之间的交流，只要作为领导的你经常在员工办公的区域走走，怎么还会为与员工之间的沟通发愁呢？

二、沟通的语言要通俗

在与下属进行沟通的时候，一定要注意沟通时语言的实用性，不要卖弄风雅、故作高深，更不要说对方听不懂的术语。

有这样一个小故事：有一个秀才去买柴，他对卖柴的人说："荷薪者过来！"卖柴的人听不懂"荷薪者"（担柴的人）3个字，但是听得懂"过来"2个字，于是把柴担到秀才前面。秀才问他："其价如何？"卖柴的人听不太懂这句话，但是听得懂"价"这个字，于是就告诉秀才价钱。秀才接着说："外实而内虚，烟多而焰少，请损之。（你的木材外表是干的，里头却是湿的，燃烧起来，会浓烟多而火焰小，请减些价钱吧）"这时候卖柴的人可是一句也听不懂了，于是他担着柴，转身就走了。

作为领导，平时最好用简单易懂的语言去和下属进行交流，因为当对方听不懂你说什么的时候，在一般情况下是不好意思问的，因为每个人都是有自尊的，询问往往表明自己的无知。虽然事实上并不如此，但是中国的文化造就了这样的思想。另外，对于说话的对象、时机要有所掌握，有时过分的修饰反而达不到预期的目的。

三、语言灵活，不拘泥于原则

既然人属于社会，那就势必有沟通的欲望，只不过由于受种种成文或者不成文的原则所拘束，从而导致作为领导的你与员工之间产生了一定的距离。当然，并不是距离不好，但是凡事都有个度，过度地注重原则，往往会加深你与员工之间的隔阂。所以你在平时与员工沟通的时候，最好不要过多地拘泥于所谓的原则，比如给员工以宽松的时间，上班或吃饭时间较有弹性，偶尔迟到10多分钟也不过问。因为即使你过问了，除了表明你的领导身份，听到泛滥的借口，剩下的可能就是员工对你的抱怨以及工作的低效率，严重的还可能将这种抱怨传染给其他员工。不要在众人面前责骂下属，这样才能顾及下属的自尊心，从而赢得下属的忠心；与下属同喜同悲，对家有喜事的表示高兴，对家遇不幸的给以同情，最能加深与下属的感情；留意每一个下属，不论高级低级，只要工作得好，都一样加以赞赏；保持亲切的笑容，下属最怕看见领导时常板脸，令人望而生畏。不要因为地位的差别而让员工见了自己就像是耗子见了猫，千方百计地躲避你。

四、传达命令恰到好处

作为领导，你的一个重要职责就是给下属安排工作。如何确保自己的命令和指示准确无误并让员工切实遵照执行，从而高效地完成任务呢？

首先，下达指令的语气应谦逊有礼、温和而不失严肃，这比颐指气使或屈尊俯就的态度更容易让人接受，也更能让下属将工作做得更好。例如，不要对员工说："现在你能抽点儿时间解决这件事吗？你知道，这件事很急。"但也不要哀求员工："这件事实在无人可做，只有靠你帮我了。"其次，向员工提出工作要求时，应当明确自己需要什么以及什么时候需要，同时也要让员工明白自己要完成的任务和要求达到的标准。指定完成的期限也要明确一点儿，例如"请在下周一以前将解决方案呈交上来"，"星期三有客户前来参观，请各部门做好准备工作"。最后，定期检查和监督员工工作进度是必要的，但不要冲进员工的办公室劈头盖脸地问："怎么还没有完成？"而应采取一种和蔼的态度，亲切地拍拍对方肩头，以示鼓励。经常询问员工的工作进展或有什么困难，既可激励员工又可及时了解自己指派的任务完成得怎样了。

作为领导，在与员工沟通的时候，自己首先要主动突破地位的差异，不要只站在自己的立场上，希望别人能够理解自己，而忽略了别人内心的想法；不要经常觉得自己是正确的，谁都应该听自己的，或者爱用自己的标准去要求别人，从而给人"以自我为中心、盛气凌人"等不好的印象，而要站在别人的立场上去想问题，考虑自己的利益，也要考虑别人的利益。

作为领导，在地位有差异时的语言思维训练

在沟通的时候一定要注意，虽然你与对方可能有地位上的差距，但是彼此都是人，是有感情的人，而不是机器，所以无论发生什么，最好用同理心站在对方的角度考虑一下。

1. 主动与员工进行交流，展示自己的诚意

这样就可以将主动权把握在自己的手里。

2. 用通俗易懂的语言进行沟通

权威性的语言可以用，但是要注意场合；多数时候，让对方容易接受的语言会比权威性的语言所达到的效果要好。

3. 灵活沟通

中国是个人情的社会，如果伤了感情，一些事情可能就没有回旋的余地；相反，如果感情好了，一切都好办。

情绪的影响

作为领导，情绪可能影响着你事业中的大多数关键环节，你的冷静、沉着、公正、周到、全面、坚定的谋略与虑事思维都与情绪的控制力直接相关。当然也包括沟通。在与员工沟通的过程中，情绪不仅影响你做出正确判断的能力，也决定你的意志信息的正确传递。如果不能合理调控自己的情绪，就会影响到你的有效沟通，甚至成为你与员工沟通的一种无形的障碍。作为领导，你如何处理自己的情绪影响呢？

作为领导，与他人沟通的时候，最容易受到情绪上的干扰。毕竟人都有脾气，尤其是做到领导的时候，压力会更大，心情也常常不好。但是作为领导你有责任也有必要控制自己的情绪，即使是在最困难的环境之下。

在一次与敌军作战时，拿破仑遭遇顽强的抵抗，队伍损失惨重，形势非常危险。拿破仑也因一时不慎掉入泥潭中，弄得满身泥巴，狼狈不堪。可此时的拿破仑浑然不顾这些，内心只有一个信念，那就是无论如何也要赢得这场战斗。只听他大吼一声："冲啊！"他手下的士兵见到他那副滑稽模样，忍不住都哈哈大笑起来，但同时也被拿破仑的乐观自信所鼓舞。一时间，战士们群情激昂、奋勇当先，终于取得了战斗的最后胜利。

作为领导，在任何危急的困境中都要保持乐观积极的心态，以此来控制自己的情绪。尤其作为更高层次的领导人物，你的情绪可能感染到无数你接触到的人，有没有乐观自信的情绪直接影响到你的公司的成败，更不用说与员工的沟通。作为领导你不只是要告诉员工如何去做，更重要的是用自己的情绪去影响激发员工的潜力，朝共同的目标奋勇直前。

在中国历史上，唐初谏议大夫魏征以敢于向皇帝直言进谏著名。不管什么时候，只要唐太宗有不对的地方，魏征就会据理力争，进行劝说，即使唐太宗因此而大发脾气，他也毫不畏惧，照旧慷慨陈词。魏征如此毫无顾忌地屡次逆龙鳞，唐太宗怎么能够容忍呢？况且魏征以前还是他的哥哥李建成的谋士。李世民发动"玄武门兵变"，杀死哥哥李建成。李世民曾就非常生气地责问他："你为什么要离间我们兄弟的感情？"在场的大臣们都感到魏征将有杀身之祸。可是，魏征却从容自若，以非常自信的口气回答说："如果皇太子早听我的话，肯定不会落到今天这样的下场。"李世民听后，被魏征这种不畏强权及正直的精神所感动，打心眼里钦佩他的人格。因此，不但没有处罚他，反而重用了他。不久，李世民即位，委任魏征为谏议大夫，以后又提拔他当宰相。其实唐太宗之所以能够容忍魏征，除了他原有的包容之心外，还有一个主要的原因就是：每次当魏征讲完话的时候，唐太宗都出去散步。为什么呢？有个侍臣不解地问他："皇上，为什么每次魏征讲完话，你都出去散步？"唐太宗说得很简单："我怕我会杀了他。"唐太宗作为一代帝王，尚且能够放下帝王的九鼎之尊，通过出去散步、进行深呼吸来调节自己的情绪，从而保持和臣子的有效沟通，现在你作为一名领导，又为什么不能够通过散步等方式调控自己的情绪，从而达到与员工更好地沟通呢？

正如亚里士多德所说："问题不在情绪本身，而是在于其表现方法是否适当。"各式各样的困扰之源并不在情绪，关键在于你能明白妥善处理情绪的重要性。成功的领导之所以能够成功，关键就在于他们能够有力地控制自己的情绪，使自己与他人的沟通畅通无阻。

一天，陆军部长斯坦顿来到林肯那里，气呼呼地对他说一位少将用侮辱的话指责他偏袒一些人。林肯建议斯坦顿写一封内容尖刻的信回敬那家伙。"可以狠狠地骂他一顿。"林肯说。斯坦顿立刻写了一封措辞强烈的信，然后拿给林肯看。"对了，对了。"林肯高声叫好，"要的就是这个！好好训他一顿，真写绝了，斯坦顿。"但是当斯坦顿把信叠好装进信封里时，林肯却叫住他，问道："你干什么？""把信寄出去呀。"斯坦顿有些摸不着头脑了。"不要胡闹。"林肯大声说，"这封信不能发，快把它扔到炉子里去。凡是生气时写的信，我都是这么处理的。这封信写得好，写的时候你已经解了气，现在感觉好多了吧？那么就请你把它烧掉，再写第 2 封信吧。"

所以作为领导，即使是很情绪化，也不用过多地担心，你可以像林肯那样通过写信发泄，也可以在作一个重要的、可能会让人痛苦的决策的时候，尽量将这个决策锁在抽屉里一晚上，第 2 天再拿出来。经过一个晚上，你的情绪就会稳定很多，再回头看看昨天的决策，可能连你也会对自己的言行感到好笑。

有一次，一位总经理要解雇一个车间主任，因为他做了一件几乎不能原谅的事情。报告写好后，总经理知道自己的脾气不好，于是将它塞到抽屉里面，他想：第 2 天上班的时候，如果还是这样的想法，只要一交代人事部门，那个车间主任 1 个礼拜之内就要离开。第 2 天，总经理将昨天的报告拿出来再看时，却发现处罚得太严重了！于是悄悄地毁了这份报告。全公司没有人知道这件事情，事情就这样过去了。其实这个车间主任是个不错的人，他的能力非常强，是公司里少有的优秀干部。

作为一名优秀的领导者，不仅自己是一位情绪控制的高手，还能够调控下属的情绪，在组织中建立和发展成熟的情绪能力。既然你已经坐在了领导的位子上，那就不仅要调控好自己的情绪，使其不成为你与员工交流的障碍，同时还要处理好你的员工的情绪。毕竟作为领导，和员工难免会产生这样或那样的矛盾，有的员工会产生不满甚至敌对情绪，如不妥善解决，不仅会影响你与员工的沟通，严重时还会影响整个公司的氛围。那么作为领导，又该采取什么方式来对待员工的情绪，从而达到双方的有效沟通呢？

（1）如果是由于你对员工的不公平而导致他有情绪，有类似情绪的员工，往往性情直白，总是觉得别人让自己受了委屈，自己没有得到平等的对待。他们虽然攻击性比较强，但是他们往往就事论事，所以只要你能够及时找他谈话，切实解决他不满的实际问题，就可以突破情绪的障碍，让双方达到有效沟通。但也要注意不要变成"爱哭的孩子有奶吃"，而引起其他员工的不满与嫉妒。

（2）有的员工天性喜欢自由，不愿受拘束，喜欢按照自己的时间安排从事创造性工作。这类员工经常是不服管束、不守规矩，甚至迟到、早退，可能许多时候也会因此而受到你的批评，他们也会因此而产生不满情绪。这样的员工一旦与你产生抵触情绪，往往会有短时间爆发的强烈愤怒和逆反心理。如果这种情绪得不到处理，则可能发展为长期磨洋工。因此，当遇到这种情况时，你作为领导千万注意不要陷进他们的逻辑，对其进行严厉的批评，而是要以平和镇静的态度找他们谈心。只要感觉到有人理解自己，他们即使有再大的情绪也是很容易沟通的。

（3）如果员工是因为工作业绩差，被你指出后心存不满而情绪低落，他们可能不会大吵大闹，也不会故意找别扭，而是用一种"我就是不行"的方式来回避矛盾，用工作业绩每况愈下来表达不满。如果你还不想或者不能炒他们的鱿鱼的话，就需要缓和与他们之间的关系，如理解、支持、鼓励等。如果大加批评，伤了他们脆弱的自尊心，他们甚至会选择请病假来逃避，就会进一步加大沟通的障碍，有时甚至可能使双方关系进一步恶化。

作为领导，突破情绪影响障碍的语言思维训练

1. 培养积极乐观的精神，克服情绪低落
2. 在情绪不稳定时，出去散散步
3. 情绪不稳时，不要急于对重大事情作决策

信息的反馈

从你走上领导岗位的那一刻起，就决定了你所接受的信息已经不再像你做员工时那样只是周围少数几个人的信息。现在由于身份的变化，很多信息可能就会铺天盖地而来，真真假假、假假真真地混淆在一起，这时作为领导的你就需要在不断的实践中锤炼自己，让自己不至于淹没

于信息的汪洋大海之中。那么作为领导,你可能会遇到哪些信息反馈障碍,又应当如何有效地去应付呢?

有些领导在找下属谈话的时候,往往还不等对方对自己所说的话有所反馈,就结束谈话。所以虽然经常找员工谈话,但是效果却不是很理想。交流是双向的,那种没有反馈的沟通,实际上就是做无用功。

在军队的炮兵有一个训练项目是操炮,就是一个炮兵把炮弹递给另一个炮兵,让他装进炮膛。指令规定,将炮弹送过去的炮兵要说"好",接炮弹的炮兵也要说"好",这样才可以把手松开。如果没有听到"好"、"好"2个字炮弹就上膛了,士官长就会走上去,给以严厉的教训。因为在操炮时,炮兵若保持沉默,炮弹一不小心掉到地上,就有可能发生不可想象的后果。炮兵操炮过程的要求,其实是最简单的信息反馈。送炮弹的炮兵说"好",就是说我准备放手了;接炮弹的炮兵说"好",表示你可以放了。整个过程在信息的反馈中圆满完成。

当前造成公司内部信息反馈障碍的最大原因可能就是公司机构设置的不合理。由于这种设置不合理的存在,使各部门之间职责不清、分工不明,从而导致信息在反馈的过程中失真,甚至被歪曲。面对这种情况,你该怎么办呢?美国总统艾森豪威尔对信息反馈的处理方法可能会给你以启示。

二战结束后不久,欧洲盟军总司令艾森豪威尔出任哥伦比亚大学校长。当他计划听取有关部门汇报时,副校长考虑到系主任一级人员太多,就只安排会见各学院的院长及相关学科的联合部主任,每天见两三位,每位谈半个钟头。在听了十几位先生的汇报后,艾森豪威尔把副校长找来,不耐烦地问他总共要听多少人的汇报。副校长回答说共有63位。艾森豪威尔大惊:"天啊,太多了! 先生,你知道我从前做盟军总司令时——那是人类有史以来最庞大的一支军队——我只需接见3位直接指挥的将军,他们的手下我完全不用过问,更不需接见。想不到,做一个大学的校长,竟要接见63位主要的首长。他们谈的,我大部分都不懂,又不能不细心地听他们说下去,这实在是糟蹋了他们宝贵的时间,对学校也没有好处。你订的那个日程表,我看还是取消了吧!"

后来艾森豪威尔当选了美国总统。一次,他正在打高尔夫球,白宫送来急件要他批示，总统助理事先拟定了"赞成"与"否定"2 个批示，只待他挑一个签名即可。谁知他一时也不能决定，便在 2 个批示后各签了个名，说道："请狄克（当时的副总统尼克松）帮我批 1 个吧。"然后，就若无其事地去打球了。

中国有句俗语叫作"各司其职，各负其责"，既然设置了各种不同的岗位，每个岗位上的领导把自己的"责任田"精心地维护好，相信各方面的沟通也就有条不紊了。许多领导或许是因仰慕诸葛亮而受其影响，事必躬亲，凡事都要亲自过问，唯恐有自己不知道的。而实际上，人的精力是有限的，作为领导，如果你什么都懂，什么都能做，还要设那么多岗位干什么。让你的具有不同专长的各个下属负责不同的工作领域，把他们的处理结果汇报给你，这样不仅使信息得到分流，你也不会在泛滥的信息中迷失方向，从而达到有效地沟通。

与艾森豪威尔所取得的效果相反的是关于二战时期日军突袭珍珠港的事情。1942 年 4 月，也就是日本偷袭珍珠港后的第 2 年，罗斯福总统在他的档案里面突然发现了一份令他震惊万分而又懊悔不迭的文件。原来在日本偷袭珍珠港、发动太平洋战争之前，中国情报部已经破译了日本的情报，并且及时地将这一情报传给了盟国美国，谁知这么重要的一条信息却淹没在了一大堆的档案里面。信息反馈的障碍导致沟通不能正常进行所造成的损失，有时是无法估量的。

通常情况下，对于反馈过来的信息，一定要注意以下几点：

（1）谨慎对待具有相反意见的信息

对于与自己相反的意见，你可能总是抱着抵触的心理，这就可能造成员工即使有什么好的建议也不敢提的后果，因为在你那里不允许不同的意见存在。很多报告上都是 2/3 的篇幅讲功绩，1/3 甚至更少的篇幅讲不足，可能就是明证。实际上，无论在什么场合，存在不同的意见是在所难免的，而这些不同的意见往往会使你的决策更加完善。所以对待相反的意见，一定要谨慎考虑，而不要一概予以否决。

（2）为信息反馈营造良好的氛围

人与人之间发生冲突在所难免，所以我们要尽量使用沟通技巧，解决这种冲突。可能在西方的公司管理当中，有什么意见都可以讲，不用考虑什么对与错。而在中国的公司如果有什么意见的话，往往都闷在心里不说，从而使传递出去的信息得不到有效的反馈，出现的错误也得不到及时的纠正。所以，作为一名领导，应该注意在自己的周围营造一种良好的信息反馈氛围，不但要鼓励员工提出不同的意见，而且还要让那些合理的信息反馈成为一种习惯。

（3）拒绝安静，加强信息反馈的力度

一个过于安静的公司，往往缺乏一种朝气与活力，信息的反馈也就不可能畅通。正如一位成功的领导所说：公司太安静不好，没有意见的公司永远不会有很好的创意。

所以如果你想让公司得到长足的发展、壮大，就要鼓励大家进行信息反馈，特别是不同的意见。真理越辩越明。开会的时候要经常站起来请大家畅所欲言，自由交流，做到知无不言，言无不尽。一定要注意，有效的沟通不像在咖啡馆喝咖啡那么简单，那是达不到目的的。如果你想得到有效的信息反馈，真正与下属进行沟通，了解你的企业存在的问题，制订正确的目标，就必须加强信息的反馈力度。不要担心大声说话会有失风度，而要尽情地大声争论、激烈地讨论，只有这样，才能让每个人都以积极的态度加入其中，最终讨论出合理的方案。

世界闻名的亨利公司的一个分公司一度非常糟糕，几乎只有一个部门在赢利，其他的部门都在花钱。就在这个公司濒临破产的时候，总部决定派亚特去担任总经理。没有调查就没有发言权，要想收拾这一残局，亚特必须了解分公司的全部情况以及员工们的真实想法，他知道必须通过会议了解情况，也必须通过会议让人们达成一致。但是他也知道那种温文尔雅的交流方式并不能达到自己的目的。那么如何才能营造一种有效的对话氛围从而达到自己的目的呢？于是他多次召开总经理会议，而且明确地告诉所有在座的部门经理，他需要的不是所谓的教养、绅士风度，如果大家不想失业的话，就畅所欲言吧。因为关涉到每个人的利益问题，大家各抒己见，整个会议室乱糟糟的，部门经理们都大声争辩着、叫喊着，脸涨得通红，指手画脚，几乎要大打出手。这种情形一直持续了几天的时间，直到事情有了眉目……这样的情形在分公司持续了好几年。部门经理、各级主管以及员工只要是对公司的决策有什么意见，都会走进亚特的办公室，大叫大嚷，直到达成共识。就是通过这样的一次次的争吵和争论，分公司收缩战线，集中经营，通过品牌打出自己的市场，重振雄风。经过 10 年的努力，这个分公司终于成为亨利公司的一张王牌。

作为领导，突破信息反馈障碍的思维训练

1. 学会倾听

不给下属说话的机会，哪有信息反馈的可能。

2. 学会分权

为了避免信息泛滥而导致信息麻木，从而错过有利信息，对应当下属做的，要大胆放手让下属去做。

3. 营造理想氛围

如果失去氛围，信息反馈就会显得很艰难。

第3节 到底该怎么说

避免大多数以"我"为开头的语言

当走上领导岗位的时候，要学习像领导一样沟通，这不仅需要突破沟通的障碍，更重要的是要知道话究竟该怎么说。因为在掌握了沟通的原则之后，真正进行沟通时还是用语言交流。而语言又是由句子构成的，因此你就要学会如何用句子表达才更像是领导。作为领导，说话时首先要学会的应该是避免大多数以"我"开头的语言。

有这样一个故事：一个刚上任的车间主任，在第一次对员工讲话时，大量地运用了这样一些句式："我听说……"；"我希望……"；"我对……感到很高兴"；"我坚信……"；"我向大家保证……"；"我曾经……"；"我强调……"；"我最近发现一个现象……"；"我不能想象……"；"我希望……"；"我愿意和大家一起"。原本是一次很有鼓舞性的谈话，但是由于几乎每一句都以"我"开头，整个谈话也都被"我"所充斥，不仅使原本很有力量的语言失去了应有的说服力，而且给人以很自我的印象，似乎不考虑他人的感受，这样当然也就很难获得员工的支持。

那么作为领导，究竟应该如何做呢？

现在来看看下面的几句话：

我不同意你的看法。

你错了。

我喜欢那个想法。

我希望你能够准时完成这项任务。

我对你的工作表现很满意。

我将会带领公司走向成功。

我不会屈服，我不会放弃，我不会停止奋斗……

看到这些句子你可能会感到很亲切，因为这几乎都是你平时经常用到的，已经成为你的语言习惯的一部分。当然这些句子没有任何语病，在语法上也无可指摘。但是作为一名领导，如果这样说话，就会显得以自我为中心，不仅给人以强烈的控制欲的感觉，同时也削弱了你说话的力量。那么这些话究竟如何说才不仅能达到预期的效果，又能显示你的领导权威呢？

"我不同意你的看法。"言外之意就是你错了。作为领导，在说话特别是在进行批评性或反对性的谈话时，一定要把握"针对事而不是针对人"的原则。而"我不同意你的看法"与"你错了"这两句话，正是违反了这一原则，过于针对个人，像是在审讯而不是平等地谈话，好像要把人一棒子打死，这就使下属潜意识里产生这样一种防御的心理：领导说我错了，我错在哪里了？是不是故意找我的茬？在这种心理的作用下，如果你想与他作进一步的交谈，那就很难了。谈话的最高境界在于"润物细无声"，让对方在不知不觉中接受你的观点。那么对这两句话作怎样的修改才合适呢？

"我不同意你的看法"，首先要让对方清楚，你反对的是他的意见而不是他的人，这一点很重要，所以你必须在所说的话里明确自己具体反对的是什么。如果反对的是一套计划方案，你就可以直接说"这套计划方案……"修改以后虽然仍然保留了反对意见，但是却避免了过于不友好的语气，没有怨恨，而且没有丝毫的人身攻击，也就为双方谈话的继续提供了可能。

同样，"你错了"这句话只要一出口，对方马上就会毫不犹豫地、本能地加以防御，因为这是最不友好的语句的典型，更是赤裸裸的人身攻击。这里面缺少了具体的事件，如果是一份进货报告书，你最好改为"那份进货报告书的时间（进货数量、货物名称）错了……"，以一种客观的立场进行评价。

"我喜欢那个想法。"这句话听起来似乎有些幼稚，不像是领导语言。如果改为"那个想法不错"，不仅表达了自己对它的认可，也使语言表达显得坚定有力，更是对下属能力的一种赞赏。

当"我希望你能准时完成某事"这句话脱口而出的时候，可能你并没有意识到这句话所潜在的问题。你给下属传达指示的时候，他一定是站在你的对面，这是其一；其二，"准时"表达太含糊，具体是什么时间？这都让对方觉得你表达的重点是他本人，而不是具体的事。所以这时最好将这句话改为"那份报告必须按时完成"或者"那份报告必须在本周三放到我的办公桌上"，如此，你的要求就变得非常明确，下属领会得也就会更深刻。

以"我"为开头的句子，不仅削弱了你说话的力量，而且让人觉得你想用语言来控制别人。但是有控制就有反抗，所以要尽量减少甚至避免以"我"开头的句子。当然，如果你是在谈论自己则属于例外，这时运用以"我"开头的句子会使你的谈话更有权威性，更容易使人信服。另外，如果你要对别人进行语言上的控制或者压制，就可以运用以"我"开头的句子，否则，表现出来的就是缺乏自信，或者还没有形成自己的语言风格。但是如果你想培养自己的自主权，使自己的语言既能达到预期目的又充满人性，让下属听完以后，内心充满激情与力量，那就不要运用以"我"开头的句子。

你可能会说马丁·路德·金在《我有一个梦想》的著名演讲中不是每段都以"我有一个梦想"开头吗？但是如果你仔细揣摩这篇演讲，就会发现"我"所具有的象征性意义——"我"所代表的并不是马丁·路德·金本人，而是所有渴望平等的人。可能在任何一篇成功的领导的演讲词里，你都很少能够发现以"我"开头的句子。例如林肯的葛底斯堡演讲：

"87年前，我们先辈在这块大陆上创立了一个新国家，她不仅孕育了自由，而且献身于一种信仰：人人生而平等。

"我们正从事一场伟大的内战，以考验这个国家，或者任何一个孕育于自由和奉行上述原则的国家是否能够长久存在下去。我们在这场战争中的一个伟大战场上集会。烈士们为使这个国家能够生存下去而献出了自己的生命，我们来到这里，是要把这个战场的一部分奉献给他们作为最后安息之所。我们这样做是完全应该而且非常恰当的。

"但是，从更广泛的意义上说，这块土地我们不能够奉献，不能够圣化，不能够神化。那些曾在这里战斗过的勇士们，活着的和去世的，已经把这块土地圣化了，这远不是我们微薄的力量所能增减的。我们今天在这里所说的话，全世界不大会注意，也不会长久地记住，但勇士们在这里所做过的事，全世界却永远不会忘记。毋宁说，倒是我们这些还活着的人，应该在这里把自己奉献于勇士们已经如此崇高地向前推进但尚未完成的事业。倒是我们应该在这里把自己奉献于仍然留在我们面前的伟大任务——我们要从这些光荣的死者身上吸取更多的献身精神，来完成他们已经完全彻底为之献身的事业；我们要在这里下定最大的决心，不让这些死者白白牺牲；我们要使国家在上帝福佑下得到自由的新生，要使这个民有、民治、民享的政府永世长存。"

这篇演讲词里，林肯以"我们"代替了"我"，拉近了与听众之间的距离，从而让人产生亲切感。

作为领导，避免以"我"为开头的语言思维训练

1. 变换下列句子，不以"我"为开头

(1) 我对你的工作表现很满意。

(2) 我将会带领公司走向成功。

(3) 我不会屈服，我不会放弃，我不会停止奋斗……

2. 在开会时，将自己的话录下来，看看有多少以"我"开头的句子

避免使用模糊限制语

每个人都有自己的说话方式，所以在相互的交往中也就很容易引起理解上的障碍。但是正如亚里士多德所说："语言的准确性，是优良风格的基础。"作为领导，在与员工进行交谈的时候，如果过多地使用模糊限制语，不仅影响你与员工的沟通，也会有损你的领导权威。

很多的领导与员工谈话，在讲到某个问题的时候，往往喜欢用诸如"考虑考虑"、"研究研究"、"看看再说"之类的话，而且这似乎已经成为许多领导的说话习惯中的一部分。这一类词语的确可以在你遇到很难回答的问题时给你解围，但是如果你用的次数太多，就会让人对你的领导能力产生怀疑。况且，在当前，诸如此类的模糊词语已经被大家用得很滥，已经成为含糊其辞、推卸责任的代名词。员工一听你的这句话，心里就已经清楚，自己和你谈的问题毫无希望。时间久了，员工也就很难对你说出心里话。所以对此类的词语要尽量避免使用。

很多的领导选择模糊限制语，和当下很多书籍引导人圆滑地为人处世有关。他们认为使用模糊限制语的方法是相当高明的。在拒绝时，他们对员工提出的问题不作明确的肯定或否定，而采用模棱两可、似是而非的语言给予答复，让员工摸不着头脑，不知他们是赞成还是反对；或者故意偷换概念，转移话题，不对问题作正面回答；或者干脆置之不理。模糊限制语在你想拒绝员工的时候可能很管用，但是作为领导，如果你的指令过于含糊不清，一旦员工一时领会不透你的真实含义，岂不误事？你的说话艺术再怎么高明，达不到一定的效果，又有什么用呢？作为领导，说话需要一定的艺术技巧，但是最重要的还是要达到一定的目的。目的决定方式，达不到目的的说话艺术，也只能是花拳绣腿的把戏而已，中听不中用。

一些领导之所以使用模糊性限制语，是因为他们对问题的答案心中没底，根本不知道自己在谈论什么，所以不得不使用一些诸如"大概"、"也许"、"可能"之类的模糊限制语来缓解自己的心理压力，甚至遮掩自己的无知。另外还有一些领导不想回答对方的问题，但是又不好拒绝，所以在回答的时候常常含糊其辞，话中有话。这种情况往往针对有敌意或者实在是不便于回答的问题。它往往表明你对自己所谈论的事情并不肯定，或者你不愿意去支持甚至不相信自己正在谈论的事情，这通常是在逃避一些实质性的问题。而这又往往是员工所深恶痛绝的，因为他们需要的是力量、权力以及他们可以听得懂的观点。而作为领导的你，却总是在说话的时候使用那些模糊限制语去限制自己的说话，其意义何在？真正掌握了高超的说话艺术的领导，是不会随意地使用那些模糊限制语的。

在一次记者招待会上，一位西方记者曾经讥讽地问中国当时的总理周恩来："请问，中国人民银行发行了多少人民币？"周总理深知对方是在讥笑中国的贫困，如果实话实讲，自然会使对方的计谋得逞，但是又不好直言"无可奉告"，于是答道："中国人民银行的货币资金有18元8角8分。"稍作停顿，他接着解释说："中国银行发行面额为10元、5元、2元、1元、5角、2角、1角、5分、2分、1分的10种主辅人民币，合计为18元8角8分。"在这里同样是针对无法拒绝的问题，周恩来没有用任何的模糊限制语就巧妙地避开了对方的话锋，让那位记者不得不惊叹、佩服周恩来的机智敏锐。此时如果周恩来说出"可能"、"好像"、"我觉得"之类的模糊限制语的话，可能损害的将是他的领导形象。

或许正是没有意识到模糊限制语对你的领导权威的影响程度，所以你才如此频繁地使用模糊限制语。比如说，当你在使用"基本上"这个短语的时候，是在向员工暗示：你比他更聪明、更明智。它表明你有比现在所说的更高明的意见，但是限于对方的理解水平，你将其概括得更加简洁易懂了。这个短语的确是显示了你的强势，但是却会使员工感觉受到了伤害，虽然你可能并非有意。诸如此类的缺乏说服力的模糊限制语听起来只能让人感到愚蠢可笑，而不可能像你想象的那样，是一种软化对方的最好方式。因为这些短语往往会在关键的、严肃的时刻大大地削弱你作为领导所表现出来的诚意，从而伤害对方的感情，对你来说，却没有任何帮助。即使你确实是非常认真的、充满感情的，但是你的模糊限制语却会使这些大打折扣。

下面是一些常见的模糊限制语，看看经常用的有哪些？在所列短语的后面写出自己使用的原因。

可能

基本上

我知道

我想

似乎

我想知道

以上这些模糊限制语的使用，很容易遮掩你的真实想法的准确表达。比如，作为领导，你对自己的下属说："我想知道你的工作进展得如何了。"听到这句话，员工就可能在内心里嘀咕："如果我不想告诉你呢？"虽然他不会把这句话说出口，但是你的威信在他的心里已经大打折扣。作为领导，随时了解员工的工作进度是你的责任，但是你的一个"想"字，却带有征求员工意见的意思，好像员工不想诉你，就可以不用汇报。避免使用模糊限制语，才能快捷准确地传递自己的信息。

另外，还有一些模糊限制语的使用不仅可能隐藏你的真实想法，而且将会严重影响你的领导权威，使你看起来像个拘谨的孩子，而不是独当一面的领导。这类模糊限制语可能让你在说话前就在心理上向员工示弱，甚至可能让员工怀疑：这是领导吗？当你在全体员工会议上说"据我所知，我们应当完成我们的预定任务"时，这虽然不会伤害任何人的感情，但是却会大大损伤你的领导权威。因为这就表明，对他们来说，你算不上一名充满激情的、富有号召力的领导。"据我所知"这一短语把你与你所说的事情隔绝开来，并且超出你的控制与预期。这样，作为领导你不但不能给员工以坚强、果断、爽直的印象，反而让他们对你的权威性感到质疑，从而影响你的领导地位与身份。

比如当你对员工说"坦诚地讲"的时候，就等于对自己前面的话作了全面的否定，告诉员工你接下来说的才是真的。这就让员工不仅对你前面所说的话的真实性产生怀疑，而且也有可能对你接下来的谈话的真实性予以质疑。与"坦诚地讲"类似的模糊限制语还有"实话告诉你"、"坦率地说"等，这些都是对你的领导威信的极大威胁。

不管在什么时间、什么场合使用模糊限制语，都会使你所说的话失去没有经过修饰以前的震撼力。除非你对于某件事情实在是不确定，否则尽量避免使用限制模糊语，不要弄巧成拙，掉进自己设的语言陷阱里还浑然不觉。

作为领导，避免使用模糊限制语的语言思维训练

认真琢磨下列的模糊限制语，看看哪些是你经常用到的，在其后写出原因。

1.这可能仅仅是我个人的意见，但是……

2.我想我的想法是……

3.因为我对这个工程了解得不多……

4.我不了解任何有关这项计划的问题……

5.我想我的问题是……

6.你明白（知道）我的意思吗？

7.坦诚地讲……

强调你能做什么或将做什么

当你在说话时避免了模糊限制语之后，就要强调你能够做什么或者你将要做什么。虽然在一般人眼里，作为领导是什么都可以做得到的，但是你自己心里必须清楚，你能够向员工承诺什么或者将要做什么，在这方面千万别含糊其辞，甚至轻易承诺。

作为领导，不要强调超出自己能力范围之外的、解决问题以后的事情。但是有很多的领导却往往不考虑实际情况，当和员工进行谈话时不是强调自己能做什么，而是不切实际地承诺员工一些事情，似乎强调了自己能做什么，就无法显示自己作为领导的权威。为什么会出现这种现象呢？强调所实现的目标越美好、越理想，往往也就越能激励员工加倍努力地工作，况且对于这种理想化的目标的强调，可以不经过思考，脱口而出，随心所欲。作为领导，想说什么就说什么，从短期来看，不仅员工听完之后深受感动，就是领导自己都几乎相信自己所说的话，似乎目标就在眼前，唾手可得。由于几句脱口而出的强调目标的话往往可以带来比做大量的思想工作、物质奖励以及管理强化好得多的效果，更能调动员工的积极性，所以许多领导更愿意去强调理想化的目标，而不会去强调自己能做什么。

但是这些领导没有想到的是，与轻而易举的承诺相比，现实中的工作就不那么轻松了。许多人甚至用毕生的精力都没有实现自认为不起眼的目标，作为领导往往也会面临这种残酷的现实。人总是把承诺的兑现看得很重，一旦对员工强调的承诺得不到实现，那么你在员工心目中的形象也必然会一落千丈。同时，你的威信的下降以及对员工的不公平，将会直接影响到公司的其他员工，他们就有可能会对你、对公司失去信心。员工就有可能找机会离开你，另谋他就；即使继续留下，也可能是"做一天和尚撞一天钟"。况且，即使你最终实现了对员工的承诺，员工也不会对你心存感激。因为员工心里已经认为这是你应该给的报酬了，是他们理所当然应该得到的。

在说话的时候不要随便强调你所实现的目标，而要在你的能力许可的前提下，强调你能够做什么或者你将要做什么。员工刚听到你的话时，可能不太适应，但是由于你所强调的都是自己可以做得到的，所以在讲完之后，你就会很容易地做到。久而久之，自己的领导威信也就树立起来了，而且是坚不可摧，因为员工知道，只要你说出来，就一定能做到。

　　某公司职员小韩是技术部的业务骨干，工作 2 年后决定出去深造，但和相关领导沟通了几次都未能实现愿望。直属领导出于本部门的利益考虑，不想放走小韩这个顶梁柱；而培训部门由于当时经费紧张，也没有给小韩肯定的答复。一心想要学习充电的小韩一气之下萌生了辞职他就的想法。于是，他把辞职书交到了人力资源部经理手上。

　　人力资源部王经理在面谈中了解到小韩辞职的真正原因之后，觉得根据公司的情况，调整一下培训方案，为小韩争取一个深造的机会是有可能的。于是，便对要辞职的小韩说："小韩，首先公司得向你道歉，由于沟通上的不通畅，迫使你以辞职的方式为自己争取学习机会。看得出来，公司在这方面的工作还有待改进。其实公司一向很注重年轻员工的培养与成长，只不过今年的培训经费相对紧张一些。但是公司不想因为这种原因失去你这样的优秀员工，所以基于目前的培训条件，我们可以考虑调整培训方案，在明年的时候送你出去深造，当然这需要你等半年的时间。"小韩听了王经理的话以后，陷入了思考之中。王经理接着说："具体方案明天给你回复，这样的话，你能否再慎重考虑一下你的辞职报告呢？"小韩马上回答说："好的，经理，我会慎重考虑。"王经理说："在这里也要感谢你给人力资源部提了个醒，我们今后会增加培训方案的透明度，理顺沟通渠道，不能让这种情况再次发生。"人力资源部的王经理抓住小韩辞职的主要原因，在自己的职权范围内，合情合理而又有礼有节地给予解释和解决，既让小韩了解到公司的难处，感受到公司留他的诚意，又让他看到了自己带薪深造的希望。不久，公司就决定派小韩作为公司的业务代表出国深造。小韩的愿望实现了，公司也留住了一个难得的人才。

　　在和员工交谈的过程中，如果员工开出了公司无法满足或明显不合理的条件，作为领导，在这个时候，最忌讳的就是情急之下，为稳定员工一口答应。其实，这不但是对员工的不负责任，同时也是对自己的不负责任和对自己的领导权威的不尊重。一旦答应的实现不了，可能就得不偿失；即使实现了，其他的员工发现"爱哭的孩子有奶吃"，就会争着效仿，到那个时候，你如何应付？

　　所以和员工谈话的时候，应当明确地向员工讲明，将有利与不利、困难和希望都向员工阐明。作为领导，你完全可以从公司的权限与能力出发，将公司的难处和局限摆在明处，让员工明白，公司对待员工是公平的，自己能办到的一定会竭尽全力；但是如果你力所不能及，那也实在没有办法。人都是通情达理的，员工知道你的难处，特别是看到你的坦诚，就会一切听你的安排了。

你可能会怀疑这种做法只是对大多数员工适用——当然对于大多数员工，你只要话说到了，自然就会取得良好的效果。其实，这对那些强硬的员工也是有效的。

李世民在公元 637 年颁布唐律唐令，执法严明，对官员的过失斥责得也很严厉。开国功臣尉迟敬德居功自傲，在出席宫廷宴会时，如果有的人座次在他之前，他就当众质问人家："你有什么功劳，敢居我之上。"有一次任城王李道宗劝他不要吵架，他竟然勃然大怒，险些打瞎人家的眼睛。对此，李世民甚为不满。席后，李世民提醒他想一想韩信、彭越是怎么死的，为什么会被汉高祖杀掉，并警告说："国家纲纪，离不开赏罚，不能居功自傲，否则，将后悔莫及。"这一警告果然有效，尉迟敬德吓得待在家里，再三要求辞职，表示再也不会寻衅闹事了。

既然身为领导，在说话的时候就要表现出领导的风范。应当讲清楚的，一定要讲清楚，不要前怕狼后怕虎，首鼠两端。比如员工交了一份计划书给你，过了一段时间，员工希望知道你对那份计划的意见，但是，你却还没有仔细看过。这时你既不要顾左右而言他，也不要不着边际地乱说一通，最好如实地告诉员工："我这段时间很忙，实在是没有时间细看。不过 1 周之内一定给你满意的答复。"把自己可以做到的向员工阐明，这不仅表示了你的诚意，同时也让员工明白你对他的计划是认真的，而不是草草应付了事的。

作为领导，强调能做什么或者将做什么的语言思维训练

看看你是否经常使用下列句式：

> 我保证……
>
> 没问题
>
> 包在我身上了
>
> 你放心就是

在公司，没有我办不成的事

明天一定给你答复

有什么需要的尽管说

只要我能办到的，一定办到

……

使用解决问题的语言

作为领导在与员工进行沟通的时候，最失败的可能就是长篇累牍地说了大半天，员工只是面无表情地木然地呆坐着，谈话之后的工作状态与谈话之前的工作状态几乎没有什么改善，甚至还不如谈话之前。你的谈话竟然一点儿效果也没有。为什么会出现这种情况呢？其实最主要的可能是你在说话时，缺少真正解决问题的语言。

如何使用解决问题的语言呢？西汉时期的一位开国元勋周勃，曾经帮助汉王室铲除吕后爪牙，迎立汉文帝，有定国安邦的大功。可后来当他罢相回到自己的封地后，一些素来嫉恨他的奸伪小人便趁机向汉文帝进言，诬告周勃图谋造反。汉文帝竟然也相信了，急忙下令廷尉将周勃逮捕下狱，追查治罪。按汉代当时的法律，凡是图谋造反者，不但本人要处死，而且要株连九族。就在周勃大祸临头的时候，薄太后出来劝文帝说："皇上，周勃谋反的最佳时机是陛下还没有即位的时候，当时他不仅握有先皇留给你的皇帝玉玺，而且还统率着国家的主力部队。但是他不但没有谋反，反而一心忠于汉室，帮助汉室消灭了篡权的吕氏势力，把玉玺交给陛下。现在周勃罢相回到自己的小小封国里，怎么反而在这个时候想起谋反呢？"

听了薄太后的话，文帝所有的疑虑都烟消云散了，立即下令赦免周勃。试想，在周勃大难临头的时候，倘若没有薄太后站出来为他辩白，讲明事实真相，他又如何能逃脱灭门之灾？但是如果薄太后的分析说不到点上，又怎么能够说服汉文帝呢？没有薄太后解决问题的语言，周勃的身家性命将会不保。

像领导一样和员工进行沟通，就要像领导一样使用解决问题的语言。在沟通的过程中，使用简短的意愿性动词往往很容易解决问题。如今大多数历史学家对尤利西斯.S.格兰特的评价是：一位政绩平平的总统。

与此形成鲜明对照的是，19世纪六七十年代的美国人却把他看作深受百姓爱戴的总统。作为联邦军总司令，尤利西斯·格兰特无情地、有条不紊地拖垮了邦联军，使可怕的内战画上了句号，而且使他这个地道的俄亥俄人成为全美国最受欢迎的人。格兰特凭借着其显赫的声名于1868年和1872年两度入主白宫。著名的历史学教育学家麦克佛森认为格兰特在战场上的胜利与他的语言有很大的关系，因为他的语言简洁，而且大量地运用具有实际意义的行为动词。比如格兰特曾经下达过这样一条命令："越过所有列车，继续前进……"语言简洁明白，命令清楚准确，毫不含糊。作为领导，就是应该学会使用格兰特式的能够解决问题的语言。

如果是你对员工下达指令，你会选用下面的哪项指令呢？

（1）我确实相信你能突破所有困难，完成任务。

（2）我们将突破所有困难并完成任务。

（3）困难应该被突破，应该采取行动完成任务。

（4）我们应该突破所有困难并完成任务。

（5）嗯，啊，我希望你能突破所有困难，并完成任务。

（6）我确实需要你的帮忙——你能突破所有的困难并完成任务吗？

（7）我不确定我是怎么想的，但是我觉得你应该突破所有的困难并完成任务。

（8）你认为你有机会突破所有的困难，完成任务吗？

（9）我希望你突破所有的困难，完成任务。

（10）如果给你3天时间，你认为自己可以突破所有的困难，完成任务吗？

（11）如果你能够突破所有的困难，并完成任务，那实在是太好了。

（12）请突破所有的困难，并完成任务。

（13）突破所有困难，完成任务。

毫无疑问，最后一项"突破所有困难，完成任务"指令，是前面的12条所无法比拟的，因为它是最解决问题的语言，也是作为领导最需要的语言。这种语言有什么特点呢？仔细分析，你就会发现这类句子所使用的都是表示正在进行的动作性行为动词，而不是状态性动词。状态性动词表达的是人与物所处的一种相对静止的状态，而行为动词则给人以动态感。比如当你说"我是公司的领导"时，由于你使用了状态动词"是"，就是告诉员工你的身份；而如果你说"我领导这个公司"，那就是描述你的行为，给人以作为领导的力量感。另外如果你说你对公司"很负责"，往往让人感到疑惑：你具体是负责什么的？你是公司的老板？你管理这个公司，还是只负责其中的某一项业务？是不是可以说成"我领导这个公司"或者"我负责公司的业务"。如果你要夸奖员工"你的计划书很成功"，就可以这样说："你的计划书给我们部门带来了希望。"这样不仅句子表达得更加具体，而且让员工心里清楚自己的贡献具体是什么，这比宽泛的客套的夸奖更能激发员工的积极性。这就是解决问题的语言。

　　无论是使用行为性动词还是状态性动词，你在说话的时候都要选择准确的、能够解决问题的动词来表达。作为领导，要尽量避免空发议论，要言之有物，让自己所说的话的每一个词语都能够发挥作用。

　　张某在一个事业单位上班，他自认为自己的家庭背景好、后台硬，所以常常置单位的规章制度于不顾，迟到、旷工、上班时间吵闹等各种不良习惯无一不有，影响极其恶劣。为此，好几任机关领导都曾找张某苦口婆心地谈过话，但由于方法不当，或者语言表达得缺乏力度，张某依然我行我素。新领导上任后，直接找到张某办公室，当着众人的面警告他说："我已经宣布了单位新的规章制度，我丑话说在前头，甭管是谁，如果违反，我就先'烂掉'这根出头的'椽子'——咱们单位人满为患，需要精减人员。我说得出，也能办得到，不信就试一试！"张某从没听过这么坚定有力的"威胁"话语，哪里还敢不改？结果，新领导没有讲什么道理，就根除了张某的不良习惯。其解决的关键就是使用了解决问题的语言，直指利害关系——毕竟谁都不想丢掉自己的铁饭碗。使用解决问题的语言，可以达到出乎意料的惊人效果，事半功倍。

　　为了使你的语言能够切实地解决问题，作为领导，你可以学习一些与此相关的语言技巧。正如一名著名的企业领导人所说："作为领导，你必须通过展现自己的优势来领导员工，当你向员工阐明你的结论的时候，就必须同时告诉员工你是如何得出这一结论的。尊重员工，而不是通过强硬的语言强迫员工接受你的观点。"的确，在与员工谈话的时候，不是说你的口气有多强硬，声调有多高，语言有多粗鲁，员工就会被你吓住而听你的。你必须清楚自己想通过谈话达到什么目的，用什么样的语言、如何表达才能达到这一目的。记住，沟通并不是发泄，所以在与员工的沟通中，要掌握好说话的技巧，真正达到解决问题的目的。

社会心理学专家的研究表明，有一些语言会对解决问题有巨大的帮助，大体有以下几种：

一、双赢原则

不要想着一个人独享利益，正如人与人之间的交往，"投之以桃，报之以李"。只有互惠互利，才能得到更多的利益。

二、委婉性

如果你对你的合作方说："如果您改变了计划，请尽快致电。"可能直到你再次与对方见面洽谈的时候，对方才告诉你计划改变了。但是如果你改变一下说话的方式："当您不得不改变计划的时候，请打个电话好吗？"这时效果往往会好得多。

三、增强成就感

如果员工从你的谈话中得知自己的工作对其他人所起到的激励作用，就会让员工的内心获得一种成就感，从而激发他更努力地工作。因为人的社会性决定了他所做的一切工作都渴望得到他人的认可，从而获得成就感，发现自己的价值。

四、投其所好

人与人之间的联系，往往只是蕴藏在简单的"喜爱"之中。人都喜欢与自己所喜爱的人相处，特别是与自己有某种共性的人。把握住这一点，会让沟通达到意想不到的效果。

五、形象权威

同样是作为领导的你，穿着休闲服装或西装革履，哪一个会显得更有权威性？解决问题的语言不仅是口头表达，还包括外在的无声语言，当然也包括你的经历与背景。

六、在绝望中寻找希望

只要去找寻，人生就没有困境。在沟通中给员工以希望和精神的鼓舞。即使有 1% 的希望，也有成功的可能性。

作为领导，解决问题的语言思维训练

1. 双赢原则

___

2. 委婉性

___

3. 增强成就感

___

4. 投其所好

___

5. 形象权威

___

6. 在绝望中寻找希望

___

发表演说

第1节　演讲前的准备

演讲稿的结构

作为领导，你有没有遇到过这样的情况：虽然花费了大量的时间精心准备了一篇演讲，但是演讲的效果却往往是徒劳无功，不尽如人意。其实在许多时候，不是你的演讲内容不精彩、不感动人，而是你的演讲没有结构。没有结构的演讲就像是一间混乱不堪的屋子，不知道物品放在哪里，让倾听的人不知所云，抓不住你演讲的重点和目的，所以也就达不到预期的效果。反之，如果演讲有一定的结构，条理清楚，听众就可以按图索骥，有目的、有重点地倾听你的演讲。一般的演讲都有演讲稿，所以演讲的结构也就是演讲稿的结构。那么作为领导，如何把握演讲稿的结构呢？演讲稿的结构都有哪些呢？通常的演讲稿结构分为开头、主体、结尾3部分。

开头包括引语和主旨句

引语虽然并不是完全意义上的正文的一部分，却是正式演讲稿必不可少的一部分，起到开门见山的作用，可以拉近你与听众之间的距离，让听众相信你的演讲值得一听。

有一位刚上任没有多久的市场主管将要向他的员工作一次演讲，所谓"新官上任三把火"，因为是第一次演讲，所以也就显得格外重要了。他在演讲的开头并没有说"我怎样怎样"，而是说自己能够有机会和这么多的优秀人才在一起工作，感到十分的荣幸与骄傲。接着他提到了一些员工的名字以及他们为公司所做的贡献，给员工以亲切感，无形中也提高了自己的威信。员工在整个演讲过程中都很认真地倾听他的策划方案。

那么如何设置引语呢？

引语往往涉及对象、时间、地点或者其他的相关内容，同时也可以通过导入语预先向听众透露演讲的主要内容。由于演讲的目的不同，也就有不同的引入方式：或者开宗明义，直接说出演讲的主旨；或者通过提出问题、讲述故事等方式，激发听众的兴趣，吸引他们参与到演讲中。以下几种方式，你可以通过改换其中的词语进行模仿。

一、对主办方表示感谢

比如：感谢组委会中国红十字会的大力支持，特别感谢王涛先生。

二、对听众表示感谢

如果是到其他公司或者地区、国家，引语还要对东道主表示赞许。比如：

副总统先生、发言人先生、美国参议院以及议厅代表成员们：为了完成向各联盟州汇报的职责，我十分荣幸地向大家说，今天，美国人民士气高昂，联盟国空前团结，国家面临着庄严的建设任务。（富兰克林·罗斯福）

值此世界和平与合作组织建立 20 周年之际，对于你们的秘书长尤坦特邀请我们访问联合国一行，谨在讲话之前对他表示由衷的感谢。（罗马教皇保尔四世）

在 1 月期间，从罗切斯特到奥兰多的邀请总是受到热烈的欢迎——在你们美丽的城市中沐浴阳光是一件多么惬意的事情。

能与对我国贫困地区的发展投入大量的时间和金钱的职业人士与商业人士谈话，我感到非常的荣幸。你们的慷慨如同雪中送炭，使 500 多名山区贫困家庭的子女受到教育。

三、讲述故事或者奇闻轶事

所有的人都喜欢故事，特别是真实的、私人的或者与演讲主题密切相关的故事，但是要注意，此时的故事一定要简短。比如：

1993年，北美自由贸易协议以及环乌拉圭地区为打开世界市场而做出了很大的努力，他们的协商谈判受到那些渴望保护的人群的攻击，然而他们并没有意识到危险性。

事实上他们使我想起一个风雨交加的夜晚，北大西洋副海军上将看到一束光照到自己指挥的一艘战舰上，就向对方发送了无线电通信消息："撤退并向南移20度。"谁知道对方竟然将信息反馈回来，命令副海军上将的战舰说："你撤退，并向北移20度。"副海军上将还不习惯别人违反自己的命令，感到非常的恼火，于是再次发送消息，但是又被反馈回来。这次他真的感到不安了，究竟是谁竟然敢违抗自己的命令，接着又发送了一条更为精确的消息："我是指挥战舰的副海军上将，我命令你撤退并向南移20度。"10分钟过去了，但是一点儿动静也没有。20分钟以后，消息终于被反馈过来了："我是一级水兵，我在操纵灯塔。"

因此当我们轻叹已经躲过了1993年的危机时，过去1年中还存在着很多挑战我们的潜伏问题。（卡拉希尔斯在加州联邦俱乐部的演讲）

四、演讲的引语

用大家熟悉的、激励人心的名言警句或者众所周知的书籍或者事件作为演讲的引语

这样不仅可以彰显你的才华，提高你的演讲档次，而且可以引起听众的共鸣，让听众与自己保持一致的步调与思想。如果是在其他公司或者省市，就可以引用与它们相关的历史典故或者文学名言，通过这种方式向听众传达你对他们的关注程度之高，因为任何人都希望自己受到重视。比如下面一些名人名言：

永远去做你所畏惧的事情。（爱默生）

我们必须重新思考，重新行动。我们必须解放自己。（林肯）

领导才能如同生命，只有当你真正拥有的时候才会领悟其中的奥秘。（哈罗·德格宁）

金钱像是诺言——容易赚但是存不住。

用心去工作而不是用体力去工作。

凡事预则立，不预则废。（《礼记》）

对我们来说，最重要的不是去看远方模糊的事，而是做手边清楚的事。

（汤姆斯·卡莱利）

你不需要从哈佛读一个工商管理硕士来领悟如何浪费金钱。（里托）

关于众人皆知的事件，美国的亚伯拉罕·林肯与马丁·路德·金的演讲为我们提供了很好的示范。林肯著名的葛底斯堡演讲是这样开头的："87年前，我们先辈在这块大陆创立了一个新的国家，她不仅孕育了自由，而且献身于一种信仰：人人生而平等……"将听众带到了美国独立战争的岁月。马丁·路德·金在《我有一个梦想》的演讲中同样采用了这一方式："60年前……"将听众带到了美国南北战争解放黑人奴隶时期。

主旨句或者是引语的一部分，或者由引语导出，它是能够表达完整的意思的一句话，而不是一个简单的短语或者标题；它是一个概括，而不是具体的细节，在主题里面的所有组织安排都要以此为依据。所以说主旨句就像是一把伞，合理地涵盖了演讲的意图以及主题。简要概述演讲内容，直入主题。比如：

今晚，我想和大家谈论我对未来的希望、对美国人民的信念，以及对祖国建设的看法。（克林顿的就职演说）

今晚我不想谈论太多，是该采取行动的时候了，事实胜于雄辩。（尼维尔·坎伯林）

失败的演讲往往是因为缺乏清楚的主旨句或者主旨句放错了位置。

主体主要包括主题句与过渡

主体结构体现了整篇演讲稿的逻辑结构，并且让你的演讲合理地过渡。虽然你对自己要演讲的内容有着清晰的了解，知道它们的起承转合，但是你的听众并不知道。主题句阐明了你演讲的重要思想，表达了你的思想与演讲的联系。强有力的主题句让你的演讲更加有力。一般情况下，每一个段落都有一个主题句，所有主题句的组合构成了你演讲的主旨。它主要讲述本段落的前提，表明与上一段落的逻辑衔接。此时通常会用到表示过渡性的词语、短语或者句子。词语例如："第二"、"第三"、"同时"、"结果"、"因而"、"虽然如此"、"不过"等等。句子例如："以下是对市场状况的分析"，"有了上面对范围的了解，对下面的市场分析将有很大的帮助"。

结尾的结构

结尾的结构选择取决于演讲稿的长度、形式以及场合。通常有以下几种方法：

一、呼吁行动

例如，林肯曾经说过："我们必须有新的想法和新的行动。"就让我们拿出新的想法、新的行动，以新的言行迈进世界电器的行列吧。

最后，不管你是美国人民，还是世界人民，在这里提出同样的力量和牺牲标准，用我们的道德心、做事准则，一起领导我们热爱的国土，求得上帝的祝福与帮助，但是要知道在这里，上帝的工作就是我们的工作。

二、与开头相呼应

例如，比尔·克林顿在民主党会议上的就职演说以希望开头，他的结尾就是：

"今晚我以开始时说的那一句话作为结束：我们仍然相信有这么一个地方，它叫作希望。"

三、提出希望

例如，当这发生的时候，当我们让自由之声回响的时候，我们希望自由之声回响在每一个山庄、每一个村落、每一个州、每一个城市的时候，所有上帝的儿女，不论黑人还是白人、犹太人还是非犹太人、新教徒还是天主教徒，都会手拉手，唱着过去黑人唱的歌："终于自由了！终于自由了！感谢上帝，我们终于获得了自由。"我们会使这一天尽早到来。（马丁·路德·金）

没有结构的演讲稿会使听众感到莫名其妙，而具有合理结构的演讲稿可以减少你的准备时间，让你的思路清晰，从而赢得听众的信任，树立起你的领导权威。

作为领导，演讲稿结构的语言思维训练

1. 写下你演讲可能的开头方式

感谢主办方

_____

_____

对听众表示感谢

_____

_____

讲述故事

_____

_____

引用名言警句，或大家熟悉的事件

_____

2. 写下你可能用到的结尾结构

呼吁行动

_____

_____

与开头呼应

_____

_____

提出希望

_____

_____

把结构运用到文章组织系统

既然已经清楚了演讲稿的结构，那么你能不能熟练地把这些结构运用到自己的演讲稿中呢？你怎样才能说服听众、激励听众呢？下面我们一起将结构运用到演讲稿的组织系统当中去，让你在准备演讲稿的过程中能够做到有条不紊、井然有序。

第 1 步　熟悉听众

这一步非常重要，然而很多的领导在演讲的时候往往忽略了听众。听众决不会毫无目的地参加你的演讲，他们总是带着一定的情感、态度与自己的价值观，心中充满着期待。要想让你的演讲受到听众的欢迎，就必须熟悉你的听众，通过各种方式尽可能多地了解听众的各种相关资料，包括听众的人数、职业、教育背景等。一般情况下，听众的基本信息主要包括：

(1) 年龄

(2) 性别

(3) 经济状况

(4) 受教育程度

(5) 宗教信仰

(6) 文化背景

(7) 职业

(8) 种族

(9) 党派

(10) 在组织中的角色与地位

总之，你所搜集的听众信息越多越好。同时也要注意所收集信息的有效性，要能够反映听众的主要特点。

第 2 步　明确目标

也就是说你演讲的目的是什么，这对以下每一步都起着决定性的作用。然而许多的领导对此却十分茫然，只是知道"想激发员工的工作积极性"、"赢得员工的支持"等等比较概括而含糊的目标，再具体到如何行动就不知所措了。没有明确的目标，想以其昏昏使人昭昭，那根本是不可能的。所以在演讲稿上写下你的目的并且在写作过程中适当地提出来，这样不仅自己心里明白，听众也会心中有数。

第 3 步　细化思想素材

将你宏观性的思想细化，有利于微观把握，便于在写作过程中随心调配，进行合理组合。因为任何一篇演讲稿都是由一个个细小的思想所组成的，如果你能够将思想尽可能地细化，那么你将会掌握尽可能多的材料。在此不要受演讲主旨的限制，让自己的思想自由地翱翔，这样你将得到取之不竭、用之不尽的思想素材。

第 4 步　对细节分类归纳

一个可以将自己的思想细化分类的领导将是一名具有卓越的口才的领导。对经过思想的遨游所得到的细节素材进行分析，删除和你的演讲主旨没有关联的细节，根据你的演讲目的将有用的素材综合到一起，你会得到许多意想不到的收获，从而进一步强化你演讲的目的性。在分类归纳的同时，也是提炼思想、进行理性思考的过程。在此你需要做的工作是：

(1) 这些细节是否符合你演讲的主要目的？

(2) 这些细节是重要、合适还是仅仅有趣而已？

(3) 你偏爱这些细节是由于它在演讲稿中所起到的作用还是由于它是自己花费了很大的精力才找到的？

(4) 放弃这些细节对整篇演讲稿有影响吗？

第 5 步　将细节按照一定的逻辑顺序排列

同类的思想归纳到一起，按照一定的逻辑顺序将它们进行排列，让它们形成一段完整的文字。杂乱无章的素材是很难表达有条理的思想的。

第 6 步　用一个词语概括每一组细节的中心

现在每一组的细节经过一定的逻辑排列以后，已经具备了合理的顺序，也就是说这里面包含了伟大的思想。既然如此，就用一个短语或者词语概括出每一组细节的中心。整篇演讲稿的中心就是由这每一组细节的中心所构成的。

第 7 步　将所有的中心按照一定的顺序排列

确定了每一组的中心之后，就要按照演讲的目的以及如何吸引听众的兴趣进行排列。在这时就需要考虑按照什么样的顺序组合才是最合理的，才能够达到自己演讲的最佳效果。一般情况下可以采取以下顺序：

(1) 因果顺序。

(2) 时间先后顺序。

(3) 空间位置顺序。

(4) 宏观到微观的顺序。

(5) 整体到局部的顺序。

(6) 提出问题、分析问题、解决问题的顺序。

(7) 局部到整体的顺序。

(8) 由熟悉到陌生的顺序。

第 8 步　列出引语以及结尾的结构。

虽然引语对文章而言是可有可无的一部分，但是对于演讲来说却是必需的，这样就不会使自己的演讲显得太突兀。在此，你需要吸引听众的注意力，说明演讲的目标以及你的演讲重点或概述演讲的主要内容，有必要的话还需要作自我介绍。

结尾部分是对演讲内容的回顾或者提出希望、呼吁行动等等，必要时重申你的观点，更是会掷地有声、余音绕梁。

第 9 步　规划段落，完成演讲稿

现在你的演讲稿已经有了基本的框架，接下来就是对其进行充实补充了。每一个段落的主题句，都需要充分的材料去支撑，这对你的演讲成功与否十分重要。你的每一个段落的主题句都要有一定的事实、理论或者图例来支持（图例需要用到幻灯片等辅助工具），如果每个段落都能以新的内容、不同的方式阐释主题句，那么你就能够一直吸引听众的兴趣。比如：

(1) 用不同的方法解释一个观点。

(2) 每一个主题句至少用三个不同角度的论据去解释。

(3) 选择的论证材料生动有趣，以吸引听众。

对于任何一篇演讲稿，写下你要演讲的每一句话，因为写作的过程也是对思路的整理过程。

第 10 步　编辑修改，预先演练

通篇朗读你的演讲稿，对每一个词语、每一句话、每一个段落进行斟酌、修改。

(1) 材料是否符合你的演讲主题？

(2) 材料对你的段落主题句是否有帮助？

(3) 事例是否支持你的论点？

(4) 修辞用得是否恰当？

作为领导，组织文章系统的语言思维训练

以下是一些主题句的例子，模仿其中的形式使其适合你的演讲内容。

1. 接下来我们将会讨论 3 个问题：(1) 电子邮件发明的初衷以及背景是什么？　(2) 这将对我们的工作产生怎样的影响？　(3) 我们将如何面对这种影响？

_____

_____

_____

2. 我不会去寻找，也不会接受我们党派的提名，也就是你们所说的总统。但是我要让所有的人都知道，一个强大、自信、警醒的美国站起来了，时刻准备着要去寻找充满荣誉的和平，时刻准备着保卫充满荣誉的事业，无论付出什么代价，无论肩上的担子有多重。

---

3. 什么是领导的说话艺术？下面这个演讲将会对其进行明确的定义，通过它在各种场合的各种应用，试图让你对领导才能的积极方面有所认识。

演讲当天提前到达会场

尽管你已经为你的演讲付出了大量的努力，但还有一点不要忘记——在演讲的当天提前到达会场。因为现场是你演讲时必须置身其中的环境，对你演讲的成功起着举足轻重的作用，有时哪怕是一个很小的细节都会决定你的成败。提前到达会场会为你免除一些意外的尴尬。正如俗话所说"预则立，不预则废"，凡事都要有所准备，未雨绸缪，不要让你的演讲因一点小问题功亏一篑，从而影响你的领导权威。那么在演讲当天提前到达会场主要是处理哪些方面的问题呢？

一、应对突发事件

出现意外是很正常的，关键是看你有没有给自己应付的时间。虽然你预计好在演讲开始的时间准时到达会场，但是你却不能排除意外事件的发生。比如演讲的确切地点在哪里？沿途的交通是否畅通，会不会堵车？有没有停车的地方？这些都要考虑清楚，否则你到演讲的地点时已经筋疲力尽，哪里还有时间整理思路、熟悉环境、稳定情绪。

二、观察会场安排得合理与否

座位的排列方式直接影响你与听众的关系，所以在演讲的当天应提前到达会场，仔细观察会场的布局与结构，首先也是最重要的就是考虑座位的安排是否得当。当然座位的安排需要遵守一定的原则：保证在座的所有听众都可以看到你；座位要让听众无论是生理还是心理上都感觉舒服；座位的安排与会场大小、听众人数以及演讲的目的相符。

一般情况下，大多数演讲台对高个子来说是没有多大问题的，但是当领导者的身材比较矮小或者听众需要坐着的时候，可能就会产生问题。

有一位年轻的主管，有着很强的个人能力，但在他第一次演讲的时候，高大的演讲台几乎完全掩盖了他的身体。由于没有提前熟悉会场，以及经验不足，以至于在演讲的过程中大家除了他的双手之外，再也看不到他的任何身体动作。这次演讲的效果很是糟糕，深深地打击了这位主管的积极性，没过多久他便主动辞职了。与之相反，另外一名主管，在演讲的当天很早就到达会场，仔细地观察准备演讲的会场，他发现不仅宽大的屏幕使自己原本矮小的身材显得更加矮小，而且高大的演讲台也挡住了自己身体的大部分。意识到问题的严重性以后，他马上和有关人员联系。他的要求很快得到了满足，演讲也取得了意想不到的成功。其实演讲并不复杂，你只要具备一些常识，做个有心人，就可以消除没有必要的麻烦。

最好在听众到达会场之前就将座位安排好，因为当听众坐好以后，是很不愿意被人指手画脚地指挥换位置的。座位的距离过大不仅会削弱听众的反应效果，而且会使听众看起来很萎靡。在安排座位时，在保证听众感觉舒服的前提下，尽量将座位紧密安排，减少中间的空隙。这样在演讲的过程中，你看到的将是密集的听众而不是空空的座位，如此，对自己也是一种心理的激励。

环顾整个会场，除了考虑座位问题，还要消除那些可能导致你和听众分神的因素。如果你演讲的会场布置得让人眼花缭乱或者窗户外的风景十分迷人，即使你能够安心演讲下去，能保证你的听众集中精力吗？如果遇到这种情况，演讲的效果将会很糟糕。你希望的是听众能够将注意力集中到你的演讲上，而实际上听众却被会场的某处景象或者窗外的风景所吸引。如果发现会场有这种情况，那就需要当机立断地撤销那些让人眼花缭乱的装饰，挂上窗帘。然后走上演讲台，环视整个会场，看是否有干扰你的注意力或者影响你的情绪的其他摆放。

三、检查设备正常与否

随着社会科技的发展，演讲也被音响系统、视频系统、灯光等现代化的设备全副武装起来。要使演讲达到预期的效果，你就必须确保这些设备在演讲的过程中都能正常工作。毕竟任何设备都存在着出现差错的可能性，所以最好在演讲当天提前达到会场，检查设备正常与否。

例如，对于音响系统，要将音量调整好，让会场的每个听众都能够听到你的声音。不同的麦克风会有不同的采集、放大信号的方式，反复调试，直到了解麦克风的所有相关性能。调试麦克风的时候要站在讲台上或者你演讲的位置。有一名经理要做一个小型的演讲报告，在调试麦克风的时候，他只是随便站在房间里试了一下，感觉没问题，也就放心了。谁知道当他站到讲台上开始演讲的时候，麦克风却发出了刺耳的鸣叫声。检查以后发现，原来是演讲台旁边的喷水装置引起的。原因是找到了，时间也过去了 20 多分钟，演讲的效果也就可想而知。

演讲台所占空间很小，但是如果能够精心合理布置，将会给你提供很好的帮助。在讲台上准备好你所需要的一切东西，例如演讲稿、手表、便签、钢笔以及其他可能用到的道具。把演讲稿放得尽可能高些，这样你就不用每次看稿子的时候都要低下头。当然这并不是让你朗读演讲稿，此时你的交流对象是听众。也许有人会说，我已经将演讲稿熟记于心，用不着手表，但是你不要忘了提问的时间。可能你会按时完成演讲，提问的时间你如何把握？准备好手表，不要戴在胳臂上，摘下来放到演讲台上，做到心中有数，确保万无一失。

并不是所有场合都有这些辅助性设备的，在任何时候都要做好没有这些辅助性设备的准备。

四、与听众进行交流

提前到达会场，安排好一切事宜以后，你就可以和听众进行一些简单的交流沟通，即使是简单的聊天也可以。无论谈论什么，一定要表现出你的真诚与兴趣。你对听众所表现出来的兴趣将赢得他们对你的演讲内容的兴趣。即使只有几分钟的交流，也会让你掌握一些很有用的信息，这将丰富你的演讲内容，让你的演讲更加贴近听众的实际期待，更加人性化。

在演讲的当天提前到达会场，可以说是有百利而无一害。

作为领导，在演讲的当天提前到达会场的语言思维训练

1．稳定情绪，消除恐惧

熟悉演讲环境，可以让你得到放松，消除无名的恐惧。站在讲台上想象你演讲成功的情景，想象得越真实，你就越自信。

2．查漏补缺，消除隐患

注意任何小的细节，这些小的细节往往决定你的演讲成功与否。

3．坐到听众席，感受并倾听

站在听众的角度，可以帮助你及时排除分散听众注意力的因素。和听众座谈，让听众感觉你很熟悉、很亲切，并且及时从他们那里吸收有效信息，完善自己的演讲。

第2节 开始演说

克服紧张情绪

在演讲开始时，你是否感到心跳加剧、口干、双腿发抖、两手不知道该放到哪里、恶心、手心出汗、想上厕所？如果你有这种征兆，就说明你感到紧张，开始怯场了。但是不要因此而担心，因为面对公众演讲的紧张并不是个别现象，几乎没有谁可以在面对公众演讲的时候完全消除紧张的情绪，即使是职业演讲者也是如此。虽然紧张是一种普遍的现象，但是也要分析你紧张的具体原因是什么。大多数人喜欢把演讲失败归结为紧张，那么紧张的原因是什么呢？

一、曲解正常的紧张

你感到不适应或难以接受只不过是因为你为自己所设定的标准过高。当你认为"紧张就是能力低下"时，你就担心也不允许他人认为你"能力低下"，从而认为紧张是不应该的，是一些能力低的人所犯的错误。正是由于这种曲解，你拒绝紧张，也担心紧张在自己的身上发生。其实紧张是人的一个正常反应，可以让你感到压力，帮助你战胜困难，摆脱危险，提高成功率。一定程度上的紧张是身体机能正常合理的反应，是你很在意这场演讲、想把它做好的表现。这种紧张将给你带来力量和信心，让你在不经意间提高自己的演讲水平，使你的演讲更加精彩。即使对于过度的紧张，你需要做的也只是接受紧张的事实，并想办法去控制它，将不利转化为有利。

二、担心负面的评价

这可能是造成紧张心理的最主要、最棘手的因素。在演讲中，评价是单向的，听众可以任意地对你进行评价，而你却没有任何辩解的机会，所以你的忧虑与担心都是必然的，特别是对于你很重视的演讲。每个人都希望自己在别人的心中留下一个成功的完美形象，作为领导，你肯定希望能够保持自己的领导权威，赢得听众对你的信任。如果你很看重自己在他人心中的地位，就会很挑剔自己，使自己陷入无助的恐惧之中而不能自拔。正如现代心理学的研究认为，在存在评价的场合，人们往往很难发挥自己原有的水平。

三、担心出错，听众不喜欢自己

这种紧张是根本没必要的。的确，在演讲的过程中，你可能会出现口误、用词不当，或者其他种种错误。可能你希望自己每一次演讲都必须做到完美，但是你却忘记了听众期待的并不是完美，而是卓越。既然听众能够参加你的演讲，就是对你的极大信任。他们希望的是你的成功，而不是失败，不会有人想着看你的笑话，攻击你的错误。

四、担心准备不充分，忘记演讲词

有人认为，克服紧张最有力的武器就是进行充分的准备：选题不仅对自己而且对听众很有吸引力；对题目已深思熟虑，而且收集到了充足的资料；演讲稿紧扣主旨，结构安排有序；经过反复演练，你已能恰到好处地把握演讲时间。其实如果你是真诚地对待你的听众，那么这种担心就显得有点儿多余，因为此时即使你准备再充分，在演讲过程中也有出现意外的可能，而且某些意外又是不可预测的。

紧张的原因很多，那么如何去克服紧张的情绪呢？

一、设想最糟糕的情况，或者索性不去理它

正视自己的恐惧，想象可能发生的最可怕的后果。知道了最可怕的后果之后，你可能会意识到情况并不像自己想象的那样糟糕。当紧张的时候，既然不能够很好地控制它，索性就不去控制它。如果我们努力去控制它反而适得其反，倒不如听任它的存在，去考虑你应该做的事情，这时你可以对自己说："紧张就紧张吧，反正你也不能把我怎样。这又不是我第一次紧张，每次紧张过后其实也并没有出现我担心的那种情况啊。我还是我，生活还是生活，这有什么可怕的。现在我不管你了，看你这次能够把我怎么样!"这样想了，内心就会坦然许多。把这段话写在一个比较明显的地方，演讲之前在心里默读一遍，通过自我暗示来强化自己的主观意识。

二、不要表现出紧张

外在行为是内在心理的反应与表现，同时也影响着内心的活动。甚至可以这样说，控制住自己的行为，也就控制了自己的心理。让自己看上去沉着冷静，充满随时爆发的能量与激情。

三、做一些身体运动

深呼吸：通过呼吸节奏的调整来达到对自己的思维进行调整的目的。你紧张的时候往往不仅仅是心理上的紧张，还有来自生理上的紧张，通过做深呼吸可以消除生理上的紧张带来的疲惫感，有助于稳定情绪。

伸展运动：有意识地让身体某一部分肌肉有规律地收缩和放松。或者先握紧拳头，然后松开；或者固定脚掌，做压腿，然后放松。这可以让你某部分肌肉紧张一段时间，然后放松那部分肌肉。一定要有规律地运动，调节心律，从而达到更好地放松整个身心、克服紧张情绪的效果。

四、转移注意力

在演讲的时候，你往往是对自己的表现以及他人对自己的评价进行设想，并为这样的设想而焦虑和紧张。此时由于你的注意力过分地集中在自己虚构出来的主观设想上，而没有把自己的注意力放在如何去处理自己可以避免的事情上，所以往往会使事情变得更糟。把自己从焦虑的情绪设想中摆脱出来，考虑如何解决实际的能解决的问题。

五、带点儿幽默感

幽默是演讲中的调味剂。优秀的演讲者和有吸引力的演讲内容，如果再加上恰到好处的幽默，往往会收到意想不到的成功演讲效果。当你遇到怯场心理的袭击时，不妨幽默一下，在听众轻松的笑声中解脱自己。但是这种方法在没有丰富的经验以及对听众的充分了解之前，一定要慎用。因为幽默必须符合适宜，恰到好处，才会达到最佳的效果，否则很有可能会弄巧成拙。有人说，演讲有时就是一种冒险。的确不错，冒险家的事业中总是存在着恐惧，但成功的冒险家都有对付恐惧的办法。

作为领导，在演讲时克服紧张情绪的语言思维训练

1. 永远不要因为紧张而道歉

此时的道歉是一种怯懦，是一种向听众示弱、祈求同情的表现。让一切顺其自然。

2. 关注某一个听众

如果你是由于听众人数太多而感到紧张的话，不妨只关注其中的某一位听众，特别是那些似乎对你的演讲深感兴趣的听众，他们往往会给你信心与激励。

3. 喝水适量

大量喝水是紧张的表现，往往喝得越多就越渴。所以喝水要适量，实在渴了，抿一口润润喉咙，就可以达到良好的效果。

4. 提前到达演讲会场

如此一来，你就有充足的时间熟悉场地、听众以及演讲稿。熟悉一下发表演讲的环境，站在演讲台上憧憬一下成功的感觉，调试一下麦克风和其他辅助性设施；在听众进入会场时向他们致意，从内心将陌生的听众转化为熟悉的朋友，这样你的演讲会显得更容易一些，很少有人会在朋友面前紧张的；如果不熟悉你的稿子或者对它不满意，你的紧张感就会增强，提前到达会场，有利于对演讲稿的熟悉以及作必要的修改。

讲台上的十二种体态

心理学家的调查研究表明，在演讲所要传达的信息中，实际的语言因素的比重只占7%，而非语言因素的比重则占了93%。而这93%当中，38%来自于嗓音，55%来自于面部表情、手势以及其他的身体动作。由

此可见在演讲的过程中身体语言的重要性。

　　作为领导，你将会面对越来越多的演讲，此时你所代表的是整个公司而不是你个人。站在讲台上，如果你的体态表现得太过谦卑、唯唯诺诺，就会让人感觉你所代表的公司弱小、不景气。如果你的一举一动透露出自信与豪迈，那么你所代表的公司就会给人以实力强大的印象。为什么如此强调体态的重要性呢？外在行为是内心世界的反应，直接影响语言的性质，很难想象一个俯首谦恭的人会有慷慨激昂的演讲。在演讲的过程中，你的语言如果能够配合恰到好处的非语言体态，那将会大大地增强你的演讲效果。但是，非语言的体态一定要表现得自然而不做作。下面就是在讲台上的十二种体态：

　　（1）选择一个舒服的姿势。在进行演讲的过程中没有或者很少体态语的时候，选择一个让人看起来舒服、放松的姿势，对你来说是很有利的。如果你选择的姿势自己都觉得别扭，那么你在听众眼里的形象也就可想而知了。当然，舒服并不代表随意，特别是不要将一些不好的习惯带到演讲中来。

　　（2）站如松。将双脚轻微分开，自然笔直站立，面朝前方，精神饱满。自然挺立可以缓解你局促不安的心理，让你充满自信。同时你可以将身体稍微地向听众倾斜，表示出积极与听众进行交流的态度，从而拉近与听众之间的距离。

　　（3）表情自然。表情交流是让听众获取信息、产生共鸣所需要的时间最少的交流手段。演讲时的紧张、疲劳、喜悦、焦虑等情绪都会清楚地表露在你的脸上，这都会带给听众极深的影响。即使演讲的内容再精彩，如果表情缺乏自信，总是畏畏缩缩，演讲就很容易变得欠缺说服力。所以在讲台上要表情自然，不要垂头，否则就会给人丧气之感。同时减缓说话的语速，缓慢说话。说话速度一旦放慢，情绪即可稳定，表情也就可以得到放松，恢复自然。切忌面无表情，那是最令人厌恶的态度；也不要表情严肃，严肃的表情会让听众感觉沉重，他们也会将这种感觉反馈给你，从而让你对自己的演讲产生疑虑。尽一切努力控制任何破坏听众心情的表情。

　　在演讲的时候最好能够面带微笑，即使是一个简单的微笑也能够迅速拉近你与听众的距离。但是并不是说你在任何时候都要面带微笑，微笑也是要看场合的，不合时宜的微笑将会破坏你的整个演讲内容。美国总统卡特习惯于每讲完一句话，就给听众一个热情的微笑，这种习惯原本很不错。但是当在进行关于核武器、恐怖主义、世界灭亡威胁以及表达自己的同情心的时候，他如果每讲完一句话之后也来一个微笑，就显得不伦不类，让很严肃的话题变得很滑稽。

（4）张开双臂。有位著名的演讲家曾经说过，如果演讲时不知如何用自己的双手，那就闭上嘴巴。当面对少数听众时，你可以用一些小的、表示亲密的手势，但是当你走上讲台面对公众演讲时，这样的手势就会显得太小气。因为作为领导，你站在讲台上的手势传达的应该是权威与信心，而尝试性的、三心二意的手势则会让你显得软弱而优柔寡断。高抬双肘，从肩膀到双手完全张开，并且夸大——形象的说法就是展示你的腋窝，更会给人以力量与勇气。

（5）用眼神与听众交流。演讲的时候环顾整个会场，让自己的目光覆盖整个会场，尽量与更多的听众进行交流。当你紧张的时候，你可以注视看起来对你感兴趣的听众，否则不要只注视一点。很多的领导在演讲的时候，眼睛一直盯着前方，从来不向两边看，这是不对的。注意让你的目光不时地从一边移向另一边，你看听众，他们也会看你，换句话说，你尊重他们，他们也自然会尊重你。

（6）面对听众演讲。如果在演讲中需要辅助性的视觉工具，就把它放在你可以看见的位置，面对着听众演讲。如果需要指示的话，站在屏幕的旁边，移动鼠标或者使用指示棒，在任何时候都不要背对听众。需要与在座的某位听众进行特别的讲话时，先朝他的方向走过去，然后再转身回到演讲台。

（7）让身体动起来。富兰克林曾经说过这样一句话："有经验的演讲者通常都会生动地做手势，并且来回走动。"如果在演讲的过程中有所运动就会有更多的成功机会。当然运动并不是随意的，而是有目的的，必须让你的每一个动作都有价值——不论你是做手势、变换姿势，还是从一处走到另一处，你所做的动作必须与你的演讲内容相符，而不是脱节。

（8）观察成功领导的演讲。出席他们的演讲，如果是看录像，把声音抹掉，仔细观察并试着模仿他们的体态，从而创造出适合自己的体态。

（9）张开手掌指示事物。在演讲的过程中需要指示某样东西或者某个人时，用手掌，而不是用手指。手指表示蔑视、挑衅，是一种很不礼貌、很不友好的行为。

（10）在演讲中留出空白。演讲并不是感情的宣泄，而是让听众接受你的观点。用适当的语速，在言语之间留下空白，给听众以思考的余地。

（11）有风度地离开讲台。当你演讲完最后一句话或者回答完最后一个问题的时候，并不意味着演讲已经结束。首先给听众一个小幅度的鞠躬，因为对你的成功演讲，听众肯定会报以热烈的掌声，给你雷鸣般的喝彩；然后关掉或者摘下麦克风，交给主持人，如果你不小心忘记这一点，听众可能一直听到你的呼吸；最后整理你的演讲材料，自信地离开讲台，大步回到座位上去，同时不要忘记对听众致以微笑与谢意。即使你的演讲很糟糕、很失败，也要如此，表现得像个成功者。

（12）需要避免的体态：

①把手放在背后。这样看起来很幼稚，记住自己的身份，你是领导而不是小学生。

②双手抱臂。这样看起来似乎要拒听众于千里之外。

③双手抱在小腹上。这是很愚蠢的做法，因为你并没有什么需要遮掩的，你是光明正大地给听众作演讲以给他们精神与力量的领导。

④靠在演讲台上。这会让听众感觉你很累，或者生病，甚至没有自信。

⑤用拳头用力砸讲台。除非在特殊的场合背景之下，否则这是一种很没有修养的行为。

⑥不停地看表。布什在与克林顿的总统竞选演讲中，虽然他的观点、主张对美国人来说更重要，但是由于他在演讲的过程中不停地看表，给听众的感觉是他已经非常厌烦这场演讲，希望它早早地结束，从而失去了选民的支持，让克林顿赢得了这场竞选。

⑦不停地挠头发。这不仅是你紧张小气的表现，同时也让人怀疑——你究竟多久没有洗头发了？

其他的还有不时地调整眼镜，有意无意地摆弄自己的衣服、首饰或者讲台上的小道具，不停地搓手等等。这些细微的动作，都会影响你的领导形象。

作为领导，演讲时走上讲台的体态语言思维训练

1. 将自己在演讲时的体态摄录下来，观察自己的体态

2. 在平时的说话中试着让自己的每一个动作都有价值

3. 在每次的演讲中增加上面所提到的一个新的体态，熟练运用，直到随心所欲

先声夺人，引起听众的期待

虽然万事开头难，但是千里之行，始于足下。如果你有了一个好的开头，就成功了一半，凡事如此，演讲也不例外。一个好的演讲，能够在一开始就吸引听众的注意，引起他们的期待。正如心理学的基本原理所说的，我们对事物的预测方式将受到外界引导的很大影响。演讲的开场白决定了听众的期望值，决定了听众对你接下来的演讲会产生怎样的预测、做出怎样的反应。这也决定了你如果想要演讲成功，最好让你的开场白能够先声夺人，引起听众对你的演讲的期待。这也是你牢牢地把握听众的最好机会。

听众能够出席你的演讲，必然会带有一定的期待。无论在什么情况下，你不仅要激发听众的期待，而且要争取超过听众的期待。在演讲的开始牢记这一原则，即使是最普通的演讲开头也会发挥先声夺人的效果。那么如何开头会有此效果呢？

一、通过幽默的笑话调节气氛，缓解紧张的情绪

严肃的演讲往往很难吸引听众的注意力，让听众对你产生浓厚的兴趣。如果你能够以一个幽默的笑话开头，那么你就会很轻松地打开听众的心扉，但是一定要记住，你的笑话必须与你的观点有着某种联系。

温斯顿·罗德在一次关于"美国如何在新的世界秩序下获得成功"的演讲中是这样开头的：我的演讲主要有 2 个观点，我想用一个故事来说明。有 3 个宇航员，他们分别是法国人、美国人和俄罗斯人，被派到太空做一项重大的研究，需要 1 年的时间。因为时间很长，所以他们可以带上 50 千克自己想带的任何东西。法国人带了 50 千克的古罗马历史书籍，美国人带了体重 50 千克的女人，俄罗斯人带了 50 千克的雪茄。1 年时间转眼而过，他们一行 3 人返回地球。为了欢迎他们的成功归来，

大家举行了盛大的欢迎仪式。在欢迎仪式上，法国人所做的关于古罗马历史的演讲让在座的专家都赞叹不已；那个美国人抱着一个漂亮的孩子；俄罗斯人则满脸枯黄，愁容满面地问："谁有火柴？"我所演讲的观点就包含在这个故事当中。在新的世界秩序下，我们要做的 2 件事情是：一、让国家强盛起来，重树我们的竞争力，就像那个法国人所做的；二、像那个美国人一样，我们要创造出一种创造性的或者是繁殖性的国际合作，建立起在共同利益上的盟国关系。如果能够做到这 2 点，我相信我们在新世界旅途中所表现出来的实力肯定是无与伦比的。

温斯顿·罗德将自己演讲的观点隐含在笑话之中，并以这个笑话开头，这是吸引听众的最直接的方法。特别要注意的是，你的笑话不能是陈词滥调、带有宗教种族歧视或者色情的，否则的话只能让自己处于尴尬难堪的境地，甚至损害自己的威信。

二、讲述自己亲身经历的故事

用一个故事作为演讲的开头往往比那些抽象而空洞的说理更能激发听众的期待，而如果你能够用自己亲身经历的故事开头，更会使听众感到亲切，让他们在无意识之中跟随自己完成整个演讲。康维尔曾把他的那篇"遍地黄金"演讲了 6000 多次，他是这样开始演讲的："1970 年，我们沿着土耳其底格里斯河顺流而下。到达巴格达时，我们雇了一个向导，带领我们参观巴比伦、尼尼维亚、波斯波里斯等古迹……"接着他一步一步地把整个故事讲出来，带领听众一起体验自己的旅行。这种方法不容易失败，能让听众不自觉地跟着你的故事前行，因为他们很想知道后面到底发生了什么事情，所以就会平心静气地听你讲下去。

三、开门见山，直奔主题

开门见山地摆出主题，用精练的语言将自己演讲的内容、目的、意图展现给听众，让听众心中有数，一开始就知道你要说什么，从而将注意力集中到你的演讲上。在马克思逝世以后，他的战友恩格斯发表了一篇著名的演讲，题目是《在马克思墓前的讲话》，它是这样开头的："3 月 14 日下午 2 点 3 刻，当代最伟大的思想家停止思想了。让他一个人留在房里还不到 2 分钟，当我们进去的时候，便发现他在安乐椅上安静地睡着了——但已经永远地睡着了。这个人的逝世,对于欧美战斗的无产阶级,对于历史科学,都是不可估量的损失。这位巨人逝世以后所形成的空白,不久就会使人感觉到。"恩格斯以简洁的语言渲染了沉重的气氛,交代了自己演讲的主题:马克思的逝世是无产阶级不可估量的损失。

这种开门见山的开场白似乎很平常,但是如果运用得恰到好处,就会收到意想不到的效果。采用这种开场白,作为领导,你必须有足够的信心,大胆地展示自己的权威。

四、巧妙借用主持人的介绍

抗战期间,陈毅率领的新四军在浙江省开化县扎寨修整,当地的抗日组织协会召开了隆重的欢迎大会,并请陈毅上台演讲。因为主持人介绍陈毅时称其为"将军",所以陈毅大步走上讲台以后,接过主持人的话演讲道:"我是陈毅,耳东陈,毅力的毅。刚才主持人称我为将军,实在是不敢当,我现在还不是将军。当然叫我将军也不是不可以,我受全国人民的委托,去'将'日本的'军',一直把他们'将'死为止。"

在这里陈毅没有采用任何现成的演讲开头,而是借助主持人的介绍,尽情发挥,幽默而传神,不仅活跃了气氛,抓住了听众,而且鼓舞了士气,激发了他们必胜的信念。

五、触景生情,即兴发挥

在有些场合,一上台就开始正式演讲,往往给人以生硬突兀之感,有时可能让听众难以接受。你可以借助眼前的情景,通过抒情的方式将听众带入到你的演讲中去。

美国前国务卿爱德华·埃弗雷特应邀在葛底斯堡国家烈士公墓的落成仪式上发表演讲。站在演讲台上,望着远处的群山、茫茫原野和伫立的人群,他顿生感慨,心潮澎湃。于是他放弃了已经准备好的演讲稿,即兴发挥:"站在明净的长天之下,极目远眺人们长年耕耘而如今已经安静憩息的广阔田野,那雄伟的阿勒格尼山脉隐约地耸立在我们的前方,兄弟们的坟墓就在我们脚下,我真不敢用自己这微不足道的声音来打破上帝和大自然所安排下的意味无穷的寂静。但是我必须完成你们交给我的任务,因此请求你们施予我宽容与同情……"

这些情感真挚而富有诗意的语言，在祥和之中将听众带入庄严、肃穆的氛围中。当埃弗雷特讲完这一段话的时候，台下的听众已经被感染得热泪盈眶。

但要注意，这种开场白所渲染的气氛不能冲淡主题，必须与当时的演讲主题相符，二者才能相互辉映，相得益彰。

六、列举事实，震撼人心

事实胜于雄辩，特别是在一开始就运用惊人的事实，更能使听众感到震撼，从而引起听众强烈的期待。

保罗·吉本斯是美国费城某俱乐部的会长，他在演讲有关罪恶的问题时是这样开头的："美国是当今世界上犯罪情况最严重的国家，尽管这种说法令人震惊，但是更令人震惊的是，这是不可否认的事实。而俄亥俄州的犯罪情况尤为突出。让我们来看一组对比：俄亥俄州的谋杀人数是伦敦的 6 倍多，抢劫人数更是伦敦的 170 多倍；圣路易斯每年被谋杀的人数，超过英格兰与威尔士的总和；纽约每年的谋杀案件超过法国、德国全国。但是更令人震惊的是，这些罪犯并没有得到应有的惩罚。如果你谋杀了一个人，你被判处死刑的可能性只有 1%。甚至可以说，在座的各位，如果你犯了谋杀罪，被判处死刑的机会只有患癌症而死亡的机会的 1/10。"保罗·吉本斯在演讲的一开始就以一种让人不敢想象的事实，激发了听众的强烈兴趣。有人曾经说过，一篇好的文章应该是一连串的惊吓，把你从梦中惊醒，紧紧抓住你的内心，一篇好的演讲也应该如此。

在演讲的开始就先声夺人，引起听众的期待是确保演讲成功的重要方法。

作为领导，在演讲时，先声夺人的语言思维训练

根据你要进行的演讲，用以下不同的方式精心准备一个先声夺人的开头。

1. 幽默的笑话

_____

_____

2. 讲述自己亲身经历的故事

_____

_____

3. 开门见山，直奔主题

_____

_____

4. 列举事实，进行对比

_____

_____

5. 以听众的切身利益为突破口

_____

_____

第3节　用幽默为演讲增色

使用切题的幽默

听众喜欢幽默的演讲者，但是如果一个演讲者在演讲的过程中讲了一个与自己的演讲毫无关联的笑话，虽然很幽默，能够博得听众一笑，但是这种笑话往往只会分散听众的注意力，而对演讲毫无帮助，有时反而适得其反。所以如果你需要运用幽默的话，就要恰到好处，将自己的观点融入你的笑话当中，当听众记住你的笑话的同时也就记住了你所要表达的观点，从而记住你的演讲。社会学家的研究表明，人对融入笑话或者逸事中的信息的记忆储存时间要远远长于单纯的信息记忆时间。

幽默在人与人的交往中起着重要的作用，在演讲中也不例外。让自己的演讲富有成效的一个秘诀是幽默。幽默是集中听众注意力、营造和谐气氛、保持听众稳定情感的一个很有效的途径，它可以将消极的想法扼杀在萌芽之中。许多成功的领导，取得演讲成功的手段除了智慧，最重要的就是幽默。可以说，幽默是领导必备的素质之一。恰如其分地使用切题的幽默，可以激发群众的激情，缓解紧张的情绪，使你的演讲达到意想不到的成功效果。在担任大连市市长期间，薄熙来在一次"佳能杯"日语演讲比赛中的即兴演讲就很幽默："大家下午好，很对不起，我来晚了。其实来早了也没有用，反正我不懂日语。（听众发出笑声）我好佩服吕万山会长和张步宁主任，他们从一开始就聚精会神地听你们演讲，好像他们也懂日语。（听众大笑）日语演讲比赛越办越好，看整个大堂都坐满了人，我有2个相反的想法：一是这么多人学日语，说明日语很好学，我也应该学；另外就是既然有这么多人学日语，我还学什么，到处都有我的翻译。（听众大笑）"薄熙来通过自己的恰当而切题的幽默，为整个比赛烘托了气氛，将比赛推上了高潮。那么如何才能够让幽默切题，发挥最佳的效果呢？

一、自嘲式幽默

当面对第一次见面的听众时，你在演讲前进行一番自我介绍是必要的，因为听众也会急切地想对你了解更多。此时利用自己的幽默感，幽默地介绍自己，很容易打破沉闷的局面，迅速地吸引听众，集中听众的注意力，为演讲的顺利进行营造出良好的气氛。

台湾地区著名艺术家凌峰曾经在中央电视台春节联欢晚会上发表了一段精彩的演讲，其中幽默的自我介绍堪称演讲中的经典："在下凌峰……这两年，我们大江南北走了一道，男观众对我的印象特别好，因为他们见到我有点儿优越感，本人这个样子对他们没有构成威胁，他们很放心，（大笑）他们认为本人长得很中国——（笑声）中国五千年的沧桑和苦难都写在我的脸上了。（笑声、掌声）一般说来，女观众对我的印象不太良好，有的女观众对我的长相已经到了忍无可忍的地步。（笑声）她们认为我是人比黄花瘦，脸比煤球黑。（笑声）但是我要特别声明，这不是本人的过错，实在是父母的错误，当初并没有征得我的同意就把我生成这个样子。（笑声、掌声）但是，时代在变，潮流在变，现在的男人基本上可以分为3种：第1种，你看上去很漂亮，看久了也就那么一回事，这一种就像我的好朋友刘文正这种；第2种，你看上去很难看，看久了以后是越看越难看，这种就像我的好朋友陈佩斯这种；（笑声）第3种，你看上去很难看，看久了以后你会发现，他有另一种男人的味道，这种就是在下这种了。（笑声、掌声）鼓掌的都表示同意了！鼓掌的都是一些长得和我差不多的，（笑声）真是物以类聚啊！（笑声、掌声）"

恰当的自嘲，能够让听众感觉你很亲切，拉近你与听众的距离，让听众更加喜欢你。

二、将自己的亲身经历幽默化

很多领导往往觉得自己必须表现得很幽默才能够达到成功的演讲效果，往往用听来的笑话吸引听众，谁知弄巧成拙，反而搞得自己很紧张被动。其实你完全可以将你所经历的故事用幽默的话语表达出来，这种表达最有效，往往也最切题。

吉卜林在面对一个政治团体进行演讲时，就将自己的亲身经历用幽默的话语表达了出来："女士们，先生们，我年轻的时候，住在印度。那时我常常替一家报社采写社会新闻，这个工作非常有趣，因为它使我有机会去认识一些制造假币、杀人、盗窃以及这一类富有冒险进取精神的君子们。（听众大笑）有时候为了采访他们被审问之后的情况，我还要到监狱里探望那些正在受罪的朋友。（听众大笑）记得有一位因为杀人而被判处死刑的小伙子，聪明绝顶又会说话。他对我说了一句他自认为是自己一生中所领悟出来的最重要的一句话：'我觉得一个人如果一失足跌入罪恶的万丈深渊，那么他从此将会为非作歹不止。'最后他竟以为只有把别人都挤到这罪恶的深渊里去，才能够实现自己的正直。（听众大笑）用这来形容现在内阁的形势可能是再合适不过了。（听众大笑同时掌声雷鸣般响起）"

作为领导，你的经历肯定很丰富，不要只是死板地讲述，根据演讲场合的需要，风趣幽默地讲出来，会给你的演讲增光添彩不少。

三、切题的幽默化解尴尬

切题的幽默能有效地打破僵局，缓解紧张的氛围，营造友好的场面，从而将自己的演讲定位在积极的一面，有利于促进演讲过程中的思想交流。

里根总统访问加拿大时，在一座城市发表演说的过程中，有一群举行反美示威的人不时打断他的演说，明显地表现出反美情绪。里根是作为客人到加拿大访问的，加拿大的总理皮埃尔·特鲁多对这种无理的举动感到非常尴尬。面对这种困境，里根反而面带笑容地对他说："这种情况在美国经常发生，我想这些人一定是特意从美国来到贵国的，可能他们想使我有一种宾至如归的感觉。"听到这话，尴尬的特鲁多禁不住笑了。

里根的一番幽默很是符合当时的情况，不仅解除了东道主的尴尬，而且稳定了听众的情绪，展示了自己的机智与风度。

薄熙来可以说是口才非凡。他那睿智幽默的话语常常给人留下难以忘却的印象，在幽默中显示着他的大智慧。他在担任大连市市长期间，参加了星海国际会议展览中心举行的确保50天完成任务的誓师大会。当演讲正在进行时，公司的宋总指挥的椅子突然倒下了，宋总指挥也从椅子上摔下来，很是窘迫。然而薄熙来不慌不忙地大声说道："你们的誓师大会开得很好，大家的决心都很大，摩拳擦掌，准备大干一场。你们看，你们的宋总指挥已经坐不住了。（工人大笑）希望大家团结一致，50天确保封顶！（工人长时间的鼓掌）"薄熙来的随机应变和幽默话语，不仅使自己的演讲没有受到干扰，反而恰到好处地鼓舞了士气。

只有把握住演讲的主题以及现场的氛围，才能够让自己的幽默在演讲中发挥积极有效的作用。

作为领导，使用切题幽默的语言思维训练

1. 扩大知识面，平时注意搜集一些逸闻趣事

正如陆游所说："汝果欲学诗，功夫在诗外。"演讲的幽默也是如此。幽默是一种智慧的表现，它必须建立在丰富的知识的基础上。你只有具备审时度势的能力、广博的知识，才能做到谈资丰富，妙言成趣，做出恰当的比喻。因此，要培养幽默感就必须广泛涉猎，充实自我，不断从浩如烟海的书籍中收集幽默的浪花，从名人趣事的精华中撷取幽默的宝藏。

2. 培养深刻的洞察力，提高观察事物的能力

现实是培养幽默的土壤，机智、敏捷是幽默的一个重要表现。只有迅速地捕捉事物的本质，以恰当的比喻、诙谐的语言表述出来，才能使人们产生轻松的感觉。

3. 根据演讲的需要采取切题的幽默

自嘲式幽默

_____

_____

将自身经历幽默化

避免使用伤害性的幽默

在演讲中恰如其分地使用幽默，能够搭建你与听众之间和谐沟通的桥梁，可以带来很好的演讲效果。但是在实际生活中我们却发现，许多领导尽管也在演讲中幽默了一把，但是不仅没有达到理想的效果，有的甚至适得其反。仔细分析我们发现，这主要是因为他使用了令人反感的笑话。由此可见，并不是什么样的幽默都可以用在演讲中的。演讲中的幽默如果使用不当，不仅会伤害听众的感情，而且会给你的形象带来极其不良的影响，降低听众对你的信任，损害自己作为领导的威信。那么怎样才能够让幽默成为你与听众之间的桥梁，而不是伤害听众感情的利刃呢？

如果你不想冒犯听众，损害自己的领导威信，那么你就要避免使用令人反感的伤害性幽默。

一、避免不分场合的幽默

幽默要注意分清场合，不分场合的幽默，结果只能适得其反。美国总统里根一次在国会开会前，为了试试麦克风是否好用，张口便说："先生们请注意，5分钟之后，我们将对苏联进行轰炸。"众人皆惊。尽管后来大家都知道里根是想幽默一下，但由于是在错误的场合、时间里开了一个极为荒唐的玩笑，结果招来了苏联政府的强烈抗议。

如果里根的这个幽默是在私人之间的聊天或者比较轻松的场合，可能还会起到一点儿幽默的效果，但是在严肃的国会开会期间就有点儿不合时宜了。如果处理不好，还极有引发战争的危险。

二、避免有关弱势群体的幽默

人处于弱势或者存在某种生理、心理缺陷，本身就已经很是不幸了，此时如果你在演讲时还把他们当作幽默的对象，对他们来说无疑是雪上加霜，在伤口上撒盐。这样的幽默不仅毫无可取之处，而且会极大地伤害听众的感情，同时又让听众把你当作一个冷酷而毫无感情的冷血动物来看待，势必大大损害你的权威性，同时也可能预示着你的领导地位时日不多了。因为人们往往都有同情弱者的心理，你作为领导应该具有这种感情。比如与艾滋病患者以及残疾人士有关的幽默笑话都是有很强的伤害力的，对你、对听众都是如此。

三、避免种族或地区歧视的幽默

你的幽默能否起作用的关键不在于你是如何想的，而在于听众的感受。试想，如果你是听众，台上的演讲者正好以你所在的地区作为笑话的素材，你会有什么感觉呢？将心比心，你就会明白你以某一种族或者地区作为笑话的素材的演讲可能带来的伤害有多大。记住，你的演讲是用幽默来沟通交流而不是树敌的。同样的幽默，能对甲讲，但是却不一定能对乙讲。因为人的身份、性格、心情都会存在差异，因而对玩笑的承受能力也不尽相同。

四、避免色情笑话式的幽默

演讲是面对公众的演讲，不是闺房私语，所以内容一定要高雅。有些领导往往不注意这一点，甚至乐于以此作为幽默题材，但是这些领导却忘了，公司里不仅有男性员工，也有女性员工。那些色情笑话是对女性的极大侮辱，虽然它可能赢得某些男性的一笑，但是大家在心里还是会对你产生蔑视的。

从某种程度上可以这样说，幽默的内容展现了领导的思想情趣与文化修养。在演讲的过程中时刻铭记：你的听众并不是一些低俗的人。如果你忽视了这一点，肯定会冒犯听众、自损威信的。内容健康、格调高雅的笑料，不仅会给听众以启迪和精神的享受，也是对自己良好形象的有力塑造。

五、避免带有讽刺色彩的笑话

当你使用讽刺性的幽默的时候，虽然也是为了展示自己的幽默智慧，但是往往表现给听众的却是邪恶的一面。虽然讽刺经常被用来攻击你与听众的共同敌人，然而这并不意味着所有的听众都可以坦然地面对这种讽刺。你在这里讽刺了别人，也就难以保证你不会在其他地方讽刺你现在所面对的听众。当你在演讲中表现得刻薄时，听众会感觉很不自在的，所以在演讲过程中你要尽量显出自己作为领导的包容心态。

以友善的态度去展示自己的幽默，与人为善是开玩笑的一个原则，开玩笑的过程是感情互相交流传递的过程。如果借着开玩笑对别人冷嘲热讽，发泄内心厌恶、不满的感情，不仅不会赢得听众的好感，反而会招致听众的厌恶。即使你暂时能在口齿上占到上风，但你的领导权威却会因此受到极大的损害。某公司的总裁在一个小城市面对公众演讲时，发现全场有一半座位空着，就对听众说："朋友们，我发现这个城市的人都很有钱，我看到你们每个人都买了两三个座位的票。"很难想象这位总裁以后在这座小城里的投资会成功。与人为善的同时也就是给自己方便，即使是演讲中的幽默也同样适合这一规律。

但是在现实工作中，你可能很难弄清楚什么样的幽默是具有伤害性的。从某种角度上说，有些领导之所以不敢使用幽默不是由于自己不懂得幽默的好处与重要性，而是担心一旦使用不好，就可能造成种种没有必要的麻烦。还有一些领导是一朝被蛇咬，十年怕井绳，因噎废食。其实这些都是没有必要的。只要你平时多阅读，广泛涉猎，多搜集相关的资料，完全可以避免这种问题。比如作为领导，你要到西部的宁夏去视察，当你到那里以后，难免会有公开的演讲，这时你就要提前了解听众的情况。而有一个大的前提是万万忽视不得的，那就是宁夏是回族集聚区，你必须对他们的禁忌熟记于心，这样才不至于在幽默的时候犯原则性的错误，从而避免冒犯听众。

虽然要尽量避免使用那些带有伤害性质的笑话，但是笑话都是人创造的，你完全可以对那些伤害性的笑话进行改造，让它变成有利的、积极的笑话。总之，在运用幽默的时候，如果你对自己所要运用的幽默素材有所怀疑的话，就不要用。

作为领导，避免伤害性的幽默的语言思维训练

1. 最危险的幽默是取笑他人的幽默，避免下面的话题：

(1) 出生地。

(2) 相貌、身体缺陷。

(3) 种族。

(4) 性行为、性取向。

(5) 智力。

(6) 宗教、宗教领导人

(7) 政治倾向

2. 审视自己演讲中的幽默

看有没有伤害到你的听众，不管有意还是无意，避免以后重蹈覆辙。

3. 学习成功领导人的幽默

任何时候，善于借鉴都是领导应该具备的品质。

4. 广泛阅读

即使不是为了避免使用伤害性的幽默，作为领导你也应该如此。

运用笑话的准则

笑话是幽默的最常见的载体，是语言艺术中的一种特殊的喜剧因素，也是演讲中表达以及再现喜剧因素的艺术能力。它通过比喻、夸张、象征、寓意、双关、谐音等手法，运用机智、风趣、凝练的语言来丰富自己的演讲，缓和尴尬局面，活跃气氛，让听众在轻松的幽默中接受自己的观点，从而达到演讲的最佳效果。

笑话之所以受到听众的喜爱，主要在于其独特的美学特征与审美价值。它运用理性的倒错等特殊手法，通过对美的肯定和对丑的嘲讽两种不同特质的情感复合，创造出一种充满情趣而又耐人寻味的幽默氛围，促使听众在不知不觉中就领悟到你在演讲中所要表达的态度以及言外之意，从而产生一种会心一笑的特殊效果。笑话正是通过幽默的情趣淡化了演讲中的某些僵化、死板的成分，使听众在欢笑中自然而然、不知不觉地接受你的演讲暗示。即使是原本不愿意接受的，也减少了听众对你的演讲所持的逆反心理，增强了演讲的感染力。

笑话是一把双刃剑，它虽然有很多好处，但是如果运用不当就会伤人害己。为了让演讲中所运用的笑话达到最佳的效果，在运用笑话时就要注意遵守一定的原则。

一、三思而后言的准则

除了那些很忧伤或严肃的演讲场合，幽默的笑话都是一个非常关键的因素。但是在你决定使用什么笑话之前，你必须考虑你自己的风格。

合适的即最合理的，如果能做到这一点，即使最蹩脚的笑料，也能通过调整字句之间的停顿时间达到最佳的演讲效果。虽然很少有人能做到这一点，但是你也别绝望，因为听众总是站在你这边的。人们聚集在一起来听你的演讲从来不是准备来找气受的。所以你在演讲之前准备运用一个笑话的时候，先对这个笑话进行几项分析：

（1）社会习俗。

（2）观众分析。

（3）适合场合。

（4）个人风格。

（5）说明一个论点。

如果以上几项通过了，然后再问自己几个问题：

（1）这个笑话真的好笑吗？

（2）我能舒畅地把这个笑话说出来吗？

（3）这个笑话和演讲的基调相符吗？

（4）这个笑话适合我的演讲目的吗？

（5）听众都能听懂这个笑话吗？

（6）听众会喜欢这个笑话吗？

（7）这个笑话有品位吗？

（8）这个笑话新鲜吗？

二、合作的准则

演讲中使用笑话，不是为了树敌，而是为了更好地交流沟通，所以此时的笑话一定要与人为善。1946 年 5 月，远东国际法庭审判以东条英机为首的日本甲级战犯时，10 个参与国的法官们曾因排定法庭座次问题展开了一场争论。中国法官应排在庭长左边第二把交椅，可是因为中国国力不强，因此被各强权国所否定。在这种情况下，唯一出庭的中国法官梅汝璈与列强展开了一场机智的舌战。他说："排座次应按日本投降时各国的签字顺序排列，这是唯一正确的原则。当然，如果各位同仁不赞成这一方法，我们不妨找个体重者居中，体轻者居旁。"各国法官听了，忍不住笑了起来。庭长笑着说："您的建议很好，但它只适用于拳击比赛。"梅汝璈接着说："若不以受降国签字顺序排列，那就按体重排列好了。这样纵使我被置末座亦心安理得，并且对我的国家有所交代。一旦他们认为我坐在边上不合适，可以派另一名比我肥胖的来换我呀。"这一幽默的回答缓和了剑拔弩张的紧张局面，缓和了当时法庭上的气氛。最后法庭终于按照梅汝璈要求的进行座次排列。梅汝璈通过自己的幽默不仅维护了国家和民族尊严，而且以不激化矛盾为前提，在宽松的气氛中使问题得到解决。

梅汝璈争论演讲的目的在于解决问题，试想如果他的幽默带有敌意的话，问题还能否得到顺利解决呢？

三、简洁的准则

莎士比亚曾经说过这样一句话："简洁是智慧的灵魂。"笑话作为智慧的载体，同样适用这句话。在讲笑话的时候要保持故事的简洁，只说重点，尽可能去掉那些拖泥带水的细节。况且如果笑话太长的话，听众也势必会失去耐心，笑话也就失去了其存在的意义。

由于笑话要求简洁，所以每一个字都是关键，你在讲笑话的时候必须吐字清晰，让听众听清楚每一个字。尤其是讲到最精彩、最重要的部分时，一定要适当控制语速，这样才能达到最佳效果。同时，讲笑话的大忌就是还没讲完，听众没笑，你自己倒先笑起来了，甚至笑得说不下去，让听众搞不明白你在说什么。这样有损你的形象和威信。善于讲笑话的人一般都在讲笑话的时候保持镇静，等到听众都开怀大笑时，才会心地一笑。

四、理解听众心理的准则

在演讲中无论采用什么手段，所取得的效果最终都取决于听众的反应，运用笑话也是如此，所以在运用笑话之前一定要准确把握听众的心理。

美国的詹姆斯·罗威尔1883年担任驻英大使时，在伦敦举行的一次晚宴上发表了一篇名为《餐后演讲》的即席演说。他说："我在很小的时候听人讲过一个关于美国一个卫理公会的牧师的故事。他在一个野营的布道会上布道，讲了约书亚的故事。他是这样开头的：'信徒们，太阳的运行方式有3种，第1种是向前或者说是径直的运动；第2种是后退或者说是向后的运动；第3种即在我们的经文中提到的——静止不动。'（笑声）先生们，不知你们是否明白这个故事的寓意，希望你们明白了。今晚的餐后演讲者首先是走径直的方向(起身离座,作示范),即太阳向前的运动。然后又返回,即太阳向后的运动。最后,凭着良好的方向感,将自己带到终点。这就是我们刚才说过的太阳静止的运动。"(在欢笑声中,罗威尔重又入座)

当时正是晚餐时间,罗威尔如果作长篇大论的演讲恐怕并不合适,可能他还没有讲完,大家的肚子就已经开始叫了,大家以后还有谁敢听他的演讲呢?但是他却通过一个笑话,紧扣演讲的主题,惟妙惟肖,天衣无缝,表达了听众的心愿,怎能不赢得现场听众的热烈掌声和欢笑声!

五、笑话的妙语要在最后揭晓

笑话的一个特殊效果就是给人以意外的惊喜。然而有些领导将要在演讲的过程中讲笑话的时候,往往先告诉听众:"下面我给大家讲个笑话……"这是很拙劣的说法。当你告诉听众你接下来要讲的内容是一个笑话时,听众就会在心里有一个笑的期待,万一听众听过这个笑话,或者只是你觉得好笑而听众丝毫没有笑的感觉怎么办?如何避免这种情况呢?你可以说:"我想到一个小故事……"或者不需要提示,直接讲述你的笑话。你必须将自己的笑话不动声色地转化为一则曲折悬疑、有条不紊而且引人入胜的故事,使听众睁大双眼以关注、期待的眼神听你说下去,直到最后爆出结局,展示出出人意料的真相,从而达到笑话运用的最佳效果。

另外,在运用笑话的时候绝对不能够泄露笑话的主题,因为这正是吸引听众兴趣的关键。如果你在演讲的过程中说:"现在我来讲一个关于因小失大的笑话……"就很难带来预期的效果。天机既然已经泄露,你又如何能激起听众的好奇心呢?

俄国文学家契诃夫曾经说过:"不懂得开玩笑的人,是没有希望的人。"运用笑话是一种特殊的情绪表现,它可以淡化人的消极情绪,消除沮丧与痛苦。善于讲笑话的人,生活充满情趣,即使是面对那些看来令人痛苦烦恼的、压抑的演讲氛围,也能够应付得游刃有余。这是因为他们掌握了笑话这一适应环境的工具,善于运用笑话来给听众带来愉悦。

作为领导,掌握在演讲中运用笑话的准则的语言思维训练

1.领会笑话的内在含义

机智而又敏捷地指出别人的缺点或优点,在微笑中加以肯定或否定。

讲笑话不是油腔滑调，也非嘲笑或讽刺。讲笑话是为了给人以幽默感。装腔作势、钻牛角尖、迟钝笨拙都难以讲出好的笑话，只有从容、平等待人、超脱、游刃有余才能恰到好处地运用笑话，达到幽默的效果。

2. 陶冶情操，乐观对待现实

善于运用笑话也是宽容精神的体现。在平时要善于体谅员工、同事以及他人，学会雍容大度，克服斤斤计较，同时还要乐观。在生活工作中多一点儿趣味和轻松，多一点儿笑容和游戏，那么你就会在讲笑话的准则之内"随心所欲，而不逾矩"。

第4节　给演讲一个"豹尾"

如何做出完美的结论

结论在演讲中的地位不可忽视，那么我们如何才能做出一个完美的结论呢？无论是童话故事还是小说，都有自己精彩的结尾，虽然演讲和它们有着很大的区别，但是二者也有着很大的相似之处——让听众或者读者回味无穷，童话小说可以做到完美的结尾，演讲同样也可以做到。

一、让自己的结论听起来像结论

这是最简单而又不失完美地做出结论的方法。在许多时候，领导者往往有种错误的想法，认为当演讲要结束的时候，听众应该能够感觉到，其实不然。虽然整个演讲的结构在你自己的脑海中如同水晶般清楚，但是听众并没有你的演讲稿，他们怎么知道你何时要结束演讲？所以为了给听众以合理而清晰的思路，最好让自己的结论一目了然。一般情况下，可以使用"总之"、"最后"、"总而言之"这些非常好的结论性词语给听众以提醒。费城的一名机械公司的经理在这方面做得比较成功："各位，简而言之，根据我们在自己公司操作这套设备系统的经验，根据我们在纽约、华盛顿、芝加哥使用这套设备的经验，它操作简单，效果很好，再加上在1年之内它阻止事件发生而节省下的金钱，使我以最急切和最肯定的心情建议：立即在我们的其他各分公司采用这套设备。"

即使是听众忘记了或者因迟到而没有听到他前面的演讲内容，那么根据他的结论就可以清楚他前面的演讲内容。这样的结论在演讲的时候非常有效，也是这位经理的演讲的成功所在。

二、巧借名言警句做出结论

在所有的结尾方法中，使用幽默或者听众熟悉的诗句也许是最能被听众接受的。保罗中国公司在广州举办过一次非常隆重的庆功大会。开幕式上，公司各级有关领导都逐一发言祝贺。轮到湖南分公司的王总时，开幕式已进行了很长时间。于是他这样说："首先，我谨代表湖南分公司，对大家所取得的成就表示热烈的祝贺。"掌声过后，稍事停顿，他又响亮地说："最后，我预祝大会圆满成功。我的话完了。"他以迅雷不及掩耳之势幽默地结束了演讲。听众开始一愣，随即爆发出欢快的掌声。因为，从"首先"一下子跳到"最后"，中间省去了"其次"、"第三"、"第四"这样的讲话，如天外来石，出人预料，但是却不失为一个完美的结论。

事实上，如果你能找到合适的短句或诗句作为你的结尾，那几乎是最理想不过的了。它将产生最合适的风味以及尊严气氛，将表现出你的独特风格，产生美的感觉。一位医院院长在演讲结束时这样说："同志们，现在大家都在看《钢铁是怎样炼成的》这部电视剧，在这里我只想用保尔的那段名言结束我的演讲：人最宝贵的是生命，生命对于我们每个人来说只有一次，一个人的生命应该这样度过：当他回首往事时，他不因虚度年华而悔恨，也不因碌碌无为而羞耻。这样他在临死的时候就能够说：我已把整个生命和全部精力都献给了最壮丽的事业——为人类解放而斗争。"由于大家都熟悉这段话，所以当他开了头以后，大家都跟着一起朗诵起来。这样的结论含蓄而深沉，优美而有力，不仅巧妙地表达了自己的心迹，而且有"余音绕梁"之效。

三、根据场合需要做出结论

演讲的结论并不是一成不变的，即使你已经准备好了一个完美的结论，也完全可以根据场合的需要进行删改——这也是对领导语言应变能力的考验。不能根据实际情况对演讲稿进行删改的领导，从某种角度来说，不是一个具备良好语言素质的领导。

一个公司的主管在一次演讲的开头就说"我今天给大家谈6个问题"，接着，便第一、第二、第三、第四、第五，井井有条地谈了下去。当谈完第5个问题的时候，他发现离散会的时间不多了，于是他提高嗓门，一本正经地说："第六，散会。"听众起初一愣，不久就欢快地鼓起掌来。这位主管能够根据场合的需要，把握准听众的心理，打破正常的演讲内容。这样的结论虽然只是一句话，但是由于符合听众的心理，同时也是最令人难忘的，所以不仅能够引起听众的开怀大笑，甚至可以让他们高兴地站起来为你鼓掌喝彩。美国总统里根在一次宴会上作过一个演讲，他是这样结尾的："谢谢各位，愿上帝保佑你们。接下来我就要说出大家心中一直期待着的一句话：'开始就餐吧。'"一下子拉近了与听众感情上的距离。

四、结论的长度要适中

演讲时的结论要求是"豹尾"，强健有力，语言的长度适中而富有深意。古希腊的德摩西尼发表的《斥腓力辞》结尾就非常经典："敌人正在对我们铺罗设网、四面合围，而我们却还呆坐着不求应付。同胞们，我们究竟要到什么时候才能采取行动？当雅典的航船未覆灭之时，船上的人无论大小都应该动手救亡。一旦巨浪翻上船舷，那就一切都会同归于尽……即使所有民族同意忍受奴役，那个时候我们也要为自己而战斗。辞令的灵魂就是行动，行动，再行动！"这个结尾慷慨陈词，号召人们拔剑奋起，共同反抗马其顿王腓力二世的入侵。

有话则长，无话则短。如果有其他原因，应尽量长话短说，但是有些领导却经常违反这一原则。一位学校的董事晚上在哈佛大学俱乐部演讲。那次的集会时间拖得很长，已有很多人上台说过话了。轮到他演讲时，已是凌晨2点了。他要是为人机智圆滑一点儿，或是善解人意一点儿，应该上台去说上十几句话，然后让人们回家去。但是他没有这样做，反而展开了长达45分钟的长篇演说，尽情地宣传自己的主张。他还没讲到一半，听众已经开始希望他从窗口掉出去，或者不管采用什么方式，只要能让他住口就行。所以作为领导，在演讲的过程中，听众并不反对你做出简短的结论。

五、留出与听众交流的时间

也许很多的领导没有注意这一点。但是你有没有想过，你演讲的目的是什么？不就是与听众进行交流，希望他们能够接受你的观点吗？所以即使听众再多、时间再紧，就算是压缩你的演讲时间，也要尽量留出哪怕是很少的几分钟时间，随时准备回答听众提出的任何问题。

如果你不这样做的话，那么听众可能就会带着不懂的问题走出你的演讲现场，甚至为听你的演讲而失望。而回答问题则不仅可以达到沟通的目的，而且能够树立你领导的高大形象。另外，如果时间实在是不允许，当你结束演讲的时候，就不要急于离开。有些对你的演讲特别感兴趣的听众，可能特别希望在演讲结束后和你进行交谈。如果你认为当你的最后一句话说完，也就意味着演讲的结束，那就大错特错了，因为那将给听众留下很大的遗憾，他们甚至会转而变得非常气愤，对你和你的演讲也就不会存有什么好的印象。所以在演讲结束时，无论如何都要给听众留出一定的时间，为自己的演讲画上一个圆满的句号。

你可能会问，如果自己回答不出听众的问题，岂不是太难堪了吗？其实一个优秀的、有经验而自信的领导都希望能够听到自己无法解答的问题——有疑问，然后才能够提升自身的素质，得到长远的发展。所以，当你听到这样的问题的时候，应当把它当作提升自己、加强与听众交流的一个机会，从而激起挑战自己的信心和勇气，而不是制造恐慌，产生恐惧胆怯的心理。那么当你遇到自己无法解答的问题的时候，就可以不用遮掩地说："这个问题我不知道，但是我会找到问题的答案并且告诉你。"然后你在自己的备忘录上记下提问听众的联系方式——电子邮件或者手机电话，争取在最短的时间内给他答复。这样做的同时，也就表明你不仅是一个演讲者，更是一个敢于负责、勇于承担责任的领导。这不仅不会损害你的权威，反而会树立起你的高大形象，这样你就达到了自己的演讲目的。演讲的目的在于与听众进行交流沟通，是一个双向的活动。

作为领导，做出完美结论的语言思维训练

1. 准时结束演讲

对有些领导而言，"总之"之类的结论性话语常常成了"换一口气"的代名词。演讲宁可提前结束也千万不要超时。

2. 有计划地安排结论

简要回顾自己演讲的重要内容而不要长篇大论。

3. 结论果断有力

不要拖沓犹豫。

4. 等听众鼓完掌以后再致谢

著名演讲家哈里斯曾说过："除非你想让听众捐钱或者想拉选票，否则就不要在你演讲的最后加上'谢谢'一词。"这会让你的结论力度大减。

八种应该避免的结论

为了圆满地结束你的演讲，你一定要注意常见的而你又必须避免的8种结论。

一、子虚乌有的结论

或许你在看港台电视剧时会发现，在每集开始之前都会出现"本片纯属虚构"的字幕。这种结论对建构在想象基础上的文艺作品而言是很不错的，但是对于领导的演讲来说却非常的不合适。演讲是为了和听众交流、说服听众相信并接受你的观点，如果你最后得出的是一个空中楼阁式的结论，那么让听众如何相信你？你的演讲的意义又在哪里呢？

二、没有任何征兆的结论

在听众正听得聚精会神的时候，你的演讲却突然结束，让人措手不及。至于你的结论是如何来的，也许除了你之外，无人知晓。这就好比是演算一道数学证明题，没有证明过程就直接由题目得出结果，就是小学生也知道，这样是不得分的。演讲也是如此，突如其来的结论也同样不会得到听众的认可。如果实在不知道如何下结论，你也可以用最简单的"总之"作结，毕竟有聊胜于无。当然这个结论必须是实实在在的结论，而不是什么"为赋新词强说愁"的结论。

三、似是而非的结论

明明是已经让听众做好心理准备，暗示他们要结束了，但是你却并没有如听众所期待的那样结束演讲，而是在整篇演讲总结的基础上又做了一个总结，如此层层叠加，而每一个结论又很相似。你说它们一样吧，又似乎有所不同；说不一样吧，又好像有些相同，让听众摸不着头绪，不知你的结论到底是什么。讲到最后，不仅听众不明白你讲的是什么，可能你自己也被自己搞糊涂了，不知自己究竟在说什么。

四、为结论而结论

演讲到了一定的时间，你知道该做结论、结束自己的演讲了，于是便随随便便地做了结论，也不管和上面的演讲内容有什么联系，似乎是为了完成任务而做的结论，不仅让听众感觉到生硬，也是不负责任的一种表现。所以无论如何也不要为结论而结论。在演讲的内容与结论之间建构一座沟通的桥梁，从而让听众自然而然地接受你的结论。

五、信心不足的结论

有些领导会在演讲的结尾说上几句谦虚的话，"演讲有不当之处，还请各位多包涵"，或者"希望没有耽误大家的宝贵时间"。这些都是没有必要的、怯懦不自信的表现。听众需要的不是这些，没有谁希望去听一个唯唯诺诺的演讲，无论是你的演讲水平确实不高抑或只是你自己的想象，你都没有必要做出解释。把这一切留给听众，你的演讲效果是由他们而不是由你来评判的。否则，即使你的演讲水平很高，你的这种毫无信心的结论也会让你的演讲效果大打折扣。所以在演讲台上应尽情地表现自己。既然你是领导，站在讲台上，你就是权威，那么就表现出权威的尊严与自信吧！

六、内容重复式的结论

有的领导在台上演讲的时候不知道是因为没有准备好，还是词汇贫乏，总是重复自己讲过的内容，好像是没话找话说，虽然所用词语不一样，但是意思却全都一样。本来演讲内容结束要做结论了，但是结论总结完毕之后又重复前面的内容，如此反复，让听众如何受得了？演讲时，有话则长，无话则短，不要没话找话，像祥林嫂一样。

七、虎头蛇尾的结论

演讲时的结论需要像豹尾一样强劲有力，而不是软弱无力的蛇尾。有的领导在做结论的开始还意气昂扬、激情奋发，可是说着说着，气势就弱下来了，像是泄气的皮球，甚至到最后只有自己能够听到自己的声音了。演讲的时候可以由弱到强，但是绝对不可以由强而弱，给听众以暮鼓残年之感。那样的话，作为领导，你所代表的公司也让人感觉是日暮途穷、来日不长了。

八、唠叨式没完没了的结论

很多领导认为说话是权力的象征，特别是在公众场合的演讲，所以他们走上演讲台以后，就犹如泛滥的滔滔江水，一发而不可收挡也挡不住。如果不是因为其他什么原因，可能会一直讲下去，直到听众在下面窃窃私语，出现骚动，声音大到超过台上的领导，甚至听众都走完为止，否则他就不会停止自己的结论。要记住，听众不是两三岁的小孩，你也不是保姆，没有必要事无巨细。你坐在领导的位置上，是因为员工对你的信任，他们需要的是你的演讲的真实与鼓舞的力量，而不是你的唠叨。

作为领导，在演讲结束时，应该避免的结论的语言思维训练

1. 表现出如释重负的神情

这样听众感觉你把他们当作一种负担，是对他们的一种侮辱。

2. 用"最后，先生们、女士们……"做结论

这等于暗示听众：我的演讲马上就要结束了，你们可以收拾东西了。这样结论马上就会淹没在听众收拾东西准备离开的声音里。

3. 结束后立刻离开

演讲结束后，不要急于离开，否则对听众是很不尊重的，同时也可能让你的演讲效果立即降到零。所以在演讲结束时，不要急于离开，面对听众微笑、点头，用眼神和他们进行交流以感谢他们的掌声。

第7章

与小组和个人交流

第1节 有效召开小组会议

会而不议，获得共识

既然走上了领导的岗位，也就免不了要经历这样或那样的会议。你不仅要在会议上发言，而且可能还要主持会议，而主持会议的过程最能显示你的语言才能。主持会议的时候，你就是会议的中心与主宰，要灵活自如地调控整个会议的进程，从而使会议达到预期的目的。凡事都有自己的规则，召开小组会议也是如此。

召开小组会议，顾名思义，就是开会讨论，只有这样才能得出结果，从而达到开会的目的。但是由于中国的人情文化决定了如果不管什么事情都要等会上议论解决的话，那么最后所导致的结果可能就是大家都不高兴，不欢而散。你可能会问：那应该怎么办呢？其实在中国的公司里，最好的办法就是会而不议，因为只有如此，大家才能达成共识，事情才能合理地解决。为什么这样说呢？这主要是因为在中国办事，任何时候都要考虑到彼此的面子。

西方人说话喜欢公开化、透明化，喜欢把问题摆在桌面上，有话直说。因为民主法治的社会，问题会越辩越明，对就是对，错就是错。大家在会议上面红耳赤地争论，散会之后，又像往常一样友好交流。但是在中国就不一样了。由于中国文化与西方文化的差异，很多事是不方便说的。如果两个人在会议上由于意见不合而争得不可开交，那么会后虽然可能也是一脸和气，而内心里却是充满恨意，甚至会寻机报复。因为有些事情，如果不公开的话还好商量，可是一旦公开化了，可能大家在面子上都过不去。同在一个公司，低头不见抬头见，和谁过不去都不好。这也就决定了在开会的时候，最好做到会而不议。

你可能会问：既然会而不议，开会干什么呢？形式虽然不起决定性作用，但是在某些时候却会起重要的辅助性作用。离开了会议这种公开的形式，而直接公布结果，就有暗箱操作之嫌。开会就是把将要公布的结果公开化、合理化，让大家都有一个接受的心理准备。会而不议并不是真的不议，而是在会前要进行充分的沟通，与要参加会议的每个人进行私下交流，建立共识，在开会的时候将这些共识公布出来。因为大家在事前对会议所要讨论的内容都有所了解，这样就比较容易达成共识，有利于会议的圆满成功。

这主要是面子的原因。在中国的公司里面，会前、会后的非正式交流都非常容易。这时候无论两个人争吵得有多激烈，也只有两个人心里清楚，也就是俗话所说的"关起门来说话"。这时面子的作用退居其次，才有了坦诚交流的可能性。即使是谈论重大的问题，也会由于私下里的宽松环境所创造的气氛而得到解决。离开谈话的房间之后，如果对方将重要的谈话内容泄露给第三者，那么你就可以否认。况且有些话，在会下怎么说都可以，而一旦拿到会议上将其公开化，就有可能出问题，有时还容易得罪人。唱戏的有句话叫"台上三分钟，台下十年功"，稍作修改也同样适用于开会："会上 1 小时共识，会前 3 天沟通。"所以如果要开会，一定要做好会议之前的沟通工作。

为什么这么说呢？试想，如果你去参加一个会议，在会议上积极发言，固然是自我表现的最佳时机，但是也往往会将自己的想法完全曝光，让别人对你完全了解，而你对别人心里想的什么却一无所知。保持沉默，采取观望的态度，不要使自己成为众矢之的，让人家对你一目了然，很容易就掌握你的弱点，这样你只能任人摆布，而没有还手的余地。只有保持沉默或者不将事情说透，才可以使自己有回旋的余地；否则，一旦发现自己说错了，也没有改变的可能。只有保持沉默，不把话说透，才能知道别人的心里想的究竟是什么。如果你自己把意见都说出来了，那么即使有不同意见的人，也只会顺着你的话说下去，而不会表示自己的反对意见。这往往也是为什么许多人在开会的时候不愿意第1个发言的原因。

如果你一定要坚持所有的问题都在会议上解决，那就可能会造成不愉快的结果。员工在开会之前就会相互隔绝，无论有什么想法，都不会和你进行交流沟通，都希望在开会的时候大显神通，自己的意见能得到作为领导的你的赏识，开会也就成为大家争强好胜、争夺功劳的时候。当意见分歧越来越大的时候，为了保全自己的面子，相互之间谁也不让步，从而导致会议讨论的不了了之。情况严重的，还可能由于这种会议而形成派别之争。如果真的发生这种情况，作为领导，你就很难控制了。

在事前没有沟通的情况下，在你宣布开会，要员工踊跃发言的时候，可能没有谁愿意主动站起来贸然发言。因为员工此时都抱着观望的态度，只有当你把问题讲清楚以后，才会有一些想赢得你的信任或者好感的员工进行发言。而你为了使会议能够继续顺利召开，就会对这些人加以赞扬，从而刺激其他人发言。到这时候，其他员工有了前面的表率，就真的畅所欲言了。对的也说，不对的也说，知无不言，言无不尽，很容易出现意外。这里的"意外"指的是你预料不到的、毫无思想准备的问题。对于这些问题，处理好了，皆大欢喜；处理不好，只能让自己难堪，下不了台，不仅增加员工的抱怨，而且有损自己的权威。如果你对会议上的反对意见采取强制的压制手段，只能产生更深的矛盾与摩擦，最后员工可能会慑于你的领导身份而让步，但是他们在心里还是不服气的。

开会的时候，员工需要面子，作为领导的你也同样需要面子，这是人之常情。虽然你喜欢员工直言，可是当员工在会议上真的有话直说的时候，你可能就会觉得受不了，很没面子，有时甚至会恼羞成怒。你心里虽然认为这个员工的意见很不错，是应该说出来，但是会后你就可能把那个员工单独叫到你的办公室，问他：怎么可以这样讲呢？而实际上，不是员工要那样讲，而是你让员工那样讲的。既然你是整个会议的主持者，那么会议的情况就应该把握在你的手里，只要你不让员工说，员工怎么会说呢？

所以在开会之前，做好沟通工作，这时候大家都没有什么顾虑，而且不用当即下结论，说什么都不会让彼此难堪，比较容易建立共识，就可以根据这一大家心照不宣的共识来进一步沟通，从而为会议的顺利召开铺平道路。况且在会前就沟通好，达成一定的共识，在开会时大家依此进行发挥、补充，谁也不会争功，也就不至于引发意外的矛盾。

会前充分沟通，你就可以会而不议。要做到会而不议并不是在那里等会而不议。会前很容易沟通，但是开会时最难沟通。因为那时候大家的面子都搁在那里。避免开会沟通，因为那是高难度的。开会以前，你先想哪几个人会反对，先去找他，把问题解决掉。然后开会，大家都说好，那是最好的。会而不议，获得共识。

作为领导，会而不议，获得共识的思维训练

1. 做好会前沟通工作
2. 能不开的会议就不开，避免不必要的会议
3. 会议上，既不鼓励也不压制员工发言

议而不决，协同一致

如果会而不议，却能够获得共识，这是最理想的结果。这样大家就用不着唇枪舌剑，你也就不用担心因为说错什么话而使员工心生怨恨，导致矛盾冲突。由于会前的充分沟通，大家就可以按照共同的认知，齐心协力，最终完成任务。但是事情并不总是那么完美，完全按照你想象的发展。由于沟通不良或者彼此之间仍然存在意见上的分歧，有一些事情在会前尚没有达成共识，必须在开会的时候讨论。如果是这种情况，最好不要下决定，以免日后陷于被动局面。

如果一定要在开会的时候做出决定，就很容易在会议当中产生派系冲突。毕竟在一两个小时之内，情绪的激动往往会战胜理性的判断。如果有人赞成，有人反对，那么整个会议的过程就会在会议结束以后流传，

从而造成当事人的不满：问题不是已经在会议上解决了嘛，还到处声张什么，是不是想显示自己的高明？事态进一步发展，可能直接造成已经达成的协议实施的障碍。如果在会议的过程中议而不决，就会避免类似的问题发生。

作为领导，你在主持会议时，应当以不同意见调解者的身份出现，而不是以决定谁对谁错的裁断者的身份自居。如果你做出结论的话，你同意就会想出一大堆对员工有利的好处，让在座的无法反对你；而你反对的话，也同样会找出一大堆借口，指出其中存在的问题。一切都以你的喜好、意志为转移，这样开会还有什么意义呢？的确，作为领导你有权裁决，但是最好不要行使这一权力。如此才是尊重大家、赢得尊重的最好方式。

当然，你也可以不自己裁决，让大家用举手或者无记名投票的方式表决。采用举手的方式固然不用说话，但是有时肢体语言的表达所隐含的危险更大，因为大家有什么话都闷在心里，不说出来。如果不举手，就会被当成另类，成为众矢之的。这实际上是通过外界来给持反对意见的员工以压力。而散会以后，其中隐藏的矛盾如何爆发，都是一个未知数。再说无记名投票，虽然有些麻烦，但是由于可以在不暴露自己的前提下表达自己的观点——可以表面上说尽好话，却投票反对，也可以表面上反对，却投票支持——所以经常被一部分领导采用。但是，许多领导往往忽视了一点，这种投票表面上是无记名，而背后却相当透明，所以谁也不敢放心地投下自己想投的票。这样无记名投票的结果经常与预先安排的差不多。真正一公布，赞同的自然高兴，持反对意见的心里却会不舒服，质疑其真实性，从而影响到你的领导威信。

其实，作为领导，整个会议都掌控在你的手里。只要你用心去控制，就不会出意外。但是，如果你非要在会议上做出表决，那只能治标不治本。因为不论采取什么表决方式，大家都心知肚明，心中有数，等到一定的时机就会爆发，有时结果不可设想。

作为领导，不必裁决，却应该发挥以不裁决而达到裁决的力量，在不伤害任何人的面子的情况下达成决议，从而消除各种隐患，为决议以后的实施创造良好条件。所以，在开会时遇到不能迅速达成一致的决议时，你就要当机立断地宣布："既然大家对这个问题还有不同的意见，那就改天再商议，散会后大家好好沟通沟通。"这样既稳定了整个会议的秩序，展示了你的领导权威，又使那些想利用会议上的冲突制造事端者无机可乘。

比如在开会的时候张三和李四有两种不同的意见，作为领导，你是赞成李四的，但是，在会上你最好不要讲出来，因为讲出来就会让反对他的人在实施他的议题的时候，不断制造障碍。你可以说："既然有不同的意见，大家再商量，我们今天不要作决定。"

但是散会的时候，你要当着大家的面跟李四打招呼："你有没有空，到我办公室来一下。"这样大家心里就会明白，你是赞成李四的。这种表达方式既表达了你对大家面子的照顾，也表明事情还有商量的余地。

当李四到你的办公室以后，你依然不要明确表示你的支持态度，要问他："你对这个问题的意见如何？"如果李四非常自信，丝毫没有谦让的意思，你就可以进一步暗示他："既然没什么问题，为什么还有人不赞成呢？"此时如果他表示自己的意见也有不足之处，可以再折中一些，你就可以给他些时间，放心地让他作各方面的沟通。如果他还是坚持自己的意见最好，那么你就可以把张三也叫到你的办公室，轻松地对他们说："我始终弄不清楚你们两个的意见有什么不同？现在你们能不能再互相交流一下？"让双方面对面地交流，这样，就很容易达成大家都赞成的一致性决议。

所以，作为领导，你需要具有足够的判断力，要尊重大家的面子，不要把自己的意思明显地表现出来。让自己既能提出好的意见，又能够让大家乐于接受，决不动用裁决权，从而让大家有面子地接受好的意见，齐心协力地支持决议，发挥协同一致的力量。对于有可能伤害大家面子的决议，一定要做好防范工作，避免产生一些没必要的负面影响。

有些话只能用暗示，不能明白地说出来。明白地说出来，听的人就完全没有面子了。要沟通，就要给他留下一些面子，这样他就比较容易接受。你弄得他没面子，就是逼他跟你对抗到底。

开会时只要有意见，就没有办法否定。西方人只要开会，事情基本上就决定了，决定以后，所有人都会按照这个决定去做。而中国人不可能，因为中国人觉得没有面子。他的提案被否决了，你的提案被支持了，表面上风平浪静，当真正实施起来的时候，他就会全力阻挠你，让你本来行得通的，现在行不通了。作为领导，下面有甲、乙两派不同的意见，如果你公开赞成甲的观点，就有可能坏事。因为尽管乙不敢对你怎么样，可是他敢对甲怎么样。于是乙就全力阻挠甲，在他实施方案的过程中不断制造障碍。因此你在开会的时候最好议而不决。

作为领导，做到议而不决、协同一致的语言思维训练

1. 会前充分沟通，避免开会再来讨论

如果会前沟通了，开会时还有意见，千万不要裁决，议而不决，才能协同一致。

2. 会上避免意气用事

一旦你动用了裁决权，往往会造成紧张气氛。如果被逼得紧了，有些员工就可能与你发生直接的冲突。

3. 协调会后的沟通

议而不决，当然不是永远不决定，只是暂时不决定，等大家会后进一步沟通，达成共识。

决而不行，及时应变

一旦达成决议，就要付诸行动去实施。但是实施的过程、计划，并不是盲目的、一成不变的。如果真是那样的话，就只是为了完成任务而说话，绝非领导风范。

当今的时代是一个信息瞬息万变的时代。任何决议在产生之后都难免会遇到种种意外的变化。如果你无视这种变化，抱着"反正是员工这么决定的"心态，盲目地按照决议行动，不仅是不负责任的态度，而且可能是你不具备领导素质的表现。员工问你："为什么还这样做呢？现在情况已经改变了，为什么不把计划调整一下，让它更合理呢？"如果你回答他说："没办法啊，这是你们决定的，我只是按照大家的意思来做而已。"试想，员工听到这样的话，会给你一种什么评价。决议的确是大家决定的，但是任何事情都要因时因地制宜，没有什么是一成不变的。用员工的决议来反驳员工，不是一个成功的领导应该说的话。这样在以后的开会表决中，还有谁敢发言？因为如果发言，就有可能会被你利用，等于自掘坟墓。

决议符合实际，没有出现什么大的意外，行得通，那你就可以大胆地依照决议激励员工，而不要擅自改变，以免引起大家的怀疑或指责。有时人是多疑的，有些人就可能想："不是那样决定的吗？实施的时候怎么变样了？为什么会这样？是不是有什么不可告人的秘密，有什么目的？"从而招来没有必要的麻烦。只要一个人产生怀疑，不久所有的员工都可能产生疑惑。这个员工不可能把疑惑闷在自己的心里的，他往往会在不经意中把自己的怀疑与他人分享，从而动摇所有员工的信心。在决议形成之后，如果情况有变，而你仍然依照决议行动，那就有可能导致许多不可想象的后果。所以当情况有变的时候，作为领导，不要利用领导的霸权去强制员工实行，应该根据现实情况，随机应变。此时最好决而不行，并且及时与员工进行沟通，做出解释，而不是死搬教条。

有些外界环境比较稳定、短时间内就可以完成的决议，大家似乎也不太关心，或者对于结果如何大家也不是很介意。对于这一些决议，只要形成，就没有必要小题大做、煞费苦心，马上就可以付诸实践。但是如果大家都很关注这个决议，决议实施的结果又与许多人的利益休戚相关，那么还是再次召开会议讨论为好。作为领导承担责任是应该的，甚至可以说是必需的，但是对于没有必要的责任，就需要巧妙地予以回避。因为有些责任，即使你承担了，得到好处的对你也不会有丝毫的感激之情，而受害的则可能会更加怨恨你，如此两边都不讨好，不是一个成功的领导在说话时所应有的表现。而如果外界因素变化比较快，或者这个议案需要经过比较长的时间才能够完成的话，就应该学会权宜变通，及时进行调整。因为有些事情，如果不变通的话，可能每个人都会成为受害者，而不仅是作为领导的你；而变通之后，就可能人人受益。

当然，决而不行并不是真的不执行，而是根据实际的情况，对决议做出合理的调整。对于决议中的合理部分，予以保留，而不要擅自变更；对于不合理的部分，就要采取一定的措施。当你发现决议中的某些部分需要更改时，就要根据实际的情况，寻求合理的应变对策。但是当你找到了最佳方案，也不要马上付诸实践。因为权限关系，在按照决议而行的时候，不能够擅自变更。如果你擅自变更，一旦造成意料之外的后果，就算你愿意自己承担责任，恐怕员工也不会领情，在上司那里也不好交代。所以这时候最好的办法，就是将自己所找到的最佳解决方案拿出来和同事、员工一起商量，得到大家的认同与支持之后，作为定案，再向上司请示，想办法获得上司的同意，然后就可以付诸实施了。这样在下可以得到员工的支持，在上又可以不得罪上司，上下都兼顾到，这才是领导说话艺术的最高境界。

在获取上司的同意、员工的支持之后，还是要小心行事。因为事情总是充满了变数，所以一定要边做边调整，一旦遇到意外，就可以继续反馈、讨论、请示，提出调整意见，和有关同事、员工商量，向上司汇报，以便随时做出调整。凡事都可能有例外，如果你的调整意见只得到了同事与员工的支持，却没有得到上司的认可，这时你该怎么办呢？遇到这种情况，不要轻易放弃自己的想法，否则，上司就有可能怀疑你的信心与能力，时间长了以后，就会对你越来越不信任。长此以往，你的每次提议也就越来越容易被否定掉，从而增加你实施合理方案的困难。所以每当上司不同意你的调整提议时，就先答应遵行原来的决议，肯定上司的正确性，然后再合理地坚持自己的看法，一而再，再而三地坚持到上司答应为止。以此向上司表明自己并不是信口开河、随便说说，而是有几分把握说几分话，让上司对你所提的调整方案不敢等闲视之，从而给予足够的重视。

在实际的说话艺术中，最好将决而行与决而不行有机地结合在一起，而不要只选择其中的一种，否则，你以后的说话就会失去回旋的余地，很容易让自己下不了台。将两者有机地结合在一起，就可以随机应变，以求万全之策。当然，即使是两者结合在一起，在具体的操作过程中，也要分清主次。在外界环境比较稳定的情况下，以决而行为主，站在决而行的立场上，进行决而不行的思考。这时大家的心里比较期待决而行，如果你提出决而不行，除非你有非常充分的理由，否则很难说服大家。而当外界的因素变化莫测的时候，就应该以决而不行为主、决而行为辅，站在决而不行的立场上，考虑决而行的可能性。这时由于外在环境的影响，大家的心里都有所准备。如果没有，你就要和大家提前进行沟通，否则就有可能使员工心存顾虑，不敢放手调整应变，如此对决议的执行只能是有百害而无一利。

决而行与决而不行的运用主要看合理与否。合理的决而行和合理的决而不行，都是值得采用的。相反，不合理的决而行与不合理的决而不行，都是不可取的。那么，合理与否的界限应当如何区分呢？只要是为公而不徇私，就是合理的应变；如果是为私而不是为公，那无疑就是不合理了。公正合理是谁都默许的应变，所以最好采用公正合理的决而不行。

作为领导，做到决而不行、及时应变的语言思维训练

1. 审时度势，寻找合理的调整方案
2. 争取获得员工的支持、上司的认可，随形势发展而应变
3. 如果没有得到上司的认可也不要轻易放弃，要坚持到底

第 2 节　在圆满中分是非

给犯错的下属留足面子

作为领导，在处理是非的时候，最重要的就是圆满。在会议等公开的场合，即使下属犯了错误，也不要当面批评指责，要给他留足面子。无论是谁，对于别人的批评都是难以接受的。那么如何才能不仅在圆满中分清是非，又能给属下留足面子，让其改正自己的错误呢？

作为领导，你对下属进行批评的目的，无非是希望他记住教训，以后不要再犯。如果你的话起不到应有的作用，倒不如保持沉默。因为你不开口还好，一开口反而可能使事情变得更糟。要想有效地批评下属，就一定要给他留足面子。不论你的批评动机是什么，态度必须要真诚。

如果方式不对，下属不仅不会接受，反而还可能产生没必要的负面影响。同时在没有弄清楚你对下属的批评会导致什么结果之前，最好不要轻易地进行批评，因为每个人都是有自己的面子的。当你直截了当地进行批评的时候，为了保全自己的面子，他就会竭力反击。所以类似"真没见过你这么笨的人！""你不想干可以到别的地方去！"等有损面子的话，千万不要从作为领导的你的口里说出来。而类似于"这样的错误也不是什么大问题""你没必要垂头丧气的"之类的话，则会让员工得到起码的尊重以及一点儿内心的慰藉。

批评的关键是抓住问题的实质，根据你所批评的下属的年龄、性格等方面，采取有针对性的批评。而且在批评的时候，尽量采用简短的语句，让下属明白你的意思，然后就转到其他话题，而不要喋喋不休。否则，很容易引起下属更大的反感，从而进一步伤害他的面子。因此，在批评的时候，一定要把握住度，点到为止。能够私下批评的，就不要采取公开批评的方式，要在保住下属面子的前提下，让他自己反省、自己纠错。是非能不能在圆满中得到解决，关键在于你能不能给下属留足面子，在批评时能不能以理服人。要在晓之以理的同时动之以情，将关切之情融入批评之中。

批评是一种艺术，既要达到批评下属的目的，又要给他留足面子，这样在说话的时候就更要讲究技巧了。美国南北战争期间，前方战线吃紧，一个国防部的官员向林肯询问敌人的兵力情况，林肯不假思索地说："敌人的兵力是120万。"国防部的官员吃了一惊，忙问林肯这样的情报是否可靠，林肯回答说："我们的将军每次在打了败仗之后，总是说双方的实力相差悬殊，敌人的兵力是我军的3倍。我军的兵力是40万，那么敌人的兵力不就是120万吗？"林肯一直想对国防部的谎报军情做出批评，但是顾及下属的面子，又不方便明说，于是就借调侃之语对谎报军情、为自己开脱的将领们提出了批评，却没有让将领们难堪。

如果你的批评不能顾及下属的面子，那么下属就有可能明知自己错了，你的批评有道理，也要为了自己的面子而推脱或者口是心非。任何人都不会只有错误、缺点而没有长处、优点。在批评的时候，先称赞后批评，从而让下属觉得你的批评是善意的，对问题的批评是善意的，而不会感到委屈，甚至对你产生抱怨情绪。

美国总统约翰·卡尔文·柯立芝在任职期间有这样一个故事：柯立芝的女秘书非常性感迷人，可她人虽长得漂亮，干起活来却经常出现差错。一天早晨，柯立芝看见女秘书走进办公室，便对她说："今天你穿的这身衣服真漂亮，正适合你这样年轻漂亮的小姐。"这恐怕是沉默寡言的柯立芝一生给这位秘书最热情的称赞了。女秘书受宠若惊，红着脸不知所措。柯立芝接着又说："但你不要骄傲，我相信你处理的公文也能和你一样漂亮。"果然从那天起，漂亮的女秘书在处理公文时很少出错了。

一位朋友知道了这事后便好奇地问柯立芝："这个办法很妙，你是怎样想到的？"柯立芝说："这很简单，你看见过理发师给人刮胡子吗？他要先给人抹肥皂泡。这是为什么呀？就是为了刮起来使人不疼。"作为领导，你在批评员工的时候为什么不可以先给他"抹上肥皂泡"呢？

如果你直截了当地批评下属的错误，那么他就可能觉得没有面子，给你以强烈的反驳："既然这是我的错误，那我就全部承认。我有不对的地方我承认，难道作为领导，你就没责任？我是尊重你才不好意思说出来，但是你却不给我面子，既然你不仁，就别怪我不义，那我就全部说出来。"然后就滔滔不绝地说了一大堆，也不知是真是假，其他人在迷迷糊糊中可能也只是在想："谁让你把他逼成这个样子的？狗急都会跳墙，更何况是人呢？"但是如果你把责任推到制度上，那就可以完全放心地把得失说出来。虽然你没有指名道姓地指出什么人应该负什么责任，但是真正犯错误的人却是心中有数，在场的其他人也都听得出来。既然是大家都心知肚明的事情，你又何必如此大动干戈，让大家都下不了台呢？这样做，不仅不利于矛盾的解决，而且对你的权威也有很大的影响。

"人非圣贤，孰能无过，过而能改，善莫大焉。"除非事态确实非常严重，必须予以惩戒，否则的话，就要给员工留足面子，给他机会改正错误——本着治病救人的原则，而不是一发现员工的错误就一棒子打死，让人永远翻不了身。在中国，如果你让一个人失去了面子，可能就要付出几倍的努力去挽救，很多人因为领导的一次"铁面无私"的批评，始终没有走出周围人的不屑的眼神而平庸一生。"水至清则无鱼，人至察则无徒。"如果一五一十地是非分得太清的话，那么以后大家谁还敢做事，只会出现人人只求自保的局面。

或许在西方的文化背景下，你指出下属的错误，下属不会很介意，但是在中国，下属可能就会认为你对他有什么意见，故意给他难堪。这样，你批评他越厉害，他的反应可能就越强烈。过后你可能认为下属不识抬举，弄得大家都不高兴。根据现实的情况，你完全可以巧妙地将责任推给制度，谁都没有错就错在制度上，从而也就保全了犯错误的下属的面子。即使以后制度不改，员工也会清楚你的苦衷，知道你是为了保全他的面子才那样说的。他不仅会在以后的工作中竭力避免错误，而且会对你更加尊重。举个很简单的例子：某天早晨你发现一个下属迟到了，同时下属也看到你了，这时你该怎么做呢？是把他叫过来，严厉地批评他一通呢，还是面带微笑地看着他？作为领导，此时采取的最好的办法就是笑而不语。因为下属在见到你的同时，心里已经意识到自己的错误了，此时如果你再对他进行批评，只能是让他心里更难受，感到自己的面子很是挂不住。以后他不仅可能不改，而且有可能变本加厉，抱着破罐子破摔的心理，不断地迟到而不悔改。这时你拿他怎么办？不仅没有达到批评的效果，而且下属没面子，领导你也没面子。你在下属心目中的地位也将大大降低，久而久之，就可能威信全无。

作为领导，给犯错误的下属留足面子的语言思维训练

1. 给犯错误的下属留足面子，也就是给你自己面子
2. 批评的目的是改正错误、和谐如初，而不是裂缝的开始
3. 有些事情"难得糊涂"更好

私下找负责的人

当然，给犯错误的下属留足面子，并不是把责任推给客观制度以后就不再找他了。公开场合不能说的话，私下里却完全可以同应该负责的下属进行交流，也就是关起门来说话。

一个成功的领导，在会议等公开场合可以不追究犯错的下属的责任，

但是在私下里却要把这个下属叫到办公室，把门关上，然后问他到底是怎么一回事，让他解释清楚。这时候，他的心里就会明白："领导没有当众点名批评我是给我面子，看来领导对我还不错，现在有什么就说什么吧！"他不仅会感激你给他留了面子，而且很清楚如果自己再不承认的话，你可能就要翻脸无情，加重处罚，最后弄得大家都下不了台，对他自己也不利。权衡利害关系，他就会老老实实地把情况毫无隐瞒地说清楚。你可能会担心下属即使是私下里也不会承认，其实，那根本就没什么关系。从某种意义上说，你私下里找这位应该负责任的下属实际上是给他一个台阶下，如果他采取老实的合作态度，那凡事都好商量；如果他还是拒不交代，你也不用着急，正如有句话所说，"群众的眼睛是雪亮的"。当你在会议的公开场合对某个人进行批评的时候，虽然不说名字，大家也都知道是怎么一回事。天下没有不透风的墙，况且大家都在一个公司，谁做了什么大家都心知肚明，公司员工的眼神、舆论也会让他屈服的。

当然在私下里，你的态度就可以明朗化，一方面展示自己的领导权威，另一方面也让下属明白你态度的坚决，不要让他存有任何的侥幸心理。这时，他如果再不老实交代，可能就是罪加一等；如果他坦诚地说清楚，你就可以和他一起想办法，给他一个很好的台阶下。

其实与合作方也是如此。凡事要在圆满中分清是非，使大家不因为某些矛盾而闹僵。世界实际上很小，合作双赢才是第一位的。

某公司要对自己的员工进行一次短期的培训，准备租用一家酒店的大厅。本来所有的事情都在双方第一次的洽谈会上说好了，谁知当公司把所有的票都印好送出，所有的准备工作都做好了的时候，酒店来人通知说，租金必须是平常的 3 倍。公司领导自然不愿意增加费用。两天后，双方又开了一次洽谈会，但是公司的领导并没有提这件事。

会议结束以后，公司领导来到了酒店经理的办公室。他说道："接到你的来信我十分震惊，但我不责怪你们，换了我，或许也会这样做。你是经理，当然要为酒店着想。现在让我们写下这件事对你们的利与弊。"公司领导在"利"的下面写道：①大厅可以空下来或作为他用；②可租给人跳舞或开会，收入会比租给我作为培训用高；③我占用 1 个月，你们可能会失去更大的生意。在"弊"的下面，他写道：①我付不起你们的费用会另选场地，你们将会失掉这份收入；②我的培训会吸引很多受过高等教育的文化人，你们将会失去替自己宣传的绝好机会；③你们每次花 1 万美元在报纸上做广告，也不一定会有这么多人来参观。然后他说："这对于你们来说不是很值得吗？希望你仔细考虑一下，尽快协商好。"说完，他把纸条留给酒店的经理，没有再说其他的什么话就走了。第 2 天，公司便收到了酒店方面的答复：租金只上涨 50%，而不是原来的 3 倍。很多公开不好解决的事情，在私下里会很容易解决的。如果要解决问题的根本，就要直接找负责的人。

无论是谁，当犯错误或者理屈的时候，都不会愿意当众承认的。但是在私下里，大都愿意承认错误，除非是后果非常严重，或者有迫不得已的苦衷，否则他就会自动说出事情的全部。他往往会以试探的态度，先承认一部分事实，看看你的反应如何。如果你听了这一部分事实之后，脸色马上"晴转阴"，那么他就可能有一种自我防范意识，接下来就不会再说什么。相反，如果你能面带包容的微笑，身体前倾，认真地倾听他的讲述，那么他就可能将所有事情原原本本地和盘托出。也就是说，你的态度决定了下属是"避重就轻"，还是"实话实说"。所以你最好采取较为宽松的方式，让下属放心地陈述自己的想法。如果下属实在太紧张，你就可以找一个相对轻松的环境，比如咖啡厅等愉快宽松的场合，而不要在气氛严肃的办公室。同时，在员工讲话的时候，你尽量不要随便打断他的谈话，更不要抓住一点穷追不舍，猛打不放，一副得理不饶人的架势。如果真是这样的话，即使你在开会的公共场合给他留下足够的面子，也被你此时所说的话冲击得无影无踪了。无论在什么场合，即使是私下，尊重下属也是完全有必要的。所以，你要在他陈述完一个事实以后，再有针对性地提出自己的疑问，而不是加以指责。让他根据你的问题回答清楚，如果你对他所叙述的某一问题心存疑惑，千万不要立即把相关人员找来对质，否则以后大家谁都不会愿意把实情告诉你。因为当下属在私下里向你交代实情的时候，如果是涉及公司的某个人，他一般是因为相信你而说的。而你找那个人来对质，一方面说明了你对他的不信任，另一方面，找来的员工所说的话如果和犯错误的员工所说的话相符，只会使你的权威受损；如果不符，他们两个人之间就会产生矛盾，也会让整个事情的解决无法进行下去，那么以后，谁也不敢对你实话实说，你的权威也会受到质疑。这样一来，无论结果如何，都会为你以后的工作留下后遗症。

下属在私下里承认错误当然是好事，但是也不要让下属养成认为只要承认错误就可以获取谅解、万事大吉的心理，使他认为反正错了只要承认错误就可以了事，怕什么？如果这成为习惯，那么以后的管理就可能处于一种失控的状态。犯了错误，不仅要承认，更重要的是把错误改正过来，这才是解决问题的根本。

有了错误必须承认，承认之后，必须以一种负责的精神来寻求解决。一方面吸取教训，保证不再重犯类似的错误；另一方面就要及时补救，设法把损失降到最低。"凡事只有再一再二，没有再三再四。"做事要谨慎，有过失不一定非要公开不可，但是必须要认真检讨。最重要的是减少损失，不要留下后遗症。

之所以私下里找负责的人谈，主要是由于面子的问题，但最终的目的还是要让问题得到彻底的解决。解决问题的过程虽然比较含糊，但是结果却是明朗的。毕竟制度是死的，人是活的。一方面，暗示犯错误的下属，大家都知道问题出在谁身上，只是为了顾全面子而不追究；另一方面也是更重要的，就是鼓励他私下里主动找你，坦诚地承认错误，给大家一个交代。所以，作为领导，说话的时候要随时注意给下属留足面子，给他台阶下。私下里解决问题看似麻烦，实际上却能够达到意想不到的效果，从而在圆满中解决问题。

问题的解决有多种途径，作为领导，你需要选择的是最好的、最能够治本的，而且能将后患降到最低的途径。找负责的人在私下里解决，不失为最佳解决方案。

作为领导，私下找负责的人的语言思维训练

1. 要注意倾听对方的谈话

2. 以问题的圆满解决为根本目的

3. 记住：争吵永远不是解决问题的最佳途径

4. 无论采取什么方式，都必须及时补救过失

提出善意的批评

作为领导，你对下属的批评能否得到下属的认可，能否达到理想的效果，关键看你的批评是否是善意的。如果你能够对下属坦诚相待，以治病救人为目的，下属还有接受的可能；而如果你以整人为目的，一棒子把人打死，那么效果往往会适得其反，甚至会更糟。因为你可能只是资历、能力甚至机会比他好，从而走上了领导的岗位，但是无论身份、地位如何，彼此之间的人格都是平等的。虽然对方是你的下属，但是他也没有必要一定要听你的。

想想自己作为领导，你有没有非善意批评下属的习惯——为了显示领导的权威，故意挑下属的刺？没有最好，如果有，你有没有想过下属听到你的话以后会有什么反应？可能他不会说出口，但是他的内心将会怎么想呢？当你这样做的时候，怨恨的种子已经在他的内心种下。

美国前总统林肯年轻的时候喜欢评论是非，经常写信写诗讽刺别人。他常把写好的信丢在路上，以便对方发现。但是后来发生的一件事，彻底地改变了他喜欢嘲讽人的习惯。一次，林肯又写信讽刺一位政客，结果文章在报纸上登出之后，那位政客怒不可遏，下战书要求与林肯决斗。虽然林肯并不喜欢决斗，但是迫于形势，为了维护自己的尊严，只好接受挑战。到了约定的日期，两人在河边见面，一场你死我活的决斗眼看就要开始。就在最后一刻，有人出面调停，悲剧才没有发生。这可以说是林肯一生中最为深刻的一次教训，使他认识到非善意地嘲讽他人会带来怎样的后果。从此，他不再嘲讽他人，如果真要批评他人，也只是提出善意的批评。

善意的批评很多，只要让下属在保住面子的前提下能够改正错误，达到理想的批评效果，在圆满中解决是非即可。

"人要脸，树要皮。"每个人都有自己的面子，有一种自重感。当下属犯错误的时候，如果你对他直截了当地予以批评，那么他往往会明知错了，还要强争三分理，尤其是他实际上不正确却认为自己正确的时候，

更会坚持不让，毫不退步。而此时如果你能够将你的批评巧妙而含蓄地提出来，往往会取得意想不到的效果。

　　一次，离下班只有 15 分钟了，秘书玛丽匆匆地为经理卡特整理好第二天演讲用的稿件，放在桌子上，就急忙回家了。第二天下午，玛丽见卡特演讲完回到办公室，就问："经理，今天演讲成功吗？"卡特回答说："非常成功，掌声经久不息。"玛丽由衷地向经理表示了祝贺。卡特看着她接着说："玛丽，你知道我今天去给别人演讲的主题是'摆脱犹豫，创造和谐'。我打开演讲稿，一直读下去的时候，听众们都笑了。""那一定是您的开场白太精彩了。"玛丽说。"是的，的确很精彩，我读的是一段关于如何让奶牛多产的新闻。"说完，卡特笑着将报纸递给玛丽。玛丽的脸一下子红了，不好意思地说："经理，都怪我昨天太粗心了。"但是，从此以后，玛丽再也没有犯过类似的错误。

　　对于下属的批评不是看你批评得是否严厉，而是要看将来的效果如何。而善意的暗示往往会让你的批评达到最佳的效果。

　　有时保持沉默，通过动作语言，往往也能取得良好的效果，让问题在圆满中解决。

　　百货公司的老板约翰每天都要到他的每个分店走一走。一次，约翰到一家分店时，发现一名顾客站在柜台前左顾右盼，焦急地等待着，但是却没有一名服务员为他服务。约翰找了一圈，发现服务员正围成一堆在嘻嘻哈哈地聊天。其中的一名服务员发现经理以后，顿时目瞪口呆、大惊失色。但是，约翰一句话也没有说，也没有对他们做出任何批评，只是默默地走到柜台后面，亲自招呼那位顾客，并把顾客所要买的货品包装好，然后就走开了。服务员们都站在那里愣住了。但是这个分店的服务员以后再没有任何失误，而且还给顾客留下了很好的印象。

　　如果你的批评是善意的，即使过于严厉，也是会说动下属的。古伊利亚特王国有一名将领，治军极严，甚至可以说是吹毛求疵、百般刁难。一天他巡视军营，发现一名下级军官军容不整，便立即召集手下全体军官，对这名下级军官进行严厉的批评，声色俱厉，全军上下为之震惊。被批评的下级军官更是感觉无地自容，而且心中怨恨顿生。但是一天之后，这名下级军官被叫到将军的办公室。将军对他笑脸相迎，好言抚慰，自我检讨当时的做法太过严厉。这名下级军官听完将军的话之后，此前的怨恨立即烟消云散，当时就消除了对将军的不满。将军的批评是严厉的，但却是善意的。作为领导，如果你没有这位伊利亚特将军一样的权力作保证，最好不要用这种方法。如果处理不好，可能会让自己处于很被动的局面。

批评下属如果过于严厉，有时不仅不能够收到良好的效果，而且还有可能因为批评的方式不当而引发其他更严重的后果。

提出善意的批评有时也可以采用先赞美后指错的方式。有一位领导让他的下属写了一篇演讲稿。下属写完以后自认为比最伟大的演讲家写得都好，于是他兴奋地将这篇演讲稿交给领导并对着领导大声朗读。尽管这篇演讲稿有很多优点，但是由于其中的一些内容过于敏感，用在公开场合上非常不合适，肯定会引来公众和媒体的批评。于是领导说："这样的演讲内容的确不错。可以肯定地说，在许多场合用它来演讲，都会产生出乎意料的反响。但是推介会这样的场合太特殊了，是不是合适呢？或许从你的角度来说，这是非常适用的，但是我必须从整个公司的角度去考虑。现在，你回去再重新写一遍，怎么样？"下属立刻回去照办了，重新写了一份，领导又帮他进行了修改。在推介会上，这个下属的演讲在本行业内产生了很大的轰动。其实，作为领导也可以直截了当地批评下属"这样的演讲稿怎么行呢？"或者"演讲稿是这样写的吗？"下属也可能会再重写一份，但是写出来的质量呢？受了如此批评，即使是写，也只是赌气写出来，至于能否写好，可能他就不管了。

善意的批评所达到的效果，是最理想的。

作为领导，提出善意批评的语言思维训练

1. 保持坦诚的心态
2. 能含蓄则不要直接
3. 不要轻易说"不"
4. 必要时，用表扬代替批评

第 3 节　合理地激励下属

随时随地都应该激励

人都是有情绪变化的，有的人情绪起伏还非常激烈。如果不及时地加以注意、给以激励，他就很容易陷入低落状态，进而影响到工作的效率。作为领导,在平时的工作中,最主要的可能就是要随时随地给下属以激励。

对于下属而言，他们真正办事的效率在于自己愿意去做。只要是他们自己愿意做的,都会不辞辛劳,甚至不计报酬。他们将不畏惧任何困难，用心之极，简直是无所不能，将自己的潜力发挥到极限。而如果是自己不愿意做的事，则情绪不高，往往会表现出一副心不甘、情不愿的样子，即使做起事来,也是推三阻四、斤斤计较,理由一大筐,这样又如何做事呢？由于情绪的不稳定性,下属在刚刚获得激励的时候,大多数都会心存感激,热血沸腾，但是往往是"三分钟的热血"，持续不了多长时间，一切又都恢复如初。为了使工作效率得到提高,让下属随时都保持高昂的工作热情,作为领导，就必须随时随地对下属进行激励。

作为领导，你在会议上所确定的目标、出台的政策以及提出的要求，最终都是要付诸实施的。而在实施的过程中，只有将其变成下属的自觉性的行为，才能将你的意志变成现实。如果没有下属积极的参与，无论是多么好的计划都只能是空中楼阁。而要想让下属积极参与，就必须充分调动他们的积极性，而这最重要的就是及时地给他们激励，最大限度地发挥他们的积极性，振奋他们的情绪。

作为领导，在激励的时候，一定要态度坦诚、情真意切，只有如此，才能发挥激励的最大作用。如果下属的真知灼见、优秀品质、卓越成绩超过自己，作为领导应该以宽阔的胸怀给下属以真诚的认同和各方面的激励。千万不要形成自己一定要比下属强的畸形逻辑，从而导致一种不正常的上下关系。言不由衷是领导进行激励时的语言大忌，因为当下属从你的语言中觉察出你并不是真心地对他进行激励的时候，那将是对下属最大的打击，你以后的任何富有激励性的话语，在他看来都是虚伪的，甚至你的领导权威也会受到严重的损害。所以你对员工的激励应该是真挚强烈的。

克莱斯勒公司为罗斯福总统制造了一辆汽车——他下肢瘫痪，不能使用普通的小汽车。一位工程师钱柏林先生把汽车送到了白宫，总统立刻对它表示了极大的兴趣，他说："我觉得不可思议，你只要一按按钮，车子就开起来，驾驶毫不费力，真妙!"他的朋友和同事们也在一旁欣赏汽车，总统当着大家的面夸奖说："钱柏林先生，我真感谢你们花费时间和精力研制了这辆车，这是件了不起的事。"总统接着欣赏了散热器、特制后视镜、钟、特制车灯等，换句话说，他注意并提到了每一个细节，他知道工人为这些细节花费了不少心思。他坚持让他的夫人、劳工部长和他的秘书注意这些装置。这种具体化的赞扬，难道下属会感觉不出蕴藏在这其中的一片真心实意吗? 只要下级能够感觉出你的激励真心诚意，那么你的激励就会达到理想的效果。

你希望下属尽全力为自己做好工作，当然，你尽可以强硬地命令下属去做，或以解雇的威胁使你的部下与你合作，但这一切可能只是当着你的面时如此。而在背后，必将大大地打个折扣，因为这些最下策的方法具有明显的令人不愉快的反作用。你使人做某事的唯一方法就是予之所欲。你的下属需要什么? 林肯指出："人人都喜欢赞美的话。"詹姆斯则说："人类本性中最深刻的渴求就是受到赞赏。"这是一种令人痛苦却是持久不衰的人类饥渴。只有真正能够满足这种心理饥渴的领导，才能激励下属提高工作的效率。当你作为一名领导与下属促膝交谈的时候，你是否意识到自己应该说些什么? 真诚地赞赏激励下属是约翰·洛克菲勒成功的秘诀之一。例如：洛克菲勒的一个经理爱德华·贝福在南美洲做了一笔失败的买卖，使公司损失了 10 万元。贝福回总部述职时，洛克菲勒完全可以责备他，甚至解雇他，但他知道贝福尽了最大的努力，而且事情已经过去。因此，他便努力找出了这次不幸中可以表扬的事情。午餐会上，洛克菲勒祝贺贝福，因为他挽回了 50%的投资。洛克菲勒说："这太棒了，我也并不总是能做得那么好。"因为留下了贝福，也因为洛克菲勒的这番话，南美公司当年的利润比上年增加了将近 60%。

当然，这不是说可以容忍下属的一切错误，更不是说在谈话中只对下属好言相劝。激励是任何人际关系中的调料，而如果你能恰到好处地把它加入到与下属的交谈中，你必定会成为一位非常成功的领导。

激励在下属的工作中有着极其重要的作用。任何人都希望自己的工作得到他人的认可，而下属此刻更强烈地渴求作为领导的你对他的这种认同。著名人物为获得重要感而奋斗的趣事使历史生动、闪光，乔治·华盛顿希望被称为"美利坚合众国总统阁下"。当与下属交谈的时候，他也同样希望从你那儿得到这种认可。盛田昭夫认为，能鼓起手下人的热情是他所拥有的最大资本。而使下属的热情得以最大限度发挥的最好办法就是赞赏与鼓励。领导在谈话中的指责则最能扼杀一个人的抱负和热情。如果领导喜欢什么，就应该真诚地表示满意并慷慨地给予赞赏。作为领导，切忌不喜欢什么时便严厉斥责下属，而喜欢什么时却一言不发。

在用来激励下属尽所有力量工作的手段中，最有效的就是谈话中的赞赏，最廉价的也是这种赞赏。这种赞赏不过张口之劳，而因此获得的回报却是难以衡量的。日常工作之中，成功的领导从不错过任何一个可以用来赞赏或表扬下属的机会。这每一次表扬的火花，都将引燃一堆火，产生一堆熊熊燃烧的烈焰。

罗柯公司总裁帕森斯先生青少年时只是一名修理工，他工作不认真，而且总是把事情弄糟，同事们都嘲笑他。主管邓纳姆先生尝试过多种方法督促他，都没有成功，但他因此注意到帕森斯偶尔也能干出极出色的活。遇此机会，邓纳姆先生便在其他人面前或在与他的交谈中表扬他干得好。这样一来，帕森斯干的活每天都有提高，并且工作越来越有效率。由于他杰出的成绩，现在他已经是公司总裁了。在一片赞赏声中，他明确指出，正是有了邓纳姆的真诚赞赏与激励才有了自己的今天。

随时随地对下属进行激励，不要等机会，而要去发现机会。当发现下属的优点时，决不要放过对他进行激励的机会，毕竟有些时候是"机不可失，失不再来"。努力找出下属的优点和成绩，随时随地给予他热情的赞扬与由衷的激励。

作为领导，如果你能够真诚地对下属进行及时的赞赏与激励，下属将会为拥有你这样一个优秀的领导而感到幸运。除了会通过加倍的努力回报你的激励外，他还将珍惜你的赞扬，并且可能在一生中都记得这些话。即使在经过了许多年后，他仍会时时想起曾经拥有你这样一位好的领导。

作为领导，随时随地激励下属的语言思维训练

1. 用赞美去激励
2. 用信任去激励
3. 用情感共鸣去激励
4. 用荣誉去激励
5. 用表扬去激励

危急时刻，用情感共鸣去激励

人生不可能一帆风顺，公司在发展壮大的过程中往往也是布满荆棘的。公司出现困难，处于危急时刻，也都是有可能的。在这样的时刻，如何激励员工、团结员工继续以高昂的热情去拼搏奋斗呢？此时最好的方法就是用情感去激励。

人是富有情感的，危机容易使人情绪低落，甚至陷入绝境，但是也正是因为人的情感性，用情感的激励法也就最能达到理想的效果。

两千年前，马其顿国王率军远征印度，适值盛夏，将士们口干舌燥。国王派人四处寻找水源，结果只找到一杯水。如此炎热的天气，一杯水即使是一人喝了，也只是润润嗓子而已，何况现在是三军将士、数万人呢？怎么办呢？国王一人独尊，似乎最有权力喝这杯水，但是行军打仗需要的是三军将士。这的确是个两难的问题。马其顿国王将会做出什么抉择呢？只见他高举水杯，在三军将士面前说道："现在已经找到一杯水，那就一定有水源，为了找到水源，前进吧！"说完，他将那珍贵的也是唯一的一杯水倒在地上。三军备受鼓舞，群情激奋，顽强地向战线冲去，最终夺取了战争的胜利。试想，如果当时马其顿国王自己把水喝了，再发表上面的一番话，又会是什么结果呢？

作为领导，在激励员工的时候，不仅要以理服人，还要以情感人。这样才能激发员工的工作热情和战胜困难的信心。

安史之乱，政府无力平叛，致使整个叛乱席卷全国，唐玄宗无奈之下，离开长安，仓皇西逃。在逃亡的途中，护驾军队在龙武大将军陈玄礼的指挥下，突变逼宫，杀死宰相杨国忠，逼迫唐玄宗杀死杨贵妃。当行至扶风的时候，士兵饥渴难耐，对玄宗也是出言不逊，军队几乎失控，陈玄礼也无力制约。正在这时，成都进贡的 10 万余匹彩缎运到扶风。唐玄宗召集三军将士说道："朕近年衰老，任相非人，以致逆胡作乱，势甚猖狂，不得已远避贼锋。卿等仓促从行，不及别父母妻子，跋涉至此，不胜劳苦，这皆为朕所累，朕亦自觉无颜。今将西行入蜀，道阻且长，未免更困，朕多失德，应受艰辛。今愿与眷属中官，自行西往，祸福安危，听诸天命，卿等不必随朕，尽可东归。现有蜀地贡彩，聊助行资，归见父母及长安父老，为朕致意，幸好自爱，无烦相念！"语至此，已经是泪雨纷飞。将士见玄宗这么说，无不感慨而流泪，齐声喊道："臣等誓从陛下，不敢有二心。"玄宗哽咽良久，方道："去留听卿！"乃起身入内，命陈玄礼将所陈贡彩全部都分给将士。将士争相效死，各无异言。

唐玄宗采用情感激励，不仅有自责，也有对将士艰辛的体谅，从而引起将士的共鸣，稳定军心，防止军队哗变。假设唐玄宗面临兵变的危机时，利用皇权采取压制的措施，又会发生什么结果呢？那必然会加速兵变。

不仅员工有着丰富的情感，即使是领导也是充满感情的。很难想象，一个毫无情感的领导如何领导员工，激励员工。可以这样说，成功的领导都是有着丰富的情感的。这种情感是发自内心的、真诚的。没有领导者由衷的情感投入，也就不可能有听众的情感付出；没有领导的情感变化，也就很难激起听众的情感波澜。

沧海横流方显领导本色，面对危机，最能锻炼一个领导，也最能显示领导临危不惧的本色。在美国的南北战争期间，南方的军队正一步步逼近白宫，透过窗户，就可以看到敌人的坦克。然而林肯却以平和而沉着的语气对大家说："公民们，我们不能逃避历史，我们将会被历史记载，不管是不是属于我们自己的历史。我们现在所经历的最严峻的考验，无论以什么样的名义，都将会指引我们从先辈那里获取经验，继续前进。按照这一普通、和平而慷慨的方式，世界人民将会为我们喝彩，上帝也会永远祝福我们的!"作为一名成功的领导者,林肯的话不仅在平时具有强大的激励作用,在危急时刻更是发挥了巨大的鼓舞作用。

在走上领导岗位的过程中,你可能会遇到种种不同的危机,而此时你所说的话以及说话的方式,都决定了你是否能够减轻员工的痛苦,安抚、鼓励他们。这时,你必须用发自内心的情感唤起他们内心的尊严,激励他们站起来,以此渡过难关。成功的领导者往往善于利用情感共鸣的话语去处理危机。在"9·11"事件以后,世贸中心一家公司的首席执行官首先确信自己所有的员工都得以幸存,然后快速给公司的每位员工发送了电子邮件,鼓励他们,帮助他们一起度过那段艰难的日子。他的智慧和勇气激励了员工的情绪,获得了这个公司所有员工的一致信任。纽约市市长罗道夫在面对美国历史上最糟糕的危机时,表现出了卓越的领导才能以及语言表达技巧,语言平实,言语中充满同情。英国女王因此向他授予了爵士荣誉。

林肯作为美国的总统,领导民众化险为夷,结束了内战,这其中他的富有激励性的语言有着不可忽视的作用。他的讲话中总是带着同情与和蔼的语气,从不谈论自己。在第二次就职演讲中,他这样说道:"你不要对任何人怨恨,那慈善的胸怀向所有人敞开;坚持真理,这是上帝赋予我们的权利,让我们一起努力完成当前的工作。全美国团结起来,关心那些在战场上受伤的和死去的人,关心他们的家人。让我们一起努力,为了达到我们以及所有国家之间的永久和平而努力奋斗。"危急时刻,只要有林肯的话语,就有激情的力量在。

危急时刻,员工可能只是看到困难与危险,而作为领导,应该善于寻找突破口,把困难的薄弱环节展示给员工,从而帮助员工确立正确、自信的心态。

在危急时刻,领导戳穿"纸老虎"的真面目,对于激励员工的必胜信念是很有帮助的。同时要记住,你可以对员工和蔼,但是不要太软弱,否则就有可能适得其反,降低工作的效率。曾经有一位经理在讲话的时候总是不停地重复用"好像"、"似乎"等类似的话语,结果引来员工的阵阵大笑,导致他对员工的激励工作很是失败。

在危急时刻，作为领导的还必须避免说话欠考虑，也就是说话不经过思考就脱口而出。不能经常在说话的过程中不断地谈论不该谈论的自己。有一家公司的股票下跌得很厉害，《新闻周刊》发表了与新任首席执行官的会谈。这位执行官的其中一句话说道："你觉得其他人都有麻烦，可是我却失去了大部分的资本。"此言一出，该公司的股票直线下跌，不久这位执行官就离职走人了。在危急时刻，激励员工的时候，永远不要说"我"，而要说"我们"。

作为领导，在危急时刻用情感共鸣激励员工的语言思维训练

1. 寻找成功的领导者在危急时刻的激励人心的演讲，进行模仿
2. 激励时要注意富有同情心，不要忽略员工的感受
3. 避免说"我"

配合情景激励

不分场合、不切实际的激励，往往达不到理想的效果。在不同的场合应该根据当时当地的情景，采取不同的激励方法。在面临严峻形势时，要沉着、冷静而坚定；在庆祝胜利时，要表现出喜悦和自豪。因时因地制宜，才能收到良好的效果。

在二战期间，英国首相丘吉尔在美国发表了一次精彩的圣诞讲话，他说："我今天虽然远离家庭和祖国，在这里过节，但我一点儿也没有异乡的感觉。我不知道，这是由于本人的母系血统和你们相同，抑或是由于本人多年来在此地所得的友谊，抑或是由于这两个文字相同、信仰相同、理想相同的国家，在共同奋斗中所产生出来的同志感情，抑或是由于上述 3 种关系的综合。总之，我在美国的政治中心地——华盛顿过节，完全不感到自己是一个异乡之客。我和各位之间，本来就有手足之情，再加上各位欢迎的盛意，我觉得很应该和各位共坐炉边，同享这圣诞之乐。"

在圣诞之夜的特定氛围中，丘吉尔通过叙说共同的血缘、文字、信仰、理想以及彼此在共同的奋斗中结下的深厚的情谊，从而将彼此的心连在了一起，让大家同仇敌忾，并肩作战。

1837 年的一天，有一位在美国独立战争中阵亡的士兵的妻子——老

态龙钟的妇人步履蹒跚地来到林肯的律师事务所，哭诉一位抚恤金分发官员在她领取 400 元抚恤金时，竟苛刻地勒索 200 元的手续费。林肯听后勃然大怒，决定立即对抚恤金分发官员提起诉讼。但因为该分发官员是口头勒索，并且死不承认，没有证据，形势对老妇人很不利。为了能够在法庭上辩论成功，他认真通读了华盛顿的传记和美国的革命战争史，激起了他的情绪。在开庭的时候，他首先以真挚的感情追述了当初独立战争时期的爱国志士为自由而战的历史，说他们怎样忍饥挨饿地在冰天雪地里战斗，洒尽最后一滴血，将大家置身于此情此景当中。讲到这里，突然间他的情绪激动起来，锋芒直指那个分发抚恤金的官员：

"现在事实已成陈迹。1776 年的英雄，早已长眠地下，可是他们那年老而可怜的遗孀，还站在我们面前，要求为她申冤。这位老妇人从前也是位美丽的少女，曾经有过幸福、愉快的家庭生活，不过，她已牺牲了一切，变得贫穷无依，不得不向我们——享受着革命先烈争取来的自由的我们请求援助和保护，请问，我们能熟视无睹吗？"

当林肯讲完这一番话以后，不仅感动了法官大人，而且有的陪审员竟然泪流满面。诉讼获得了最终的胜利。尽管当时林肯还不是美国的总统，但是在做律师期间的法庭辩论，使林肯的语言表达得到了充分的锻炼。

球王贝利可以说是足球史上最享有盛誉的天才。他在很小的时候就显示出了踢足球的天赋。有一次，贝利参加了一场激烈的足球比赛，赛后，大家都精疲力竭。这时有几位小球员点上了香烟，说是可以解除疲劳。贝利见状，也要了一根。他得意地看着淡淡的烟雾从嘴里喷出来，感觉很是潇洒、前卫。正抽得得意的时候，被他的父亲看到了，但是父亲当时并没有说什么。

晚上，父亲问他有没有抽烟。他红着脸，低着头，准备接受父亲的训斥。父亲并没有斥责他，而是从椅子上站起来，在屋子里面走了很久才开口对贝利说："孩子，你踢球有几分天赋，如果勤学苦练，将来或许会有出息。你应该明白成为优秀的足球运动员的前提是你必须具有良好的身体素质。可是今天你抽烟了。也许你会说，这只是第一次，以后不会再抽了。但你应该明白，有了第一次，就可能有第二次、第三次……天长日久，你就会上瘾，这样你的身体就会不如以前，而你喜欢的足球可能也永远不再属于你了。当然，作为父亲，我有责任教育你向好的方向努力，也有责任制止你的不良行为，但是具体怎么做，最终还是要取决于你自己。"说到这里，父亲问贝利："你是愿意在烟雾中毁掉你自己的身体，还是愿意做个有出息的足球运动员呢？你已经懂事了，可以自己做出选择了。"说着父亲从口袋里掏出一沓钞票，说道："如果不想做运动员而执意要抽烟的话，这些钱就作为你抽烟的费用吧。"说完，父亲就走出去了。贝利望着父亲的背影，仔细回味父亲那深沉而恳切的话语，不由得哭了。过了一会儿，他止住哭泣，拿起钞票，走到父亲跟前："爸爸，我不再抽烟了。我一定要做个有出息的运动员。"从此，贝利更加刻苦地训练，终于成为一代球王。

试想，父亲如果大声呵斥贝利，将会产生什么效果呢？说不定，反而会激发他内心的叛逆心理。父亲根据当时的情景，摆明利害关系，对贝利进行激励，取得了良好的效果。

激励从某种角度来说就是表扬，就是关心。阿瑟·利维是美国斯凯郎电子电视公司的总裁。为了研制闭路电视，他录用了一位颇有干劲的青年人比尔。比尔一上任便一头钻进了实验室，废寝忘食地整整干了1星期。在工作最紧张的时候，比尔一连40多个小时没有离开过实验室，连吃东西都是请人送进去的。工作告一段落后，比尔在床上睡了一天一夜，当他醒来时，一眼就看到利维正坐在他的床边。利维拉着比尔的手，感动地说："我宁愿不做这种生意，也不能赔上你这条命。搞研究的人少有长寿者，但我希望你能节制。你的心意我领了，就是研究不成功，我也不会怪你的。"仅此一番话，就使比尔深受感动，他不再只为工资、为个人吃饭而工作了，而是把研制新产品当成了他和利维的共同事业。不到半年的时间，闭路电视便研制成功，为利维公司的进一步发展开辟了广阔的前景。

离开了一定的关心、表扬的激励，往往会给人以很强的功利性的感觉。人是有情感的，只有配合当时的情景，投入真实的情感，才能达到最佳的激励效果。

在进行情景激励的时候，最好有明确的、具有挑战性的目标。如果目标不明确或没有挑战性，不仅起不到对团队成员的激励作用，不能让团队成员感受到被充分地信任，而且还会使他们无所适从，甚至引起不必要的误会。例如，如果你对新任的某位产品经理说："你负责本年度产品的推广工作，好好干，公司会给你丰厚的奖励。"那他可能就会一脸茫然，不知道自己的努力方向，甚至会怀疑你是否真正信任他。对于同样一个授权，如果你明确对他说："你负责本年度产品的推广工作，如果能够在国内达到 30% 的市场占有率，公司将给你 50 万元奖励。"他可能就会为能得到这个富有挑战性的任务而自豪，从而把自己的潜能充分调动起来。

作为领导，配合情景进行激励的语言思维训练

1. 激励的时候要具体，而不要抽象、概括

2. 如果没有情景，就想方设法把对方引入自己设置的情景当中

3. 在激励的同时，一定要赋予一定的关心、表扬